Rick Steves'

W9-APL-311

SPANISH

PHRASE BOOK & DICTIONARY

Avalon Travel
a member of the
Perseus Books Group
1700 Fourth Street
Berkeley, CA 94710, USA

Text © 2008 by Rick Steves. All rights reserved.
Cover © 2008 by Avalon Travel.
All rights reserved.
Maps © 2008 by Europe Through the Back Door.
All rights reserved.

Printed in Canada by Friesens.
Second edition. Sixth printing April 2012.

For the latest on Rick's lectures, guidebooks, tours, and public television series, contact Europe Through the Back Door, P.O. Box 2009, Edmonds, WA 98020, tel. 425/771-8303, fax 425/771-0833, www.ricksteves.com, rick@ricksteves.com.

ISBN-10: 1-59880-190-2
ISBN-13: 978-1-59880-190-3

Europe Through the Back Door Managing Editor: Risa Laib
Europe Through the Back Door Editors:
Cameron Hewitt, Jill Hodges, Gretchen Strauch
Avalon Travel Editor: Jamie Andrade
Translation: Gloria Villaraviz Weeden, Inma Raneda
Phonetics: Risa Laib, Cameron Hewitt
Production: Darren Alessi
Cover Design: Kimberly Glyder Design
Maps & Graphics: David C. Hoerlein, Zoey Platt
Photography: Rick Steves, Dominic Bonuccelli
Front Cover Photo: Tapas, Barcelona © Rick Steves

Distributed to the book trade by
Publishers Group West, Berkeley, California

Although the author and publisher have made every effort to provide accurate, up-to-date information, they accept no responsibility for loss, injury, bad paella, or inconvenience sustained by any person using this book.

Rick Steves' Guidebook Series

Country Guides

Rick Steves' Best of Europe
Rick Steves' Croatia & Slovenia
Rick Steves' Eastern Europe
Rick Steves' England
Rick Steves' France
Rick Steves' Germany
Rick Steves' Great Britain
Rick Steves' Ireland
Rick Steves' Italy
Rick Steves' Portugal
Rick Steves' Scandinavia
Rick Steves' Spain
Rick Steves' Switzerland

City and Regional Guides

Rick Steves' Amsterdam, Bruges & Brussels
Rick Steves' Athens & the Peloponnese (new in 2009)
Rick Steves' Budapest (new in 2009)
Rick Steves' Florence & Tuscany
Rick Steves' Istanbul
Rick Steves' London
Rick Steves' Paris
Rick Steves' Prague & the Czech Republic
Rick Steves' Provence & the French Riviera
Rick Steves' Rome
Rick Steves' Venice
Rick Steves' Vienna, Salzburg & Tirol (new in 2009)

Rick Steves' Phrase Books

French
French/Italian/German
German
Italian
Portuguese
Spanish

Other Books

Rick Steves' Europe Through the Back Door
Rick Steves' Europe 101: History and Art for the Traveler
Rick Steves' European Christmas
Rick Steves' Postcards from Europe

(Avalon Travel)

CONTENTS

Getting Started 1–3

Spanish Basics 4–13
- Meeting and Greeting 4
- Essentials 5
- Where? 5
- How Much? 6
- How Many? 6
- When? 7
- Struggling with Spanish 7
- Handy Questions 8
- El Yin y Yang 10
- Big Little Words 12
- Very Spanish Expressions 12

Counting 14–24
- **Numbers** 14
- **Money** 16
  - Money Words 18
- **Time** 19
  - Timely Expressions 20
  - More Time 21
  - The Day 22
  - The Week 22
  - The Month 23
  - The Year 23
  - Holidays and Happy Days 23

Key Phrases: Money 17

Key Phrases: Time 20

Traveling 25–51
- **Flights** 25
  - Making a Reservation 25
  - At the Airport 25
  - Getting to/ from the Airport 26
- **Trains** 27
  - The Train Station 27
  - Getting a Ticket 29
  - Reservations, Supplements, and Discounts 31
  - Ticket Talk 31
  - Changing Trains 32
  - On the Platform 33
  - On the Train 33
  - Reading Train and Bus Schedules 35
  - Going Places 36
- **Buses and Subways** 37
  - At the Bus Station or Metro Stop 37
  - Taking Buses and Subways 37
- **Taxis** 39
  - Getting a Taxi 39
  - In the Taxi 41

Driving 42
Rental Wheels 42
At the Gas Station 44
Car Trouble 45
Parking 45
Finding Your Way 46
Route-Finding Words 47
The Police 48
Reading Road Signs 48
Other Signs You May See 49

Key Phrases: Trains 28

Key Phrases: Buses and Subways 38

Key Phrases: Taxis 41

Key Phrases: Driving 43

Sleeping 52–68
Places to Stay 52
Reserving a Room 53
Using a Credit Card 55
El Alfabeto 56
Just the Fax, Ma'am 57
Getting Specific 58
Families 59
Mobility Issues 60
Confirming, Changing, and Canceling Reservations 60
Nailing Down the Price 61
Choosing a Room 62
Breakfast 63
Hotel Help 63
Chill Out 65
Hotel Hassles 66
Checking Out 67
Camping 68

Key Phrases: Sleeping 54

Eating 69–111
Restaurants 69
Types of Restaurants 69
Finding a Restaurant 70
Getting a Table 71
The Menu 73
Ordering 74
Tableware and Condiments 76
The Food Arrives 76
Complaints 77
Compliments to the Chef 77
Paying for Your Meal 78
Special Concerns 79
In a Hurry 79
Dietary Restrictions 79
Children 80
What's Cooking? 82
Breakfast 82
What's Probably Not for Breakfast 83
Sandwiches 84
Typical Sandwiches 85
Say Cheese 85
Spanish Cheeses 85
Soups 86
Soup Specialties 86
Salads 87

Salad Specialties..... 87
Seafood..... 88
Seafood Specialties..... 89
Poultry..... 90
Meat..... 90
Meat, but..... 91
Main Course Specialties... 91
How It's Prepared..... 92
Veggies..... 93
Veggie Specialties..... 94
Fruits..... 94
Nuts to You..... 95
Just Desserts..... 95
Dessert Specialties..... 97

Tapas..... 97
Tapa Terms..... 98
Seafood Tapas..... 99
Meaty Tapas..... 100
Veggie and Egg Tapas... 101
Tapa Drinks..... 102

Drinking..... 102
Water, Milk, and Juice... 102
Coffee and Tea..... 103
Wine..... 104
Wine Words..... 105
Wine Labels..... 106
Beer..... 107
Bar Talk..... 108

Picnicking..... 109
At the Market..... 109
Picnic Prose..... 110

Key Phrases: Restaurants..... 71

Key Phrases: What's Cooking?..... 83

Avoiding Mis-Steaks..... 90

Key Phrases: Drinking..... 103

Drink Specialties..... 105

Menu Decoder..... 112–133
Spanish / English..... 112
English / Spanish..... 124

Activities..... 134–153
Sightseeing..... 134
Where?..... 134
At the Sight..... 135
Please..... 135
Tours..... 136
Discounts..... 137
At the Bullring..... 137
In the Museum..... 138
Art and Architecture..... 139
Castles and Palaces..... 140
Religious Words..... 140

Shopping..... 141
Spanish Shops..... 141
Shop Till You Drop..... 143
Street Markets..... 145
Clothes..... 146
Colors..... 147
Materials..... 147
Jewelry..... 148

Sports 149
Bicycling 149
Swimming and Boating . 150
Sports Talk 151
Entertainment 152
Entertaining Words 152

Key Phrases: Sightseeing 135

Spanish Art Terms 139

Key Phrases: Shopping 142

Connect 154–165
Phoning 154
Telephone Words 155
Cell Phones 156
Email and the Web 157
Email 157
Web Words 159
On Screen 159
Mailing 159
Licking the Postal Code. . 160

Key Phrases: Email and the Web 158

Key Phrases: Mailing 161

Help! 162–165
Theft and Loss 163
Helpful Words 164
Help for Women 164

Key Phrases: Help! 162

Services 166–169
Laundry 166
Clean Words 167
Haircuts 167
Repair 168
Filling out Forms 169

Health 170–183
Ailments 172
Women's Health 173
Parts of the Body 174
Healthy Words 175
First-Aid Kit 178
Contacts and Glasses ... 180
Toiletries 180
Makeup 181
For Babies 182
More Baby Things 183

Key Phrases: Health 171

Chatting 184–208
Nothing More Than Feelings 185
Who's Who 186
Family 186
Work 187
Chatting with Children... 188

Travel Talk 189
Map Musings 191
Favorite Things 195
Weather 196
Thanks a Million 197
Smoking 197
Responses for All Occasions 197
Conversing with Animals . 198
Profanity 199
Sweet Curses 200

Create Your Own Conversation 200
Who 200
What 201
Why 202
You Be the Judge 203
Beginnings and Endings. 203
Spanish Political Terms . 204

A Spanish Romance 205
Words of Love 205
Ah, Amor 205

Key Phrases: Chatting 185

Dictionary 209–256
Spanish / English 209
English / Spanish 232

Tips for Hurdling the Language Barrier 257–265
Don't Be Afraid to Communicate 257
International Words 258
Spanish Verbs 259
Spanish Tongue Twisters 263
English Tongue Twisters 263
Spanish Song 264
Numbers and Stumblers 265

Appendix 266–271
Let's Talk Telephones 266
Country Codes 267
Directory Assistance 267
Embassies 267
Tear-Out Cheat Sheet 269
Making Your Hotel Reservation 271

Illustrations

Standard Road Signs 51
Parts of the Body 176–177
Human Temperature Thermometer 179
Weather Thermometer 196

Maps

Major Transportation Lines in Iberia 34
Spain 192
Europe 193
The United States 194
The World 194

Hi, I'm Rick Steves.

I'm the only monolingual speaker I know who's had the nerve to design a series of European phrase books. But that's one of the things that makes them better.

You see, after 30 summers of travel through Europe, I've learned first-hand: (1) what's essential for communication in another country, and (2) what's not. I've assembled the most important words and phrases in a logical, no-frills format, and I've worked with native Europeans and seasoned travelers to give you the simplest, clearest translations possible.

But this book is more than just a pocket translator. The words and phrases have been carefully selected to help you have a smarter, smoother trip in Spain without going broke. Spain used to be cheap and chaotic. These days it's neither. It's better organized than ever—and often as expensive as France or Germany. The key to getting more out of every travel dollar is to get closer to the local people, and to rely less on entertainment, restaurants, and hotels that cater only to foreign tourists. This book will not only help you order a meal at a locals-only Sevilla restaurant—it will help you talk with the family who runs the place . . . about their kids, social issues, travel dreams, and favorite ***música.*** Long after your memories of museums have faded, you'll still treasure the personal encounters you had with your new Iberian friends.

A good phrase book should help you enjoy your Iberian experience—not just survive it—so I've added a healthy dose of humor. A few phrases are just for fun and aren't meant to be used at all. Most of the phrases are for real and should be used with "please" ***(por favor).*** I know you can tell the difference.

To get the most out of this book, take the time to internalize and put into practice my Spanish pronunciation tips. Don't worry too much about memorizing grammatical rules, like the gender of a noun—the important thing is to communicate!

This book has a handy dictionary and a nifty menu decoder. You'll also find tongue twisters, international words, telephone tips, and a handy tear-out "cheat sheet." Tear it out and keep it in your pocket, so you can easily memorize key phrases during otherwise idle moments. As you prepare for your trip, you may want to read this year's edition of my ***Rick Steves' Spain*** guidebook.

The Spanish speak less English than their European neighbors. But while the language barrier may seem a little higher, the locals are happy to give an extra boost to any traveler who makes an effort to communicate.

My goal is to help you become a more confident, extroverted traveler. If this phrase book helps make that happen, or if you have suggestions for making it better, I'd love to hear from you. I personally read and value all feedback. My address is Europe Through the Back Door, P.O. Box 2009, Edmonds, WA 98020, tel. 425/771-8303, fax 425/771-0833, rick@ricksteves.com.

Happy travels,

GETTING STARTED

Spanish opens the door to the land of siestas and fiestas, fun and flamenco. Imported from the Old World throughout the New, Spanish is the most widely spoken Romance language in the world. With its straightforward pronunciation, Spanish is also one of the simplest languages to learn.

Here are some tips for pronouncing Spanish words:

C usually sounds like C in cat.
But C followed by E or I sounds like TH in think.
D sounds like the soft D in soda.
G usually sounds like G in go.
But G followed by E or I sounds like the guttural J in Baja.
H is silent.
J sounds like the guttural J in Baja.
LL sounds like Y in yes.
Ñ sounds like NI in onion.
R is trrrilled.
V sounds like B in bit.
Z sounds like TH in think.

Spanish vowels:

A sounds like A in father.
E can sound like E in get or AY in play.
I sounds like EE in seed.
O sounds like O in note.
U sounds like OO in moon.

Spanish has a few unusual signs and sounds. The Spanish add extra punctuation to questions and exclamations, like this: ***¿Cómo está?*** (How are you?) ***¡Fantástico!*** (Fantastic!) You've probably seen and heard the Spanish ***ñ:*** think of ***señor*** and ***mañana.*** Spanish has a guttural sound similar to the J in Baja California. In the phonetics, the symbol for this clearing-your-throat sound is the italicized ***h.***

Spanish words that end in a consonant are stressed on the last syllable, as in ***Madrid.*** Words ending in a vowel are generally stressed on the second-to-last syllable, as in ***amigo.*** To override these rules, the Spanish sometimes add an accent mark to the syllable that should be stressed, like this: ***rápido*** (fast) is pronounced rah-pee-doh.

When you're speaking a Romance language, sex is unavoidable. Even the words are masculine or feminine, and word endings can change depending on gender. A man is ***simpático*** (friendly), a woman is ***simpática.*** In this book, we show bisexual words like this: ***simpático[a].*** If you're speaking of a woman (which includes women speaking about themselves), use the ***a*** ending. It's always pronounced "ah." Words ending in ***r,*** such as ***doctor,*** will appear like this: ***doctor[a].*** A ***doctora*** is a female doctor. Words ending in ***e,*** such as ***amable*** (kind), apply to either sex.

The endings of Spanish nouns and adjectives agree. Cold weather is ***tiempo frío,*** and a cold shower is a ***ducha fría.***

Plurals are a snap. Add ***s*** to a word that ends in a vowel, like ***pueblo*** (village) and ***es*** to a word that ends in a consonant, like ***ciudad*** (city). Visit a mix of ***pueblos*** and ***ciudades*** to get the full flavor of Spain.

In northern and central Spain, Spanish sounds as if it's spoken with a lisp. ***Gracias*** (thank you) sounds like **grah**-thee-ahs. As you head farther south, you'll notice a difference in pronunciation. In southern Spain, along the coast, people thpeak without the lisp: ***Gracias*** sounds like **grah**-see-ahs. Listen to and imitate the Spanish people around you.

You'll often hear the Spanish say, ***"Por favor"*** (Please). The Spanish are friendly, polite people. Use ***por favor*** whenever you can.

¡Buen viaje! Have a good trip!

Here's a quick guide to the phonetics used in this book:

ah	like A in father.
ay	like AY in play.
ee	like EE in seed.
eh	like E in get.
ehr	sounds like "air."
g	like G in go.
h	like the guttural J in Baja.
ī	like I in light.
oh	like O in note.
or	like OR in core.
oo	like OO in moon.
ow	like OW in now.
oy	like OY in toy.
s	like S in sun.

SPANISH BASICS

Meeting and Greeting

Hello.	*Hola.*	**oh**-lah
Good morning.	*Buenos días.*	**bway**-nohs **dee**-ahs
Good afternoon.	*Buenas tardes.*	**bway**-nahs **tar**-days
Good evening.	*Buenas tardes.*	**bway**-nahs **tar**-days
Good night.	*Buenas noches.*	**bway**-nahs **noh**-chays
Hi. (informal)	*¿Qué tal?*	kay tahl
Welcome!	*¡Bienvenido!*	bee-yehn-vay-**nee**-doh
Mr.	*Señor*	sayn-**yor**
Mrs.	*Señora*	sayn-**yoh**-rah
Miss	*Señorita*	sayn-yoh-**ree**-tah
How are you?	*¿Cómo está?*	**koh**-moh ay-**stah**
Very well, thank you.	*Muy bien, gracias.*	**moo**-ee bee-**yehn** **grah**-thee-ahs
And you?	*¿Y usted?*	ee oo-**stehd**
My name is ___.	*Me llamo ___.*	may **yah**-moh
What's your name?	*¿Cómo se llama?*	**koh**-moh say **yah**-mah
Pleased to meet you.	*Mucho gusto.*	**moo**-choh **goo**-stoh
Where are you from?	*¿De dónde es usted?*	day **dohn**-day ays oo-**stehd**
I am / We are / Are you...?	*Estoy / Estamos / Está usted...?*	ay-**stoy** / ay-**stah**-mohs / ay-**stah** oo-**stehd**
...on vacation	*...de vacaciones*	day vah-kah-thee-**oh**-nays
...on business	*...de negocios*	day nay-**goh**-thee-ohs
See you later.	*Hasta luego.*	**ah**-stah loo-**ay**-goh

Goodbye.	*Adiós.*	ah-dee-**ohs**
Good luck!	*¡Buena suerte!*	**bway**-nah **swehr**-tay
Have a good trip!	*¡Buen viaje!*	bwayn bee-**ah**-hay

You'll hear people say ***"Buenas tardes"*** (Good afternoon/evening) starting about 2:00 P.M. You won't hear ***"Buenas noches"*** (Good night) until around 10 P.M.

Essentials

Hello.	*Hola.*	**oh**-lah
Do you speak English?	*¿Habla usted inglés?*	**ah**-blah oo-**stehd** een-**glays**
Yes. / No.	*Sí. / No.*	see / noh
I don't speak Spanish.	*No hablo español.*	noh **ah**-bloh ay-spahn-**yohl**
I'm sorry.	*Lo siento.*	loh see-**ehn**-toh
Please.	*Por favor.*	por fah-**bor**
Thank you.	*Gracias.*	**grah**-thee-ahs
It's (not) a problem.	*(No) hay problema.*	(noh) ī proh-**blay**-mah
Good. / Very good. / Excellent.	*Bien. / Muy bien. Excelente.*	bee-**yehn** / **moo**-ee bee-**yehn** ayk-seh-**lehn**-tay
You are very kind.	*Usted es muy amable.*	oo-**stehd** ays **moo**-ee ah-**mah**-blay
Excuse me. (to pass)	*Discúlpeme.*	dee-**skool**-pay-may
Excuse me. (to get attention)	*Perdone.*	pehr-**doh**-nay
It doesn't matter.	*No importa.*	noh eem-**por**-tah
You're welcome.	*De nada.*	day **nah**-dah
Sure.	*Por supuesto.*	por soo-**pway**-stoh
O.K.	*De acuerdo.*	day ah-**kwehr**-doh
Let's go.	*¡Vamos!*	**bah**-mohs
Goodbye.	*Adiós.*	ah-dee-**ohs**

Where?

Where is the...?	*¿Dónde está la...?*	**dohn**-day ay-**stah** lah
...tourist information office	*...Oficina de Turismo*	oh-fee-**thee**-nah day too-**rees**-moh

...train station	*...estación de trenes*	ay-stah-thee-**ohn** day **tray**-nays
...bus station	*...estación de autobuses*	ay-stah-thee-**ohn** day **ow**-toh-boo-says
Where is a cash machine?	*¿Dónde hay un cajero automático?*	**dohn**-day ī oon kah-**hehr**-oh ow-toh-**mah**-tee-koh
Where are the toilets?	*¿Dónde están los servicios?*	**dohn**-day ay-**stahn** lohs sehr-**bee**-thee-ohs
men	*hombres, caballeros*	**ohm**-brays, kah-bah-**yay**-rohs
women	*mujeres, damas*	moo-**hehr**-ays, **dah**-mahs

Spanish makes it easy if you're looking for a ***banco, farmacia, hotel, restaurante,*** or ***supermercado.***

How Much?

How much is it?	*¿Cuánto cuesta?*	**kwahn**-toh **kway**-stah
Write it?	*¿Me lo escribe?*	may loh ay-**skree**-bay
Is it free?	*¿Es gratis?*	ays **grah**-tees
Is it included?	*¿Está incluido?*	ay-**stah** een-kloo-**ee**-doh
Do you have...?	*¿Tiene...?*	tee-**ehn**-ay
Where can I buy...?	*¿Dónde puedo comprar...?*	**dohn**-day **pway**-doh kohm-**prar**
I / We would like...	*Me / Nos gustaría...*	may / nohs goo-stah-**ree**-ah
...this.	*...esto.*	**ay**-stoh
...just a little.	*...un poquito.*	oon poh-**kee**-toh
...more.	*...más.*	mahs
...a ticket.	*...un billete.*	oon bee-**yeh**-tay
...a room.	*...una habitación.*	**oo**-nah ah-bee-tah-thee-**ohn**
...the bill.	*...la cuenta.*	lah **kwayn**-tah

How Many?

one	*uno*	**oo**-noh
two	*dos*	dohs
three	*tres*	trehs

four	*cuatro*	**kwah**-troh
five	*cinco*	**theen**-koh
six	*seis*	says
seven	*siete*	see-**eh**-tay
eight	*ocho*	**oh**-choh
nine	*nueve*	**nway**-bay
ten	*diez*	dee-**ayth**

You'll find more to count on in the "Numbers" section beginning on page 14.

When?

At what time?	*¿A qué hora?*	ah kay **oh**-rah
open / closed	*abierto / cerrado*	ah-bee-**yehr**-toh / thehr-**rah**-doh
Just a moment.	*Un momento.*	oon moh-**mehn**-toh
Now.	*Ahora.*	ah-**oh**-rah
Soon.	*Pronto.*	**prohn**-toh
Later.	*Más tarde.*	mahs **tar**-day
Today.	*Hoy.*	oy
Tomorrow.	*Mañana.*	mahn-**yah**-nah

Be creative! You can combine these phrases to say: "Two, please," or "No, thank you," or "Open tomorrow?" or "Please, where can I buy a ticket?" Please is a magic word in any language. If you want to buy something and you don't know the word for it, just point and say, ***"Por favor"*** (Please). If you know the word for what you want, such as the bill, simply say, ***"La cuenta, por favor"*** (The bill, please).

Struggling with Spanish

Do you speak English?	*¿Habla usted inglés?*	**ah**-blah oo-**stehd** een-**glays**
A teeny weeny bit?	*¿Ni un poquito?*	nee oon poh-**kee**-toh
Please speak English.	*Hable en inglés, por favor.*	**ah**-blay ayn een-**glays** por fah-**bor**

You speak English well.	*Usted habla bien el inglés.*	oo-**stehd ah**-blah bee-**yehn** ehl een-**glays**
I don't speak Spanish.	*No hablo español.*	noh **ah**-bloh ay-spahn-**yohl**
We don't speak Spanish.	*No hablamos español.*	noh ah-**blah**-mohs ay-spahn-**yohl**
I speak a little Spanish.	*Hablo un poco de español.*	**ah**-bloh oon **poh**-koh day ay-spahn-**yohl**
Sorry, I speak only English.	*Lo siento, sólo hablo inglés.*	loh see-**ehn**-toh **soh**-loh **ah**-bloh een-**glays**
Sorry, we speak only English.	*Lo siento, sólo hablamos inglés.*	loh see-**ehn**-toh **soh**-loh ah-**blah**-mohs een-**glays**
Does somebody nearby speak English?	*¿Hay alguien por aquí que hable inglés?*	ī **ahl**-gee-ehn por ah-**kee** kay **ah**-blay een-**glays**
Who speaks English?	*¿Quién habla inglés?*	kee-**ehn ah**-blah een-**glays**
What does this mean?	*¿Qué significa esto?*	kay sig-**nee**-fee-kah **ay**-stoh
What is this in Spanish / English?	*¿Cómo se dice esto en español / inglés?*	**koh**-moh say **dee**-thay **ay**-stoh ayn ay-spahn-**yohl** / een-**glays**
Repeat?	*Repita?*	ray-**pee**-tah
Please speak slowly.	*Por favor hable despacio.*	por fah-**bor** ah-blay day-**spah**-thee-oh
Slower.	*Más despacio.*	mahs day-**spah**-thee-oh
I understand.	*Comprendo.*	kohm-**prehn**-doh
I don't understand.	*No comprendo.*	noh kohm-**prehn**-doh
Do you understand?	*¿Comprende?*	kohm-**prehn**-day
Write it?	*¿Me lo escribe?*	may loh ay-**skree**-bay

Handy Questions

How much?	*¿Cuánto?*	**kwahn**-toh
How many?	*¿Cuántos?*	**kwahn**-tohs
How long is the trip?	*¿Cuánto tiempo es el viaje?*	**kwahn**-toh tee-**ehm**-poh ays ehl bee-**ah**-hay

How many minutes / hours?	*¿Cuántos minutos / horas?*	**kwahn**-tohs mee-**noo**-tohs / **oh**-rahs
How far?	*¿A qué distancia?*	ah kay dees-**tahn**-thee-ah
How?	*¿Cómo?*	**koh**-moh
Can you help me?	*¿Puede ayudarme?*	**pway**-day ah-yoo-**dar**-may
Can you help us?	*¿Puede ayudarnos?*	**pway**-day ah-yoo-**dar**-nohs
Can I / Can we...?	*¿Puedo / Podemos...?*	**pway**-doh / poh-**day**-mohs
...have one	*...tener uno*	tay-**nehr oo**-noh
...go in for free	*...ir gratis*	eer **grah**-tees
...borrow that for a moment / an hour	*...tomar prestado eso por un momento / una hora*	toh-**mar** pray-**stah**-doh **ay**-soh por oon moh-**mehn**-toh / **oo**-nah **oh**-rah
...use the toilet	*...usar el baño*	**oo**-sar ehl **bahn**-yoh
What?	*¿Qué?*	kay
What? (didn't hear)	*¿Cómo?*	**koh**-moh
What is this / that?	*¿Qué es esto / eso?*	kay ays **ay**-stoh / **ay**-soh
What is better?	*¿Qué es mejor?*	kay ays may-**hor**
What's going on?	*¿Qué pasa?*	kay **pah**-sah
When?	*¿Cuándo?*	**kwahn**-doh
What time is it?	*¿Qué hora es?*	kay **oh**-rah ays
At what time?	*¿A qué hora?*	ah kay **oh**-rah
On time?	*¿Puntual?*	poon-too-**ahl**
Late?	*¿Tarde?*	**tar**-day
How long will it take?	*¿Cuánto tiempo lleva?*	**kwahn**-toh tee-**ehm**-poh **yay**-bah
What time does this open / close?	*¿A qué hora abren / cierran?*	ah kay **oh**-rah **ah**-brehn / thee-**ay**-rahn
Is this open daily?	*¿Abren a diario?*	**ah**-brehn ah dee-**ah**-ree-oh
What day is this closed?	*¿Qué día está cerrado?*	kay **dee**-ah ay-**stah** thay-**rah**-doh
Do you have...?	*¿Tiene...?*	tee-**ehn**-ay
Where is...?	*¿Dónde está...?*	**dohn**-day ay-**stah**

Where are...?	*¿Dónde están...?*	**dohn**-day ay-**stahn**
Where can I find...?	*¿Dónde puedo encontrar...?*	**dohn**-day **pway**-doh ayn-kohn-**trar**
Where can we find...?	*¿Dónde podemos encontrar...?*	**dohn**-day poh-**day**-mohs ayn-kohn-**trar**
Where can I buy...?	*¿Dónde puedo comprar...?*	**dohn**-day **pway**-doh kohm-**prar**
Where can we buy...?	*¿Dónde podemos comprar...?*	**dohn**-day poh-**day**-mohs kohm-**prar**
Is it necessary?	*¿Es necesario?*	ays nay-thay-**sah**-ree-oh
Is it possible...?	*¿Es possible...?*	ays poh-**see**-blay
...to enter	*...entrar*	ayn-**trar**
...to picnic here	*...hacer un picnic aquí*	ah-**thehr** oon peek-**neek** ah-**kee**
...to sit here	*...sentarse aquí*	sehn-**tar**-say ah-**kee**
...to look	*...mirar*	mee-**rar**
...to take a photo	*...sacar una foto*	sah-**kar oo**-nah **foh**-toh
...to see a room	*...ver una habitación*	behr **oo**-nah ah-bee-tah-thee-**ohn**
Who?	*¿Quién?*	kee-**ehn**
Why?	*¿Por qué?*	por kay
Why not?	*¿Por qué no?*	por kay noh
Yes or no?	*¿Sí o no?*	see oh noh

To prompt a simple answer, ask, ***"¿Sí o no?"*** (Yes or no?). To turn a word or sentence into a question, ask it in a questioning tone. A simple way to ask, "Where are the toilets?" is to say, ***"¿Servicios?"***

El Yin y Yang

good / bad	*bueno / malo*	**bway**-noh / **mah**-loh
best / worst	*mejor / peor*	may-**hor** / pay-**or**
a little / lots	*un poco / mucho*	oon **poh**-koh / **moo**-choh
more / less	*más / menos*	mahs / **may**-nohs
cheap / expensive	*barato / caro*	bah-**rah**-toh / **kah**-roh
big / small	*grande / pequeño*	**grahn**-day / pay-**kayn**-yoh
hot / cold	*caliente / frío*	kahl-**yehn**-tay / **free**-oh

cool / warm	*fresco / cálido*	**fray**-skoh / **kah**-lee-doh
open / closed	*abierto / cerrado*	ah-bee-**yehr**-toh / thehr-**rah**-doh
push / pull	*empuje / tire*	aym-**poo**-*h*ay / **tee**-ray
entrance / exit	*entrada / salida*	ayn-**trah**-dah / sah-**lee** dah
arrive / depart	*llegar / salir*	yay-**gar** / sah-**leer**
early / late	*temprano / tarde*	tehm-**prah**-noh / **tar**-day
soon / later	*pronto / más tarde*	**prohn**-toh / mahs **tar**-day
fast / slow	*rápido / despacio*	**rah**-pee-doh / day-**spah**-thee-oh
here / there	*aquí / allí*	ah-**kee** / ah-**yee**
near / far	*cerca / lejos*	**thehr**-kah / **lay**-*h*ohs
indoors / outdoors	*dentro / afuera*	**dayn**-troh / ah-**fwehr**-ah
mine / yours	*mío / suyo*	**mee**-oh / **soo**-yoh
this / that	*esto / eso*	**ay**-stoh / **ay**-soh
everybody / nobody	*todos / nadie*	**toh**-dohs / **nah**-dee-ay
easy / difficult	*fácil / difícil*	**fah**-theel / dee-**fee**-theel
left / right	*izquierda / derecha*	eeth-kee-**ehr**-dah / day-**ray**-chah
up / down	*arriba / abajo*	ah-**ree**-bah / ah-**bah**-*h*oh
above / below	*encima / debajo*	en-**thee**-mah / day-**bah**-*h*oh
young / old	*joven / viejo*	**hoh**-behn / bee-**ay**-*h*oh
new / old	*nuevo / viejo*	noo-**ay**-boh / bee-**ay**-*h*oh
heavy / light	*pesado / ligero*	pay-**sah**-doh / lee-**hehr** oh
dark / light	*oscuro / claro*	oh-**skoo**-roh / **klah**-roh
happy / sad	*feliz / triste*	fay-**leeth** / **tree**-stay
beautiful / ugly	*bonito / feo*	boh-**nee**-toh / **fay**-oh
nice / mean	*simpático[a] / antipático[a]*	seem-**pah**-tee-koh / ahn-tee-**pah**-tee-koh
smart / stupid	*listo / estúpido*	**lee**-stoh / ay-**stoo**-pee-doh
vacant / occupied	*libre / ocupado*	**lee**-bray / oh-koo-**pah**-doh
with / without	*con / sin*	kohn / seen

Big Little Words

I	*yo*	**yoh**
you (formal)	*usted*	oo-**stehd**
you (informal)	*tú*	too
we	*nosotros*	noh-**soh**-trohs
he	*él*	ehl
she	*ella*	**ay**-yah
they (m / f)	*ellos / ellas*	**ay**-yohs / **ay**-yahs
and	*y*	ee
at	*a*	ah
because	*porque*	por-**kay**
but	*pero*	**pay**-roh
by (train, car, etc.)	*por*	por
for	*para*	**pah**-rah
from	*de*	day
here	*aquí*	ah-**kee**
if	*si*	see
in	*en*	ayn
it	*ello*	**ay**-yoh
not	*no*	noh
now	*ahora*	ah-**oh**-rah
only	*solo*	**soh**-loh
or	*o*	oh
that	*eso*	**ay**-soh
this	*esto*	**ay**-stoh
to	*a*	ah
very	*muy*	**moo**-ee

Very Spanish Expressions

Vale.	**bah**-lay	O.K. / That's good. / I understand. / Uh-huh.
Diga(me). ("Talk to me")	**dee**-gah(-may)	Hello (answering phone) / Can I help you?
Mira.	**mee**-rah	Look.
¿De veras? / ¿De verdad?	day **behr**-ahs / day behr-**dahd**	Really?

¡Caray!	kah-rī	Wow!
De nada. ("It's nothing")	day **nah**-dah	You're welcome.
¡Salud!	sah-**lood**	Cheers! / Bless you! (after sneeze)
marchar	mar-**char**	to go out and cruise / party
La última?	lah **ool**-tee-mah	ask in a busy market to find out who is next in line (literally "The last?")
Próxima?	**prohk**-see-mah	Next (in line)?
No hay problema.	noh ī proh-**blay**-mah	No problem.
De acuerdo.	day ah-**kwehr**-doh	O.K.
¡Qué lástima!	kay **lah**-stee-mah	What a pity!
Así es la vida.	ah-**see** ays lah **bee**-dah	That's life.
Que será, será.	kay say-**rah** say-**rah**	What will be, will be.
¡Buena suerte!	**bway**-nah **swehr**-tay	Good luck!
¡Vamos!	**bah**-mohs	Let's go!
¡Luego!	loo-**ay**-goh	Bye!

COUNTING

NUMBERS

0	*cero*	**theh**-roh
1	*uno*	**oo**-noh
2	*dos*	dohs
3	*tres*	trehs
4	*cuatro*	**kwah**-troh
5	*cinco*	**theen**-koh
6	*seis*	says
7	*siete*	see-**eh**-tay
8	*ocho*	**oh**-choh
9	*nueve*	**nway**-bay
10	*diez*	dee-**ayth**
11	*once*	**ohn**-thay
12	*doce*	**doh**-thay
13	*trece*	**tray**-thay
14	*catorce*	kah-**tor**-thay
15	*quince*	**keen**-thay
16	*dieciséis*	dee-ay-thee-**says**
17	*diecisiete*	dee-ay-thee-see-**eh**-tay
18	*dieciocho*	dee-ay-thee-**oh**-choh
19	*diecinueve*	dee-ay-thee-**nway**-bay
20	*veinte*	**bayn**-tay
21	*veintiuno*	bayn-tee-**oo**-noh
22	*veintidós*	bayn-tee-**dohs**

23	*veintitrés*	bayn-tee-**trehs**
30	*treinta*	**trayn**-tah
31	*treinta y uno*	**trayn**-tah ee **oo**-noh
40	*cuarenta*	kwah-**rehn**-tah
41	*cuarenta y uno*	kwah-**rehn**-tah ee **oo**-noh
50	*cincuenta*	theen-**kwehn**-tah
60	*sesenta*	say-**sehn**-tah
70	*setenta*	say-**tehn**-tah
80	*ochenta*	oh-**chehn**-tah
90	*noventa*	noh-**behn**-tah
100	*cien*	thee-**ehn**
101	*ciento uno*	thee-**ehn**-toh **oo**-noh
102	*ciento dos*	thee-**ehn**-toh dohs
200	*doscientos*	dohs-thee-**ehn**-tohs
1000	*mil*	meel
2000	*dos mil*	dohs meel
2001	*dos mil uno*	dohs meel **oo**-noh
2002	*dos mil dos*	dohs meel dohs
2003	*dos mil tres*	dohs meel trehs
2004	*dos mil cuatro*	dohs meel **kwah**-troh
2005	*dos mil cinco*	dohs meel **theen**-koh
2006	*dos mil seis*	dohs meel says
2007	*dos mil siete*	dohs meel see-**eh**-tay
2008	*dos mil ocho*	dohs meel **oh**-choh
2009	*dos mil nueve*	dohs meel **nway**-bay
2010	*dos mil diez*	dohs meel dee-**ayth**
million	*millón*	mee-**yohn**
billion	*mil millones*	meel mee-**yoh**-nays
number one	*número uno*	**noo**-may-roh **oo**-noh
first	*primero*	pree-**may**-roh
second	*segundo*	say-**goon**-doh
third	*tercero*	tehr-**thehr**-oh
once / twice	*una vez / dos veces*	**oo**-nah bayth / dohs **bay**-thays
a quarter	*un cuarto*	oon **kwar**-toh
a third	*un tercio*	oon **tehr**-thee-oh
half	*mitad*	mee-**tahd**

this much	*esta cantidad*	**ay**-stah kahn-tee-**dahd**
a dozen	*una docena*	**oo**-nah doh-**thay**-nah
some	*algo*	**ahl**-goh
enough	*bastante*	bah-**stahn**-tay
a handful	*un puñado*	oon poon-**yah**-doh
50%	*cincuenta por cien*	theen-**kwehn**-tah por thee-**ehn**
100%	*cien por cien*	thee-**ehn** por thee-**ehn**

Once (eleven) is considered a lucky number in Spain. It's the word you'll see on booths that sell tickets for the national lottery, run by and for the blind.

MONEY

Where is a cash machine?	*¿Dónde hay un cajero automático?*	**dohn**-day ĩoon kah-**hay**-roh ow-toh-**mah**-tee-koh
My ATM card has been...	*Mi tarjeta del cajero automático ha sido...*	mee tar-**hay**-tah dayl kah-**hay**-roh ow-toh-**mah**-tee-koh ah **see**-doh
...demagnetized.	*...desmagnetizada.*	days-mahg-nay-tee **thah**-dah
...stolen.	*...robada.*	roh-**bah**-dah
...eaten by the machine.	*...tragada por el cajero.*	trah-**gah**-dah por ehl kah-**hay**-roh
Do you accept credit cards?	*¿Aceptan tarjetas de crédito?*	ah-**thayp**-tahn tar-**hay**-tahs day **kray**-dee-toh
Can you change dollars?	*¿Me puede cambiar dólares?*	may **pway**-day kahm-bee-**ar doh**-lah-rays
What is your exchange rate for dollars...?	*¿A cuanto pagan el dólar...?*	ah **kwahn**-toh **pah**-gahn ehl **doh**-lar
...in traveler's checks	*...en cheques de viajero*	ayn **chay**-kays day bee-ah-**hay**-roh

Key Phrases: Money

euro (€)	*euro*	**yoo**-roh
money	*dinero*	dee-**nay**-roh
cash	*efectivo*	ay-fehk-**tee**-voh
credit card	*tarjeta de crédito*	tar-**hay**-tah day **kray**-dee-toh
bank	*banco*	**bahn**-koh
cash machine	*cajero automático*	kah-**hay**-roh ow-toh-**mah**-tee-koh
Where is a cash machine?	*¿Dónde hay un cajero automático?*	**dohn**-day ī oon kah-**hay**-roh ow-toh-**mah**-tee-koh
Do you accept credit cards?	*¿Aceptan tarjetas de crédito?*	ah-**thayp**-tahn tar-**hay**-tahs day **kray**-dee-toh
What is the commission?	*¿Cuánto es la comisión?*	**kwahn**-toh ays lah koh-mee-see-**ohn**
Any extra fee?	*¿Tienen alguna cuota extra?*	tee-**ehn**-ehn ahl-**goo**-nah **kwoh**-tah **ayk**-strah
Can you break this? (big bill into smaller ones)	*¿Me puede dar cambio más pequeño?*	may **pway**-day dar **kahm**-bee-oh mahs pay-**kayn**-yoh
I would like...	*Me gustaría...*	may goo-stah-**ree**-ah
...small bills.	*...billetes pequeños.*	bee-**yeh**-tays pay-**kayn**-yohs
...large bills.	*...billetes grandes.*	bee-**yeh**-tays **grahn**-days
...coins.	*...monedas.*	moh-**nay**-dahs
€50	*cincuenta euros*	theen-**kwehn**-tah **yoo**-rohs
Is this a mistake?	*¿Es esto un error?*	ays **ay**-stoh oon ehr-**ror**
This is incorrect.	*Es incorrecto.*	ays een-koh-**rehk**-toh
Did you print these today?	*¿Imprimió esto hoy?*	eem-pree-mee-**oh** **ay**-stoh oy

I have no money.	*No tengo dinero.*	noh **tayn**-goh dee-**nay**-roh
I'm poor.	*Soy pobre.*	soy **poh**-bray
I'm rich.	*Soy rico[a].*	soy **ree**-koh
I'm Bill Gates.	*Soy Bill Gates.*	soy "Bill Gates"
Where is the nearest casino?	*¿Dónde está el casino más cercano?*	**dohn**-day ay-**stah** ehl kah-**see**-noh mahs thehr-**kah**-noh

Spain uses the euro currency. Euros (€) are divided into 100 cents. Use your common cents—cents are like pennies, and the euro has coins like nickels, dimes, and half-dollars.

Money Words

euro (€)	*euro*	**yoo**-roh
cents	*céntimos*	**thehn**-tee-mohs
money	*dinero*	dee-**nay**-roh
cash	*efectivo*	ay-fehk-**tee**-voh
cash machine	*cajero automático*	kah-**hay**-roh ow-toh-**mah**-tee-koh
bank	*banco*	**bahn**-koh
credit card	*tarjeta de crédito*	tar-**hay**-tah day **kray**-dee-toh
change money	*cambio de moneda*	**kahm**-bee-oh day moh-**nay**-dah
exchange	*cambio*	**kahm**-bee-oh
buy / sell	*comprar / vender*	kohm-**prar** / bayn-**dehr**
commission	*comisión*	koh-mee-see-**ohn**
traveler's check	*cheque de viajero*	**chay**-kay day bee-ah-**hay**-roh
cash advance	*adelanto de dinero*	ah-day-**lahn**-toh day dee-**nay**-roh
cashier	*cajero*	kah-**hehr**-oh
bills	*billetes*	bee-**yeh**-tays
coins	*monedas*	moh-**nay**-dahs
receipt	*recibo*	ray-**thee**-boh

You'll get the best rates by using an ATM or debit card to withdraw money from cash machines. Every cash machine (***cajero automático***) should be multilingual, but if you encounter one that speaks only Spanish you'll probably see these words: ***anotación*** (enter), ***continuar*** (enter), ***retirar*** (withdraw), ***confirmar*** (confirm), ***corregir*** (correct), ***borrar*** (erase), and ***cancelar*** (cancel). Your PIN code is a ***número clave.***

Banks are open from 9:00 A.M. until 2:00 P.M. Monday through Friday. Traveler's checks are widely accepted, but commissions are steep (starting around $5). Big department stores like ***El Corte Inglés*** in Madrid exchange money at decent rates during their business hours. ***Casas de cambio*** (exchange offices) are open long hours, but you'll pay for the convenience with a lousy rate or sky-high commission.

TIME

What time is it?	*¿Qué hora es?*	kay **oh**-rah ays
It's...	*Son las...*	sohn lahs
...8:00 in the morning.	*...ocho de la mañana.*	**oh**-choh day lah mahn-**yah**-nah
...16:00.	*...dieciséis.*	dee-ay-thee-**says**
...4:00 in the afternoon.	*...cuatro de la tarde.*	**kwah**-troh day lah **tar**-day
...10:30 (in the evening).	*...diez y media (de la noche).*	dee-**ayth** ee **may**-dee-ah (day lah **noh**-chay)
...a quarter past nine.	*...nueve y cuarto.*	**nway**-bay ee **kwar**-toh
...a quarter to eleven.	*...once menos cuarto.*	**ohn**-thay **may**-nohs **kwar**-toh
noon	*doce, mediodía*	**doh**-thay, may-dee-oh-**dee**-ah
midnight	*doce de la noche, medianoche*	**doh**-thay day lah **noh**-chay, may-dee-ah-**noh**-chay
It's...	*Es...*	ays
...early / late.	*...temprano / tarde.*	tehm-**prah**-noh / **tar**-day

Key Phrases: Time

minute	*minuto*	mee-**noo**-toh
hour	*hora*	**oh**-rah
day	*día*	**dee**-ah
week	*semana*	say-**mah**-nah
What time is it?	*¿Qué hora es?*	kay **oh**-rah ays
It's...	*Son las...*	sohn lahs
...8:00.	*...ocho.*	**oh**-choh
...16:00.	*...dieciséis.*	dee-ay-thee-**says**
At what time does this open / close?	*¿A qué hora abren / cierran?*	ah kay **oh**-rah **ah**-brehn / thee-**ay**-rahn
...on time.	*...puntual.*	poon-too-**ahl**
...sunrise.	*...amanecer.*	ah-mah-nay-**thehr**
...sunset.	*...puesta de sol.*	**pway**-stah day sohl
It's my bedtime.	*Es la hora de acostarme.*	ays lah **oh**-rah day ah-koh-**star**-may

Timely Expressions

I will return / We will return at 11:20.	*Volveré / Volveremos a las once y veinte.*	vohl-vay-**ray** / vohl-vay-**ray**-mohs ah lahs **ohn**-thay ee **bayn**-tay
I will arrive/ We will arrive by 18:00.	*Llegaré / Llegaremos a las dieciocho.*	yay-gah-**ray** / yay-gah-**ray**-mohs ah lahs dee-ay-thee-**oh**-choh
When is checkout time?	*¿Cuál es la hora de salida?*	kwahl ays lah **oh**-rah day sah-**lee**-dah
At what time does...?	*¿A qué hora...?*	ah kay **oh**-rah
...this open / close	*...abren / cierran*	**ah**-brehn / thee-**ay**-rahn
...this train / bus leave for ___	*...sale el tren / autobús para ___*	**sah**-lay ehl trayn / ow-toh-**boos pah**-rah
...the next train / bus leave for ___	*...sale el próximo tren / autobús para ___*	**sah**-lay ehl **prohk**-see-moh trayn / ow-toh-**boos pah**-rah

...the train / bus arrive in ___	*...llega el tren / autobús a ___*	**yay**-gah ehl trayn / ow-toh-**boos** ah
I / We would like to take the 16:30 train.	*Me / Nos gustaría tomar el tren de las cuatro y media.*	may / nohs goo-stah-**ree**-ah toh-**mar** ehl trayn day lahs **kwah**-troh ee **may**-dee-ah
Is the train...?	*¿Va el tren...?*	bah ehl trayn
Is the bus...?	*¿Va el autobús...?*	bah ehl ow-toh-**boos**
...early / late	*...adelantado / con retraso*	ah-day-lahn-**tah**-doh / kohn ray-**trah**-soh
...on time	*...a tiempo*	ah tee-**ehm**-poh

In Spain, the 24-hour clock (military time) is used mainly for train, bus, and ferry schedules. Friends use the same "clock" we do. You'd meet a friend at 3:00 ***de la tarde*** (in the afternoon) to catch a train at 15:15.

More Time

minute	*minuto*	mee-**noo**-toh
hour	*hora*	**oh**-rah
in the morning	*por la mañana*	por lah mahn-**yah**-nah
in the afternoon	*por la tarde*	por lah **tar**-day
in the evening	*por la noche*	por lah **noh**-chay
at night	*por la noche*	por lah **noh**-chay
at 6:00 sharp	*a las seis en punto*	ah lahs says ayn **poon**-toh
from 8:00 to 10:00	*de ocho a diez*	day **oh**-choh ah dee-**ayth**
in half an hour	*en media hora*	ayn **may**-dee-ah **oh**-rah
in one hour	*dentro de una hora*	**dehn**-troh day **oo**-nah **oh**-rah
in three hours	*en tres horas*	ayn trehs **oh**-rahs
anytime	*a cualquier hora*	ah kwahl-kee-**ehr** **oh**-rah
immediately	*inmediatamente*	een-may-dee-ah-tah-**mehn**-tay
every hour	*cada hora*	**kah**-dah **oh**-rah

every day	*cada día*	**kah**-dah **dee**-ah
last	*último*	**ool**-tee-moh
this	*este*	**ay**-stay
next	*próximo*	**prohk**-see-moh
May 15	*quince de mayo*	**keen**-thay day **mah**-yoh
high season	*temporada alta*	taym-poh-**rah**-dah **ahl**-tah
low season	*temporada baja*	taym-poh-**rah**-dah **bah**-hah
in the future	*en el futuro*	ayn ehl foo-**too**-roh
in the past	*en el pasado*	ayn ehl pah-**sah**-doh

The Day

day	*día*	**dee**-ah
today	*hoy*	oy
yesterday	*ayer*	ah-**yehr**
tomorrow	*mañana*	mahn-**yah**-nah
tomorrow morning	*mañana por la mañana*	mahn-**yah**-nah por lah mahn-**yah**-nah
day after tomorrow	*pasado mañana*	pah-**sah**-doh mahn-**yah**-nah

The Week

week	*semana*	say-**mah**-nah
last week	*la semana última*	lah say-**mah**-nah **ool**-tee-mah
this week	*esta semana*	**ay**-stah say-**mah**-nah
next week	*la semana próxima*	lah say-**mah**-nah **prohk**-see-mah
Monday	*lunes*	**loo**-nays
Tuesday	*martes*	**mar**-tays
Wednesday	*miércoles*	mee-**ehr**-koh-lays
Thursday	*jueves*	***h*way**-bays
Friday	*viernes*	bee-**ehr**-nays
Saturday	*sábado*	**sah**-bah-doh
Sunday	*domingo*	doh-**meen**-goh

The Month

month	*mes*	mays
January	*enero*	ay-**nay**-roh
February	*febrero*	fay-**bray**-roh
March	*marzo*	**mar**-thoh
April	*abril*	ah-**breel**
May	*mayo*	**mah**-yoh
June	*junio*	**hoon**-yoh
July	*julio*	**hool**-yoh
August	*agosto*	ah-**goh**-stoh
September	*septiembre*	sehp-tee-**ehm**-bray
October	*octubre*	ohk-**too**-bray
November	*noviembre*	noh-bee-**ehm**-bray
December	*diciembre*	dee-thee-**ehm**-bray

The Year

year	*año*	**ahn**-yoh
spring	*primavera*	pree-mah-**bay**-rah
summer	*verano*	bay-**rah**-noh
fall	*otoño*	oh-**tohn**-yoh
winter	*invierno*	een-bee-**ehr**-noh

Holidays and Happy Days

holiday	*festivo*	fay-**stee**-boh
national holiday	*festivo nacional*	fay-**stee**-boh nah-thee-oh-**nahl**
religious holiday	*día religioso*	**dee**-ah ray-lee-*hee*-**oh**-soh
Is today / tomorrow a holiday?	*¿Es hoy / mañana un día festivo?*	ehs oy / mahn-**yah**-nah oon **dee**-ah fay-**stee**-boh
Is a holiday coming up soon? When?	*¿Hay alguna fiesta pronto? ¿Cuándo?*	ī ahl-**goo**-nah fee-**eh**-stah **prohn**-toh **kwahn**-doh
What is the holiday?	*¿Qué fiesta es?*	kay fee-**eh**-stah ehs
Merry Christmas!	*¡Feliz Navidad!*	fay-**leeth** nah-bee-**dahd**
Happy new year!	*¡Feliz Año Nuevo!*	fay-**leeth ahn**-yoh **nway**-boh

Easter	*Pascuas*	**pahs**-kwahs
Happy anniversary!	*iFeliz aniversario!*	fay-**leeth** ah-nee-behr-**sah**-ree-oh
Happy birthday!	*iFeliz cumpleaños!*	fay-**leeth** koom-play-**ahn**-yohs

The Spanish sing "Happy Birthday" to the same tune we do, but they don't fill in the person's name. Here are the words: ***Cumpleaños feliz, cumpleaños feliz, te deseamos todos cumpleaños, cumpleaños feliz.***

Other happy days in Spain include ***Semana Santa*** (Holy Week), leading up to Easter. It's a festive time throughout Iberia, especially in Sevilla. ***Corpus Christi*** comes early in June, ***Ascensión de Maria*** on August 15th, and ***Día de la Hispanidad,*** Spain's national holiday, is on October 12.

TRAVELING

FLIGHTS

All airports have bilingual signage with Spanish and English. Also, nearly all airport service personnel and travel agents speak English these days. Still, these words and phrases could conceivably come in handy.

Making a Reservation

I'd like to... my reservation / ticket.	*Me gustaría... mi reserva / billete.*	may goo-stah-**ree**-ah... mee ray-**sehr**-bah / bee-**yeh**-tay
We'd like to... our reservation / ticket.	*Nos gustaría... nuestra reserva / nuestros billetes.*	nohs goo-stah-**ree**-ah... **nway**-strah ray-**sehr**-bah / **nway**-strohs bee-**yeh**-tays
...confirm	*...confirmar*	kohn-feer-**mar**
...change	*...cambiar*	kahm-bee-**ar**
...cancel	*...cancelar*	kahn-thay-**lar**
seat by the aisle / window	*asiento de pasillo / ventana*	ah-see-**ehn**-toh day pah-**see**-yoh / vayn-**tah**-nah

At the Airport

Which terminal?	*¿Qué terminal?*	kay tehr-mee-**nahl**

international flights	*vuelos internacionales*	**bway**-lohs een-tehr-nah-thee-oh-**nah**-lays
domestic flights	*vuelos domésticos*	**bway**-lohs doh-**may**-stee-kohs
arrivals	*llegadas*	yay-**gah**-dahs
departures	*salidas*	sah-**lee**-dahs
baggage check	*facturar el equipaje*	fahk-too-**rar** ehl ay-kee-**pah**-*h*ay
baggage claim	*reclamar el equipaje*	ray-klah-**mar** ehl ay-kee-**pah**-*h*ay
Nothing to declare.	*Nada que declarar.*	**nah**-dah kay day-klah-**rar**
I have only carry-on luggage.	*Sólo llevo equipaje de mano.*	**soh**-loh **yay**-boh ay-kee-**pah**-*h*ay day **mah**-noh
flight number	*número de vuelo*	**noo**-may-roh day **bway**-loh
departure gate	*puerta de salida*	**pwehr**-tah day sah-**lee**-dah
duty free	*libre de impuestos*	**lee**-bray day eem-**pway**-stohs
luggage cart	*carro de equipaje*	**kah**-roh day ay-kee-**pah**-*h*ay
jet lag	*jet lag*	"jet lag"

Getting to/from the Airport

Approximately how much is a taxi ride...?	*¿Cuánto cuesta más o menos un taxi...?*	**kwahn**-toh **kway**-stah mahs oh **may**-nohs oon **tahk**-see
...to downtown	*...al centro*	ahl **thayn**-troh
...to the train station	*...a la estación de trenes*	ah lah ay-stah-thee-**ohn** day **tray**-nays
...to the airport	*...al aeropuerto*	ahl ah-ay-roh-**pwehr**-toh
Does a bus (or train) run...?	*¿Va un autobús (o un tren)...?*	bah oon ow-toh-**boos** (oh oon trayn)
...from the airport to downtown	*...desde el aeropuerto al centro*	**dehs**-day ehl ah-ay-roh-**pwehr**-toh ahl **thayn**-troh

...to the airport from downtown	*...al aeropuerto desde el centro*	ahl ah-ay-roh-**pwehr**-toh **dehs**-day ehl **thayn**-troh
How much is it?	*¿Cuánto cuesta?*	**kwahn**-toh **kway**-stah
Where does it leave from...?	*¿De dónde sale...?*	day **dohn**-day **sah**-lay
...at the airport	*...desde el aeropuerto*	**dehs**-day ehl ah-ay-roh-**pwehr**-toh
...downtown	*...desde el centro*	**dehs**-day ehl **thayn**-troh
How often does it run?	*¿Con qué frecuencia sale?*	kohn kay fray-**kwayn**-thee-ah **sah**-lay

TRAINS

The Train Station

Where is the...?	*¿Dónde está la...?*	**dohn**-day ay-**stah** lah
...train station	*...estación de tren*	ay-stah-thee-**ohn** day trayn
Spanish Railways	*R.E.N.F.E.*	**rehn**-fay
train information	*información de trenes*	een-for-mah-thee-**ohn** day **tray**-nays
train	*tren*	trayn
high-speed trains	*Talgo, AVE*	**tahl**-goh, **ah**-vay
fast / faster	*rápido / más rápido*	**rah**-pee-doh / mahs **rah**-pee-doh
arrival	*llegada*	yay-**gah**-dah
departure	*salida*	sah-**lee**-dah
delay	*retraso*	ray-**trah**-soh
toilets	*aseos*	ah-**say**-ohs
waiting room	*sala de espera*	**sah**-lah day ay-**spay**-rah
lockers	*casilleros*	kah-see-**yay**-rohs
baggage check room	*consigna*	kohn-**seen**-yah
lost and found office	*oficina de objetos perdidos*	oh-fee-**thee**-nah day ohb-**hay**-tohs pehr-**dee**-dohs

Key Phrases: Trains

train station	*estación de tren*	ay-stah-thee-**ohn** day trayn
train	*tren*	trayn
ticket	*billete*	bee-**yeh**-tay
transfer	*transbordo*	trahns-**bor**-doh
supplement	*suplemento*	soo-play-**mehn**-toh
arrival	*llegada*	yay-**gah**-dah
departure	*salida*	sah-**lee**-dah
platform	*andén*	ahn-**dayn**
track	*vía*	**bee**-ah
train car	*vagón, coche*	bah-**gohn**, **koh**-chay
A ticket to ___.	*Un billete para ___.*	oon bee-**yeh**-tay **pah**-rah
Two tickets to ___.	*Dos billetes para ___.*	dohs bee-**yeh**-tays **pah**-rah
When is the next train?	*¿Cuándo es el siguiente tren?*	**kwahn**-doh ays ehl see-**gehn**-tay trayn
Where does the train leave from?	*¿Desde dónde sale el tren?*	**dehs**-day **dohn**-day **sah**-lay ehl trayn
Which train to ___?	*¿Qué tren para ___?*	kay trayn **pah**-rah

tourist information office	*Oficina de Turismo*	oh-fee-**thee**-nah day too-**rees**-moh
to the platforms	*a los andenes*	ah lohs **ahn**-deh-nays
platform	*andén*	ahn-**dayn**
track	*vía*	**bee**-ah
train car	*vagón, coche*	bah-**gohn**, **koh**-chay
dining car	*coche comedor*	**koh**-chay koh-may-**dor**
sleeper car	*coche cama*	**koh**-chay **kah**-mah
conductor	*conductor*	kohn-dook-**tor**

The trains in Spain (which run mainly on the plain) come in several types. Along with the various local (***Cercania***) and milkrun (***Regional*** and ***Correo***) trains, there are:

- the slow ***Rápido, Tranvía, Semi-directo,*** and ***Expreso*** trains
- the medium-speed ***Intercity*** and ***Electro*** trains
- several super-fast "bullet" trains (about 140 mph) that have different names depending on the route: ***AVE*** (***Alta Velocidad Española***), ***Talgo 2000, Altaria, Alaris, Alvia,*** and ***Euromed.***

With a railpass, you need to make reservations in advance for all Spanish trains, especially ***AVE*** and overnight trains. When you arrive in a town, make your outbound reservation right away, or reserve before leaving home (up to 60 days in advance) if you have solid plans. In bigger cities, the downtown RENFE (Spanish Railways) office is sometimes more efficient at making reservations than the train station.

Trains get more expensive as they pick up speed (and fast-train seat reservations are often included in ticket prices). Franco left Spain a train system that didn't fit Europe's gauge. The high-speed ***AVE*** trains run on European-gauge tracks, whisking travelers between Madrid and Sevilla in less than three hours. ***AVE*** and ***Altaria*** trains are sometimes priced differently according to their time of departure. Peak hours (***punta***) are most expensive, followed by ***llano*** and ***valle*** (quietest and cheapest times).

Getting a Ticket

Where can I buy a ticket?	*¿Dónde puedo comprar un billete?*	**dohn**-day **pway**-doh kohm-**prar** oon bee-**yeh**-tay
A ticket to ___.	*Un billete para ___.*	oon bee-**yeh**-tay **pah**-rah
Where can we buy tickets?	*¿Dónde podemos comprar billetes?*	**dohn**-day poh-**day**-mohs kohm-**prar** bee-**yeh**-tays
Two tickets to ___.	*Dos billetes para ___.*	dohs bee-**yeh**-tays **pah**-rah
Is this the line for...?	*¿Es ésta la fila para...?*	ays **ay**-stah lah **fee**-lah **pah**-rah
...tickets	*...billetes*	bee-**yeh**-tays
...reservations	*...reservas*	ray-**sehr**-bahs
How much is a ticket to ___?	*¿Cuánto cuesta el billete a ___?*	**kwahn**-toh **kway**-stah ehl bee-**yeh**-tay ah

Is this ticket valid for ___?	*¿Es este billete válido para ___?*	ays **ay**-stay bee-**yeh**-tay **bah**-lee-doh **pah**-rah
How long is this ticket valid?	*¿Cuándo expira este billete?*	**kwahn**-doh ehk-**spee**-rah **ay**-stay bee-**yeh**-tay
When is the next train?	*¿Cuándo es el siguiente tren?*	**kwahn**-doh ays ehl see-**gehn**-tay trayn
Do you have a schedule for all trains departing for ___ today / tomorrow?	*¿Tienen un horario de todas las salidas de los trenes para ___ hoy / mañana?*	tee-**ehn**-ehn oon oh-**rah**-ree-oh day **toh**-dahs lahs sah-**lee**-dahs day lohs **tray**-nays **pah**-rah ___ oy / mahn-**yah**-nah
I / We would like to leave...	*Me / Nos gustaría salir...*	may / nohs goo-stah-**ree**-ah sah-**leer**
I / We would like to arrive...	*Me / Nos gustaría llegar...*	may / nohs goo-stah-**ree**-ah yay-**gar**
...by ___.	*...a las ___.*	ah lahs
...in the morning.	*...por la mañana.*	por lah mahn-**yah**-nah
...in the afternoon.	*...por la tarde.*	por lah **tar**-day
...in the evening.	*...por la noche.*	por lah **noh**-chay
Is there a...?	*¿Hay un...?*	ī oon
...earlier train	*...tren más temprano*	trayn mahs tehm-**prah**-noh
...later train	*...tren más tarde*	trayn mahs **tar**-day
...overnight train	*...tren nocturno*	trayn nohk-**toor**-noh
...cheaper train	*...tren más barato*	trayn mahs bah-**rah**-toh
...local train	*...tren local*	trayn loh-**kahl**
...express train	*...tren expreso*	trayn ehk-**spray**-soh
Is there a cheaper option?	*¿Hay una opción más barata?*	ī **oo**-nah ohp-thee-**ohn** mahs bah-**rah**-tah
What track does it leave from?	*¿Desde qué andén sale?*	**dehs**-day kay ahn-**dayn sah**-lay
What track?	*¿Qué vía?*	kay **bee**-ah
On time?	*¿Puntual?*	poon-too-**ahl**
Late?	*¿Tarde?*	**tar**-day

Reservations, Supplements, and Discounts

Is a reservation required?	*¿Se requiere reserva?*	say ray-kee-**eh**-ray ray-**sehr**-bah
I'd like to reserve...	*Me gustaría reservar...*	may goo-stah-**ree**-ah ray-sehr-**bar**
...a seat.	*...un asiento.*	oon ah-see-**ehn**-toh
...a berth (couchette).	*...una litera.*	**oo**-nah **lee**-tay-rah
...a first-class sleeper.	*...un coche cama.*	oon **koh**-chay **kah**-mah
...the entire train.	*...todo el tren.*	**toh**-doh ehl trayn
We'd like to reserve...	*Nos gustaría reservar...*	nohs goo-stah-**ree**-ah ray-sehr-**bar**
...two seats.	*...dos asientos.*	dohs ah-see-**ehn**-tohs
...two berths (couchettes).	*...dos literas.*	dohs **lee**-tay-rahs
...two beds in a sleeper car.	*...dos camas en un coche cama.*	dohs **kah**-mahs ayn oon **koh**-chay **kah**-mah
Is there a supplement?	*¿Hay un suplemento?*	ī oon soo-play-**mehn**-toh
Does my railpass cover the supplement?	*¿Mi railpass incluye el suplemento?*	mee **rayl**-pahs een-**kloo**-yay ehl soo-play-**mehn**-toh
Is there a discount for...?	*¿Tienen descuento para...?*	tee-**ehn**-ehn days-**kwehn**-toh **pah**-rah
...youths	*...jóvenes*	**hoh**-beh-nays
...seniors	*...la tercera edad*	lah tehr-**thay**-rah ay-**dahd**
...families	*...familias*	fah-**mee**-lee-ahs

Ticket Talk

ticket window	*venta de billetes*	**bayn**-tah day bee-**yeh**-tays
reservations window	*reservas*	ray-**sehr**-bahs
national / international	*nacional / internacional*	nah-thee-oh-**nahl** / een-tehr-nah-thee-oh-**nahl**
ticket	*billete*	bee-**yeh**-tay

one way	*de ida*	day **ee**-dah
roundtrip	*de ida y vuelta*	day **ee**-dah ee **bwehl**-tah
first class	*primera clase*	pree-**may**-rah **klah**-say
second class	*segunda clase*	say-**goon**-dah **klah**-say
non-smoking	*no fumadores*	noh foo-mah-**doh**-rays
validate	*validar*	bah-lee-**dar**
schedule	*horario*	oh-**rah**-ree-oh
departure	*salida*	sah-**lee**-dah
direct	*directo*	dee-**rehk**-toh
transfer	*transbordo*	trahns-**bor**-doh
connection	*enlace*	ayn-**lah**-thay
with supplement	*con suplemento*	kohn soo-play-**mehn**-toh
reservation	*reserva*	ray-**sehr**-bah
seat by the aisle / window	*asiento de pasillo / ventana*	ah-see-**ehn**-toh day pah-**see**-yoh / vayn-**tah**-nah
berth...	*litera...*	**lee**-tay-rah
...upper	*...alta*	**ahl**-tah
...middle	*...media*	**may**-dee-ah
...lower	*...baja*	**bah**-*hah*
refund	*devolución*	day-voh-loo-thee-**ohn**
reduced fare	*tarifa reducida*	tah-**ree**-fah ray-doo-**thee**-dah

Changing Trains

Is it direct?	*¿Es directo?*	ays dee-**rehk**-toh
Must I transfer?	*¿Tengo que cambiar?*	**tayn**-goh kay kahm-bee-**ar**
Must we transfer?	*¿Tenemos que cambiar?*	tay-**nay**-mohs kay kahm-bee-**ar**
When? Where?	*¿Cuándo? ¿Dónde?*	**kwahn**-doh **dohn**-day
Do I / Do we change here for ___?	*¿Tengo / Tenemos que cambiar aquí para ___?*	**tayn**-goh / tay-**nay**-mohs kay kahm-bee-**ar** ah-**kee pah**-rah
Where do I / do we change for ___?	*¿Dónde cambio / cambiamos para ___?*	**dohn**-day **kahm**-bee-oh / kahm-bee-**ah**-mohs **pah**-rah

At what time...?	*¿A qué hora...?*	ah kay **oh**-rah
From what track does my / our connecting train leave ?	*¿De qué vía sale mi / nuestro tren de conexión?*	day kay **bee**-ah **sah**-lay mee / **nway**-stroh trayn day koh-nehk-thee-**ohn**
How many minutes in ___ to change trains?	*¿Cuántos minutos en ___ para cambiar de tren?*	**kwahn**-tohs mee-**noo**-tohs ehn ___ **pah**-rah kahm-bee-**ar** day trayn

On the Platform

Where is...?	*¿Dónde está.....?*	**dohn**-day ay-**stah**
Is this...?	*¿Es éste...?*	ays **ay**-stay
...the train to ___?	*...el tren a ___?*	ehl trayn ah
Which train to ___?	*¿Qué tren para ___?*	kay trayn **pah**-rah
Which train car to ___?	*¿Qué vagón para ___?*	kay bah-**gohn** **pah**-rah
Where is first class?	*¿Dónde está primera clase?*	**dohn**-day ay-**stah** pree-**may**-rah **klah**-say
...front / middle / back	*...frente / centro / detrás*	**frayn**-tay / **thayn**-troh / day-**trahs**
Where can I validate my ticket?	*¿Dónde puedo validar mi billete?*	**dohn**-day **pway**-doh bah-lee-**dar** mee bee-**yeh**-tay

On the Train

Is this (seat) free?	*¿Está libre?*	ay-**stah lee**-bray
May I / May we...?	*¿Puedo / Podemos...?*	**pway**-doh / poh-**day**-mohs
...sit here (I / we)	*...sentarme / sentarnos aquí?*	sayn-**tar**-may / sayn-**tar**-nohs ah-**kee**
...open the window	*...abrir la ventana*	ah-**breer** lah behn-**tah**-nah
...eat your meal	*...comer su comida*	koh-**mehr** soo koh-**mee**-dah
Save my place?	*¿Guárdeme mi asiento?*	**gwar**-day-may mee ah-see-**ehn**-toh

Major Transportation Lines in Iberia

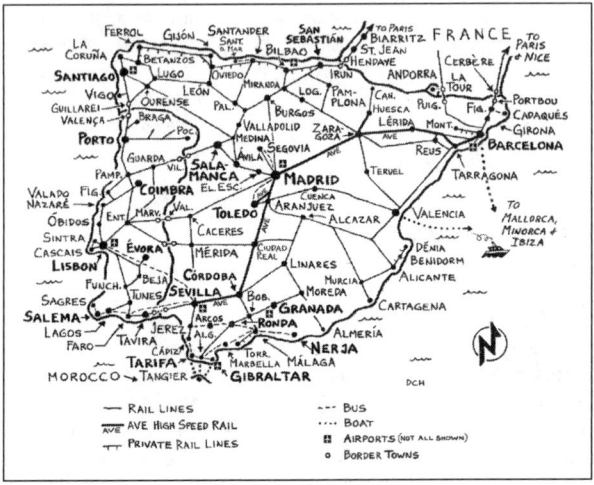

TRAVELING

Save our places?	*¿Guárdenos nuestros asientos?*	**gwar**-day-nohs **nway**-strohs ah-see-**ehn**-tohs
That's my seat.	*Ése es mi asiento.*	**ay**-say ays mee ah-see-**ehn**-toh
These are our seats.	*Éstes son nuestros asientos.*	**ay**-stays sohn **nway**-strohs ah-see-**ehn**-tohs
Where are you going?	*¿A dónde va?*	ah **dohn**-day bah
I'm going to ___.	*Voy a ___.*	boy ah
We're going to ___.	*Vamos a ___.*	**bah**-mohs ah
Tell me when to get off?	*¿Dígame cuándo tengo que bajarme?*	**dee**-gah-may **kwahn**-doh **tayn**-goh kay bah-**har**-may
Tell us when to get off?	*¿Díganos cuándo tenemos que bajarnos?*	**dee**-gah-nohs **kwahn**-doh tay-**nay**-mohs kay bah-**har**-nohs

Where is a (good looking) conductor?	*¿Dónde hay un conductor (guapo)?*	**dohn**-day ī oon kohn-dook-**tor** (**gwah**-poh)
Does this train stop in ___?	*¿Para el tren en ___?*	**pah**-rah ehl trayn ayn
When will it arrive in ___?	*¿Cuándo llegará a ___?*	**kwahn**-doh yay-gah-**rah** ah
When will it arrive?	*¿Cuándo llegará?*	**kwahn**-doh yay-gah-**rah**

Reading Train and Bus Schedules

a	to
aviso	advisory (listing changes)
con retraso	late
clase	class
coche	car
de	from
destino	destination
diario	daily
días	days
días de semana	weekdays
días laborales	workdays (Monday–Saturday)
domingo	Sunday
festivos	holidays
excepto	except
fecha	date
hasta	until
hora salida	departure time
llegadas	arrivals
no	not
plaza	seat, place
sábado	Saturday
salidas	departures
salidas inmediatas	immediate departures
sólo	only
también	too
tipo de tren	type of train

todos	every
vía	track (or via)
1-5, 6, 7	Monday-Friday, Saturday, Sunday

European schedules use the 24-hour clock. It's like American time until noon. After that, subtract twelve and add P.M. So 13:00 is 1 P.M., 19:00 is 7 P.M., and midnight is 24:00. If your train is scheduled to depart at 00:01, it'll leave one minute after midnight.

Going Places

Spain	*España*	ay-**spahn**-yah
Madrid	*Madrid*	mah-**dreed**
Seville	*Sevilla*	seh-**vee**-yah
Gibraltar	*Gibraltar*	*h*ee-brahl-**tar**
Portugal	*Portugal*	por-too-**gahl**
Lisbon	*Lisboa*	lees-**boh**-ah
Morocco	*Marruecos*	mar-**way**-kohs
Austria	*Austria*	**ow**-stree-ah
Belgium	*Bélgica*	**bayl**-*h*ee-kah
Czech Republic	*República Checa*	ray-**poob**-lee-kah **chay**-kah
France	*Francia*	**frahn**-thee-ah
Germany	*Alemania*	ah-lay-**mah**-nee-yah
Great Britain	*Gran Bretaña*	grahn bray-**tahn**-yah
Greece	*Grecia*	**gray**-thee-ah
Ireland	*Irlanda*	eer-**lahn**-dah
Italy	*Italia*	ee-**tah**-lee-ah
Netherlands	*Holanda*	oh-**lahn**-dah
Scandinavia	*Escandinavia*	ay-skahn-dee-**nah**-bee-ah
Switzerland	*Suiza*	**swee**-thah
Turkey	*Turquía*	toor-**kee**-ah
Europe	*Europa*	ay-oo-**roh**-pah
EU (European Union)	*UE (Unión Europea)*	oo ay (oo-nee-**ohn** ay-oo-roh-**pay**-ah)
Russia	*Rusia*	**roo**-see-ah
Africa	*Africa*	**ah**-free-kah

United States	*Estados Unidos*	ay-**stah**-dohs oo-**nee**-dohs
Canada	*Canadá*	kah-nah-**dah**
Mexico	*Méjico*	**may**-*h*ee-koh

BUSES AND SUBWAYS

At the Bus Station or Metro Stop

ticket	*billete*	bee-**yeh**-tay
city bus	*autobús*	ow-toh-**boos**
long-distance bus	*autocar*	ow-toh-**kar**
bus stop	*parada de autobús*	pah-**rah**-dah day ow-toh-**boos**
bus station	*estación de autobuses*	ay-stah-thee-**ohn** day ow-toh-**boo**-says
subway	*metro*	**may**-troh
subway station	*estación de metro*	ay-stah-thee-**ohn** day **may**-troh
subway map	*mapa*	**mah**-pah
subway entrance	*entrada al metro*	ayn-**trah**-dah ahl **may**-troh
subway stop	*parada*	pah-**rah**-dah
subway exit	*salida de metro*	sah-**lee**-dah day **may**-troh
direct	*directo*	dee-**rehk**-toh
connection	*conexión*	koh-nehk-thee-**ohn**
pickpocket	*carterista*	kar-tay-**ree**-stah

Taking Buses and Subways

How do I get to___?	*¿Cómo llego a ___?*	**koh**-moh **yay**-goh ah
How do we get to ___?	*¿Cómo llegamos a ___?*	**koh**-moh yay-**gah**-mohs ah
How much is a ticket?	*¿Cuánto cuesta el billete?*	**kwahn**-toh **kway**-stah ehl bee-**yeh**-tay
Where can I buy a ticket?	*¿Dónde puedo comprar un billete?*	**dohn**-day **pway**-doh kohm-**prar** oon bee-**yeh**-tay

Key Phrases: Buses and Subways

bus	*autobús*	ow-toh-**boos**
subway	*metro*	**may**-troh
ticket	*billete*	bee-**yeh**-tay
How do I get to ___?	*¿Cómo llego a ___?*	**koh**-moh **yay**-goh ah
How do we get to ___?	*¿Cómo llegamos a ___?*	**koh**-moh yay-**gah**-mohs ah
Which stop for ___?	*¿Qué parada para...?*	kay pah-**rah**-dah **pah**-rah
Tell me when to get off?	*¿Dígame cuándo tengo que bajarme?*	**dee**-gah-may **kwahn**-doh **tayn**-goh kay bah-**har**-may
Where can we buy tickets?	*¿Dónde podemos comprar unos billetes?*	**dohn**-day poh-**day**-mohs kohm-**prar** **oo**-nohs bee-**yeh**-tays
One ticket, please.	*Un billete, por favor.*	oon bee-**yeh**-tay por fah-**bor**
Two tickets.	*Dos billetes.*	dohn bee-**yeh**-tays
Is this ticket valid (for___)?	*¿Es este billete válido (para ___)?*	ays **ay**-stay bee-**yeh**-tay **bah**-lee-doh (**pah**-rah___)
Is there a one-day pass?	*¿Hay un pase para todo el día?*	ī oon **pah**-say **pah**-rah **toh**-doh ehl **dee**-ah
Which bus to ___?	*¿Qué autocar para ___?*	kay ow-toh-**kar** **pah**-rah
Does it stop at ___?	*¿Tiene parada en ___?*	tee-**ehn**-ay pah-**rah**-dah ayn
Which metro stop for ___?	*¿Qué parada de metro para ___?*	kay pah-**rah**-dah day **may**-troh **pah**-rah
Which direction for___?	*¿Qué dirección para ___?*	kay dee-rehk-thee-**ohn** **pah**-rah
Must I transfer?	*¿Tengo que cambiar?*	**tayn**-goh kay kahm-bee-**ar**
Must we transfer?	*¿Tenemos que cambiar?*	tay-**nay**-mohs kay kahm-bee-**ar**

When does the... leave?	*¿Cuándo sale el ...?*	**kwahn**-doh **sah**-lay ehl
...first	*...primero*	pree-**may**-roh
...next	*...siguiente*	see-**gehn**-tay
...last	*...último*	**ool**-tee-moh
...bus / subway	*...autobús / metro*	ow-toh-**boos** / **may**-troh
What's the frequency per hour / day?	*¿Con qué frecuencia pasa por hora / día?*	kohn kay fray-**kwayn**-thee-ah **pah**-sah por **oh**-rah / **dee**-ah
Where does it leave from?	*¿Desde dónde sale?*	**dehs**-day **dohn**-day **sah**-lay
What time does it leave?	*¿A qué hora sale?*	ah kay **oh**-rah **sah**-lay
I'm going to___.	*Voy a ___.*	boy ah
We are going to ___.	*Vamos a ___.*	**bah**-mohs ah
Tell me when to get off?	*¿Dígame cuándo tengo que bajarme?*	**dee**-gah-may **kwahn**-doh **tayn**-goh kay bah-**har**-may
Tell us when to get off?	*¿Díganos cuándo tenemos que bajarnos?*	**dee**-gah-nohs **kwahn**-doh tay-**nay**-mohs kay bah-**har**-nohs

Buses (***autocars***) connect many smaller towns better and cheaper than trains. ***Autopistas*** are fast buses that take freeway routes. Tourist information offices have bus schedules. Subways are handy in Madrid and Barcelona.

TAXIS

Getting a Taxi

Taxi!	*¡Taxi!*	**tahk**-see
Can you call a taxi?	*¿Puede llamarme un taxi?*	**pway**-day yah-**mar**-may oon **tahk**-see
Where is a taxi stand?	*¿Dónde está una parada de taxi?*	**dohn**-day ay-**stah** **oo**-nah pah-**rah**-dah day **tahk**-see
Where can I get a taxi?	*¿Dónde puedo coger un taxi?*	**dohn**-day **pway**-doh koh-**hehr** oon **tahk**-see

Where can we get a taxi?	*¿Dónde podemos coger un taxi?*	**dohn**-day poh-**day**-mohs koh-**hehr** oon **tahk**-see
Are you free?	*¿Está libre?*	ay-**stah lee**-bray
Occupied.	*Ocupado.*	oh-koo-**pah**-doh
To ___, please.	*A ___, por favor.*	ah ___ por fah-**bor**
To this address.	*A esta dirección.*	ah **ay**-stah dee-rehk-thee-**ohn**
Take me to ___.	*Llévame a ___.*	**yay**-bay-may ah
Take us to ___.	*Llévenos a ___.*	**yay**-bay-nohs ah
Approximately how much will it cost to go...?	*¿Más o menos cuánto me costará...?*	mahs oh **may**-nohs **kwahn**-toh may koh-stah-**rah**
...to ___	*...a ___*	ah
...the airport	*...al aeropuerto*	ahl ah-ay-roh-**pwehr**-toh
...the train station	*...a la estación de trenes*	ah lah ay-stah-thee-**ohn** day **tray**-nays
...this address	*...a esta dirección*	ah **ay**-stah dee-rehk-thee-**ohn**
Any extra supplement?	*¿Hay un suplemento extra?*	ī oon soop-lay-**mayn**-toh **ayk**-strah
Too much.	*Demasiado.*	day-mah-see-**ah**-doh
Can you take ___ people?	*¿Puede llevar a ___ personas?*	**pway**-day yay-**bar** ah ___ pehr-**soh**-nahs
Any extra fee?	*¿Hay una tarifa extra?*	ī **oo**-nah tah-**ree**-fah **ayk**-strah
Do you have an hourly rate?	*¿Tiene una tarifa por hora?*	tee-**ehn**-ay **oo**-nah tah-**ree**-fah por **oh**-rah
How much for a one-hour city tour?	*¿Cuánto cuesta una excursión por la ciudad de una hora?*	**kwahn**-toh **kway**-stah **oo**-nah ayk-skoor-see-**ohn** por lah thee-oo-**dahd** day **oo**-nah **oh**-rah

Taxis in Spain are cheap, except for going to and from airports (use airport buses for these trips). In Madrid and Barcelona, subways are cheap and efficient. Taxis usually take up to four people. If you have trouble flagging down a taxi, ask for directions to a ***parada de taxi*** (taxi stand). The simplest way to tell a cabbie where you want to go

Key Phrases: Taxis

Taxi!	*¡Taxi!*	**tahk**-see
Are you free?	*¿Está libre?*	ay-**stah lee**-bray
To ___, please.	*A ___, por favor.*	ah ___ por fah-**bor**
meter	*taxímetro*	tahk-**see**-may-troh
Stop here.	*Pare aquí.*	**pah**-ray ah-**kee**
Keep the change.	*Quédese con el cambio.*	**kay**-day-say kohn ehl **kahm**-bee-oh

is by stating your destination followed by "please" (*"El Prado, por favor"*). Tipping isn't expected, but it's polite to round up. So if the fare is €19, round up to €20.

In the Taxi

The meter, please.	*El taxímetro, por favor.*	ehl tahk-**see**-may-troh por fah-**bor**
Where is the meter?	*¿Dónde está el taxímetro?*	**dohn**-day ay-**stah** ehl tahk-**see**-may-troh
I'm / We're in a hurry.	*Tengo / Tenemos prisa.*	**tayn**-goh / tay-**nay**-mohs **pree**-sah
Slow down.	*Más despacio.*	mahs day-**spah**-thee-oh
If you don't slow down, I'll throw up.	*Si no va más despacio, voy a vomitar.*	see noh bah mahs day-**spah**-thee-oh boy ah boh-mee-**tar**
Left / Right / Straight.	*A la izquierda / A la derecha / Derecho.*	ah lah eeth-kee-**ehr**-dah / ah lah day-**ray**-chah / day-**ray**-choh
I'd / We'd like to stop here briefly.	*Me / Nos gustaría parar aquí brevemente.*	may / nohs goo-stah-**ree**-ah pah-**rar** ah-**kee** bray-vay-**mehn**-tay
Please stop here for ___ minutes.	*Por favor pare aquí por ___ minutos.*	por fah-**bor pah**-ray ah-**kee** por ___ mee-**noo**-tohs
Can you wait?	*¿Puede esperar?*	**pway**-day ay-spay-**rar**

Crazy traffic, isn't it?	*Un tráfico de locos, ¿no?*	oon **trah**-fee-koh day **loh**-kohs noh
You drive like ...	*¡Usted conduce como...*	oo-**stehd** kohn-**doo**-thay **koh**-moh
...a madman!	*...un loco!*	oon **loh**-koh
...Michael Schumacher!	*...Miguel Schumacher!*	mee-**gehl** "Schumacher"
You drive very well.	*Usted conduce muy bien.*	oo-**stehd** kohn-**doo**-thay **moo**-ee bee-**yehn**
Where did you learn to drive?	*¿Dónde aprendió a conducir?*	**dohn**-day ah-prehn-dee-**oh** ah kohn-doo-**theer**
Stop here.	*Pare aquí.*	**pah**-ray ah-**kee**
Here is fine.	*Aquí está bien.*	ah-**kee** ay-**stah** bee-**yehn**
At this corner.	*En esta esquina.*	ayn **ay**-stah ay-**skee**-nah
The next corner.	*En la esquina siguiente.*	ayn lah ay-**skee**-nah see-**gehn**-tay
My change, please.	*Mi cambio, por favor.*	mee **kahm**-bee-oh por fah-**bor**
Keep the change.	*Quédese con el cambio.*	**kay**-day-say kohn ehl **kahm**-bee-oh
This ride is / was more fun than Disneyland.	*Este recorrido es / fue más divertido que Disneylandia.*	**ay**-stay ray-koh-**ree**-doh ays / fway mahs dee-vehr-**tee**-doh kay deez-nay-**lahn**-dee-ah

DRIVING

Rental Wheels

car rental office	*alquiler de coches*	ahl-kee-**lehr** day **koh**-chays
I / We would like to rent...	*Me / Nos gustaría alquilar...*	may / nohs goo-stah-**ree**-ah ahl-kee-**lar**
...a car.	*...un coche.*	oon **koh**-chay
...a station wagon.	*...un coche familiar.*	oon **koh**-chay fah-mee-lee-**ar**
...a van.	*...una frugoneta.*	**oo**-nah froo-goh-**nay**-tah

Key Phrases: Driving

car	*coche*	**koh**-chay
gas station	*gasolinera*	gah-soh-lee-**nay**-rah
parking lot	*aparcamiento*	ah-par-kah-mee-**ehn**-toh
accident	*accidente*	ahk-thee-**dehn**-tay
left / right	*izquierda / derecha*	eeth-kee-**ehr**-dah / day-**ray**-chah
straight ahead	*derecho*	day-**ray**-choh
downtown	*centro ciudad*	**thayn**-troh thee-oo-**dahd**
How do I get to ___?	*¿Cómo llego a ___?*	**koh**-moh **yay**-goh ah
Where can I park?	*¿Dónde puedo aparcar?*	**dohn**-day **pway**-doh ah-par-**kar**

...a motorcycle.	*...una moto.*	**oo**-nah **moh**-toh
...a motor scooter.	*...una motocicleta.*	**oo**-nah moh-toh-thee-**klay**-tah
How much per...?	*¿Cuánto es por...?*	**kwahn**-toh ays por
...hour	*...hora*	**oh**-rah
...half day	*...medio día*	**may**-dee-oh **dee**-ah
...day	*...día*	**dee**-ah
...week	*...semana*	say-**mah**-nah
Unlimited mileage?	*¿Sin límite de kilómetros?*	seen **lee**-mee-tay day kee-**loh**-may-trohs
When must I bring it back?	*¿Cuándo tengo que traerlo de vuelta?*	**kwahn**-doh **tayn**-goh kay trah-**ehr**-loh day **bwehl**-tah
Is there...?	*¿Hay...?*	ī
...a helmet	*...un casco*	oon **kah**-skoh
...a discount	*...un descuento*	oon days-**kwehn**-toh
...a deposit	*...un depósito*	oon day-**poh**-see-toh
...insurance	*...seguro*	say-**goo**-roh

At the Gas Station

gas station	*gasolinera*	gah-soh-lee-**nay**-rah
The nearest gas station?	*¿La gasolinera más cercana?*	lah gah-soh-lee-**nay**-rah mahs thehr-**kah**-nah
Self-service?	*¿Auto-servicio?*	ow-toh-sehr-**bee**-thee-oh
Fill the tank.	*Llene el depósito.*	**yay**-nay ehl day-**poh**-see-toh
Wash the windows.	*Limpie el parabrisas.*	**leem**-pee-ay ehl pah-rah-**bree**-sahs
I need...	*Necesito...*	nay-thay-**see**-toh
We need...	*Necesitamos...*	nay-thay-see-**tah**-mohs
...gas.	*...gasolina.*	gah-soh-**lee**-nah
...unleaded.	*...sin plomo.*	seen **ploh**-moh
...regular.	*...normal.*	nor-**mahl**
...super.	*...super.*	**soo**-pehr
...diesel.	*...diesel, gasoleo.*	**dee**-sehl, gah-**soh**-lee-oh
Check...	*Cheque...*	**chay**-kay
...the oil.	*...el aceite.*	ehl ah-**thay**-tay
...the air in the tires.	*...el aire en las ruedas.*	ehl **ī**-ray ayn lahs roo-**ay**-dahs
...the radiator.	*...el radiador.*	ehl rah-dee-ah-**dor**
...the battery.	*...la batería.*	lah bah-tay-**ree**-ah
...the sparkplugs.	*...las bujías.*	lahs boo-**hee**-ahs
...the headlights.	*...los faros.*	lohs **fah**-rohs
...the tail lights.	*...las luces de atrás.*	lahs **loo**-thays day ah-**trahs**
...the turn signal.	*...el intermitente.*	ehl een-tehr-mee-**tehn**-tay
...the brakes.	*...los frenos.*	lohs **fray**-nohs
...the transmission fluid.	*...el líquido de transmisión.*	ehl **lee**-kee-doh day trahns-mee-see-**ohn**
...the windshield wipers.	*...los limpiaparabrisas.*	lohs leem-pee-ah-pah-rah-**bree**-sahs
...the fuses.	*...los fusibles.*	lohs foo-**see**-blays
...the fan belt.	*...la correa del ventilador.*	lah koh-**ray**-ah dayl bayn-tee-lah-**dor**
...my pulse.	*...mi pulso.*	mee **pool**-soh
...my husband / wife.	*...mi marido / esposa.*	mee mah-**ree**-doh / ay-**spoh**-sah

Gas prices are listed per liter, and there are about four liters in a gallon. In parts of Spain, diesel is called ***gasoleo.***

Car Trouble

accident	*accidente*	ahk-thee-**dehn**-tay
breakdown	*averiado*	ah-bay-ree-**ah**-doh
dead battery	*batería descargada*	bah-tay-**ree**-ah dehs-kar-**gah**-dah
funny noise	*ruido extraño*	roo-**ee**-doh ayk-**strahn**-yoh
electrical problem	*problema eléctrico*	proh-**blay**-mah ay-**lehk**-tree-koh
flat tire	*rueda pinchada*	roo-**ay**-dah peen-**chah**-dah
shop with parts	*tienda de repuestos*	tee-**ehn**-dah day ray-**pway**-stohs
My car won't start.	*Mi coche no enciende.*	mee **koh**-chay noh ayn-thee-**ehn**-day
My car is broken.	*Mi coche está estropeado.*	mee **koh**-chay ay-**stah** ay-stroh-pay-**ah**-doh
This doesn't work.	*Esto no funciona.*	**ay**-stoh noh foonk-thee-**oh**-nah
It's overheating.	*Está caliente.*	ay-**stah** kahl-**yehn**-tay
It's a lemon (swindle).	*Es un timo.*	ehs oon **tee**-moh
I need...	*Necesito...*	nay-thay-**see**-toh
We need...	*Necesitamos...*	nay-thay-see-**tah**-mohs
...a tow truck.	*...una grúa.*	**oo**-nah **groo**-ah
...a mechanic.	*...un mecánico.*	oon may-**kah**-nee-koh
...a stiff drink.	*...un trago.*	oon **trah**-goh

For help with repair, look up "Repair" in the Services chapter on page 168.

Parking

parking lot	*aparcamiento*	ah-par-kah-mee-**ehn**-toh
parking garage	*parking, garage*	**par**-keeng, gah-**rah**-*h*ay

Where can I park?	*¿Dónde puedo aparcar?*	**dohn**-day **pway**-doh ah-par-**kar**
Is parking nearby?	*¿Hay un parking cercano?*	ī oon **par**-keeng thehr-**kah**-noh
Can I park here?	*¿Puedo aparcar aquí?*	**pway**-doh ah-par-**kar** ah-**kee**
Is this a safe place to park?	*¿Es éste un sitio seguro para aparcar?*	ays **ay**-stay oon **seet**-yoh say-**goo**-roh **pah**-rah ah-par-**kar**
How long can I park here?	*¿Por cuánto tiempo puedo aparcar aquí?*	por **kwahn**-toh tee-**ehm**-poh **pway**-doh ah-par-**kar** ah-**kee**
Must I pay to park here?	*¿Tengo que pagar por aparcar aquí?*	**tayn**-goh kay pah-**gar** por ah-par-**kar** ah-**kee**
How much per hour / day?	*¿Cuánto cuesta por hora / día?*	**kwahn**-toh **kway**-stah por **oh**-rah / **dee**-ah

Parking in Spain can be hazardous. Park legally. Many towns require parking permits, sold at tobacco shops. To give your car a local profile, cover the rental decal and put a local newspaper inside the back window. Leave the car empty and, some would advise, unlocked overnight. If it's a hatchback, remove the shelf behind the back seat to show thieves you have ***nada*** in the trunk. Get safe parking tips from your hotel.

FINDING YOUR WAY

I'm going to ___.	*Voy a ___.*	boy ah
We're going to ___.	*Vamos a ___.*	**bah**-mohs ah
How do I get to ___?	*¿Cómo llego a ___?*	**koh**-moh **yay**-goh ah
How do we get to ___?	*¿Cómo llegamos a ___?*	**koh**-moh yay-**gah**-mohs ah
Do you have a...?	*¿Tiene un...?*	tee-**ehn**-ay oon
...city map	*...mapa de la ciudad*	**mah**-pah day lah thee-oo-**dahd**

...road map	*...mapa de carretera*	**mah**-pah day kah-ray-**tay**-rah
How many minutes / hours...?	*¿Cuántos minutos / horas...?*	**kwahn**-tohs mee-**noo**-tohs / **oh**-rahs
...on foot	*...a pie*	ah pee-**ay**
...by bicycle	*...en bicicleta*	ayn bee-thee-**klay**-tah
...by car	*...en coche*	ayn **koh**-chay
How many kilometers to ___?	*¿Cuántos kilómetros a ___?*	**kwahn**-tohs kee-**loh**-may-trohs ah
What's the... route to Madrid?	*¿Cuál es la ruta... para Madrid?*	kwahl ays lah **roo**-tah... **pah**-rah mah-**dreed**
...most scenic	*...más panorámica*	mahs pah-noh-**rah**-mee-kah
...fastest	*...más rápida*	mahs **rah**-pee-dah
...most interesting	*...más interesante*	mahs een-tay-ray-**sahn**-tay
Point it out?	*¿Señálelo?*	sayn-**yah**-lay-loh
I'm lost.	*Estoy perdido[a].*	ay-**stoy** pehr-**dee**-doh
Where am I?	*¿Dónde estoy?*	**dohn**-day ay-**stoy**
Where is...?	*¿Dónde está...?*	**dohn**-day ay-**stah**
The nearest...?	*¿El más cercano...?*	ehl mahs thehr-**kah**-noh
Where is this address?	*¿Dónde se encuentra esta dirección?*	**dohn**-day say ayn-**kwehn**-trah **ay**-stah dee-rehk-thee-**ohn**

Route-Finding Words

city map	*mapa de la ciudad*	**mah**-pah day lah thee-oo-**dahd**
road map	*mapa de carretera*	**mah**-pah day kah-ray-**tay**-rah
downtown	*centro ciudad*	**thayn**-troh thee-oo-**dahd**
straight ahead	*derecho*	day-**ray**-choh
left	*izquierda*	eeth-kee-**ehr**-dah
right	*derecha*	day-**ray**-chah
first	*primero*	pree-**may**-roh
next	*siguiente*	see-**gehn**-tay

intersection	*intersección*	een-tehr-sehk-thee-**ohn**
corner	*esquina*	ay-**skee**-nah
block	*manzana*	mahn-**thah**-nah
roundabout	*glorieta*	gloh-ree-**eh**-tah
stoplight	*semáforo*	say-**mah**-foh-roh
(main) square	*plaza (principal)*	**plah**-thah (preen-thee-**pahl**)
street	*calle*	**kah**-yay
bridge	*puente*	**pwehn**-tay
tunnel	*tunnel*	**too**-nehl
highway	*carretera*	kah-ray-**tay**-rah
freeway	*autopista*	ow-toh-**pee**-stah
north	*norte*	**nor**-tay
south	*sur*	soor
east	*este*	**ay**-stay
west	*oeste*	oh-**ay**-stay

The Police

In any country, the flashing lights of a patrol car are a sure sign that someone's in trouble. If it's you, try this handy phrase: "***Lo siento, soy un turista.***" (Sorry, I'm a tourist.) Or, for the adventurous: "***Si no le gusta como conduzco, quítese de la acera.***" (If you don't like how I drive, stay off the sidewalk.)

I'm late for my tour.	*Llego tarde a mi excursión.*	**yay**-goh **tar**-day ah mee ehk-skoor-see-**ohn**
Can I buy your hat?	*¿Puedo comprar su sombrero?*	**pway**-doh kohm-**prar** soo sohm-**bray**-roh
What seems to be the problem?	*¿Cuál puede ser el problema?*	kwahl **pway**-day sehr ehl proh-**blay**-mah
Sorry, I'm a tourist.	*Lo siento, soy un turista.*	loh see-**ehn**-toh soy oon too-**ree**-stah

Reading Road Signs

ceda el paso	yield
centro de la ciudad	to the center of town

construcción	construction
cuidado	caution
despacio	slow
desvío	detour
dirección única	one-way street
entrada	entrance
estacionamiento prohibido	no parking
obras	workers ahead
próxima salida	next exit
peage	toll road
peatones	pedestrians
salida	exit
stop	stop
todas direcciones	out of town (all directions)

Other Signs You May See

abierto	open
abierto de___a___	open from___to___
agua no potable	undrinkable water
alquilo	for rent
averiado	out of service
caballeros	men
camas	vacancy
cerrado	closed
cerrado por vacaciones	closed for vacation
cerrado por obras	closed for restoration
completo	no vacancy
empujar / tirar	push / pull
entrada libre	free admission
habitaciones	vacancy
hay...	we have...
no fumar	no smoking
no tocar	do not touch
ocupado	occupied
paso prohibido	no entry
peligro	danger

perro molesto	mean dog
prohibido	forbidden
salida de emergencia	emergency exit
señoras	women
servicios	toilets
tirar / empujar	pull / push
turismo	tourist information office
vendo	for sale

Standard Road Signs

AND LEARN THESE ROAD SIGNS

Speed Limit (km/hr)

Yield

No Passing

End of No Passing Zone

One Way

Intersection

Main Road

Freeway

Danger

No Entry

No Entry for Cars

All Vehicles Prohibited

Parking

No Parking

Customs

Peace

SLEEPING

Places to Stay

hotel	*hotel*	oh-**tehl**
small, family-run hotel	*pensión*	payn-see-**ohn**
fancy historic hotel	*parador*	pah-rah-**dor**
room in private home	*habitación*	ah-bee-tah-thee-**ohn**
youth hostel	*albergue de juventud*	ahl-**behr**-gay day *hoo*-behn-**tood**
vacancy sign	*habitaciones, camas* ("rooms," "beds")	ah-bee-tah-thee-**oh**-nays, **kah**-mahs
no vacancy	*completo*	kohm-**play**-toh

Spanish hotels come with a handy government-regulated classification system. Look for a blue and white plaque by the hotel door indicating the category:

Hotel (H) and **Hostal (Hs)**—The most comfortable and expensive (rated with stars). Don't confuse ***hostales*** with youth hostels.

Hotel-Residencia (HR) and **Hostal-Residencia (HsR)**—Hotels without restaurants.

Pensión (P), Casa de Huéspedes (CH), and **Fonda (F)**—Cheaper, usually family-run places. If you're on a tight budget, consider these places first.

Parador—Government-run hotels, often in refurbished castles or palaces. They can be a good value, particularly for travelers under 30 or over 60, who enjoy discounted rates (see www.parador.es).

Reserving a Room

I like to reserve rooms a few days in advance as I travel. But if my itinerary is set, I reserve before I leave home. To reserve from home by email or fax, use the handy form in the appendix (online at www.ricksteves.com/reservation).

Hello.	*Hola.*	**oh**-lah
Do you speak English?	*¿Habla usted inglés?*	**ah**-blah oo-**stehd** een-**glays**
Do you have a room...?	*¿Tiene una habitación libre...?*	tee-**ehn**-ay **oo**-nah ah-bee-tah-thee-**ohn** **lee**-bray
...for one person	*...para una persona*	**pah**-rah **oo**-nah pehr-**soh**-nah
...for two people	*...para dos personas*	**pah**-rah dohs pehr-**soh**-nahs
...for today / tomorrow	*...para hoy / mañana*	**pah**-rah oy / mahn-**yah**-nah
...for the day after tomorrow	*...para pasado mañana*	**pah**-rah pah-**sah**-doh mahn-**yah**-nah
...for two nights	*...para dos noches*	**pah**-rah dohs **noh**-chays
...for this Friday	*...para este viernes*	**pah**-rah **ay**-stay bee-**ehr**-nays
...for June 21	*...para el veintiuno de junio*	**pah**-rah ehl bayn-tee-**oo**-noh day **hoon**-yoh
Yes or no?	*¿Sí o no?*	see oh noh
I would like...	*Me gustaría...*	may goo-stah-**ree**-ah
...a private bathroom.	*...un baño privado.*	oon **bahn**-yoh pree-**vah**-doh
...your cheapest room.	*...su habitación más barata.*	soo ah-bee-tah-thee-**ohn** mahs bah-**rah**-tah
...___ bed(s) for	*...___ cama(s) para*	___ **kah**-mah(s) **pah**-rah

Key Phrases: Sleeping

I'd like to make / confirm a reservation.	*Me gustaría hacer / confirmar una reserva.*	may goo-stah-**ree**-ah ah-**thehr** / kohn-feer-**mar oo**-nah ray-**sehr**-bah
I'd like a room (for two people), please.	*Me gustaría una habitación (para dos personas), per favor.*	may goo-stah-**ree**-ah **oo**-nah ah-bee-tah-thee-**ohn** (**pah**-rah dohs pehr-**soh**-nahs) por fah-**bor**
...with / without / and	*...con / sin / y*	kohn / seen / ee
...toilet	*...aseo*	ah-**say**-oh
...shower	*...ducha*	**doo**-chah
Can I see the room?	*¿Puedo ver la habitación?*	**pway**-doh behr lah ah-bee-tah-thee-**ohn**
How much is it?	*¿Cuánto cuesta?*	**kwahn**-toh **kway**-stah
Credit card O.K.?	*¿Tarjeta de crédito O.K.?*	tar-**hay**-tah day **kray**-dee-toh "O.K."

SLEEPING

___ person(s) in ___ room(s).	*___ persona(s) en ___ habitación(es).*	___ pehr-**soh**-nah(s) ayn ___ ah-bee-tah-thee-**ohn**(ays)
How much is it?	*¿Cuánto cuesta?*	**kwahn**-toh **kway**-stah
Anything cheaper?	*¿Nada más barato?*	**nah**-dah mahs bah-**rah**-toh
I'll take it.	*La quiero.*	lah kee-**ehr**-oh
My name is ___.	*Me llamo ___.*	may **yah**-moh
I'll stay / We'll stay for ___ night(s).	*Me quedaré / Nos quedaremos para ___ noche(s).*	may kay-dah-**ray** / nohs kay-dah-**ray**-mohs **pah**-rah ___ **noh**-chay(s)
I'll come / We'll come...	*Vendré / Vendremos...*	bayn-**dray** / bayn-**dray**-mohs
...in the morning.	*...por la mañana.*	por lah mahn-**yah**-nah
...in the afternoon.	*...por la noche.*	por lah **noh**-chay
...in the evening.	*...por la tarde.*	por lah **tar**-day

...in one hour.	*...en una hora.*	ayn **oo**-nah **oh**-rah
...before 4:00 in the afternoon.	*...antes de las cuatro de la tarde.*	**ahn**-tays day lahs **kwah**-troh day lah **tar**-day
...Friday before 6 P.M.	*...el viernes antes de las seis de la tarde.*	ehl bee-**ehr**-nays **ahn**-tays day lahs says day lah **tar**-day
Thank you.	*Gracias.*	**grah**-thee-ahs

Using a Credit Card

If you need to secure your reservation with a credit card, here's the lingo.

Is a deposit required?	*¿Se requiere un depósito?*	say ray-kee-**ay**-ray oon day-**poh**-see-toh
Credit card O.K.?	*¿Tarjeta de crédito O.K.?*	tar-**hay**-tah day **kray**-dee-toh "O.K."
credit card	*tarjeta de crédito*	tar-**hay**-tah day **kray**-dee-toh
debit card	*tarjeta de débito*	tar-**hay**-tah day **day**-bee-toh
The name on the card is___	*El nombre en la tarjeta es___*	ehl **nohm**-bray ayn lah tar-**hay**-tah ays
The credit card number is...	*El número de la tarjeta de crédito es...*	ehl **noo**-may-roh day lah tar-**hay**-tah day **kray**-dee-toh ays
0	*cero*	**theh**-roh
1	*uno*	**oo**-noh
2	*dos*	dohs
3	*tres*	trehs
4	*cuatro*	**kwah**-troh
5	*cinco*	**theen**-koh
6	*seis*	says
7	*siete*	see-**eh**-tay
8	*ocho*	**oh**-choh
9	*nueve*	**nway**-bay

The expiration date is...	*La fecha de expiración es...*	lah **fay**-chah day ehk-spee-rah-thee-**ohn** ays
January	*enero*	ay-**nay**-roh
February	*febrero*	fay-**bray**-roh
March	*marzo*	**mar**-thoh
April	*abril*	ah-**breel**
May	*mayo*	**mah**-yoh
June	*junio*	**hoon**-yoh
July	*julio*	**hool**-yoh
August	*agosto*	ah-**goh**-stoh
September	*septiembre*	sehp-tee-**ehm**-bray
October	*octubre*	ohk-**too**-bray
November	*noviembre*	noh-bee-**ehm**-bray
December	*diciembre*	dee-thee-**ehm**-bray
2009	*dos mil nueve*	dohs meel **nway**-bay
2010	*dos mil diez*	dohs meel dee-**ayth**
2011	*dos mil once*	dohs meel **ohn**-thay
2012	*dos mil doce*	dohs meel **doh**-thay
2013	*dos mil trece*	dohs meel **tray**-thay
2014	*dos mil catorce*	dohs meel kah-**tor**-thay
2015	*dos mil quince*	dohs meel **keen**-thay
2016	*dos mil dieciséis*	dohs meel dee-ay-thee-**says**
Can I reserve with a credit card and pay in cash?	*¿Puedo reservar con una tarjeta de crédito y pagar en efectivo?*	**pway**-doh ray-sehr-**bar** kohn **oo**-nah tar-**hay**-tah day **kray**-dee-toh ee pah-**gar** ayn ay-fehk-**tee**-voh
I have another card.	*Tengo otra tarjeta de crédito.*	**tayn**-goh **oh**-trah tar-**hay**-tah day **kray**-dee-toh

If your ***tarjeta de crédito*** is not approved, say "***Tengo otra tarjeta de crédito***" (I have another card)—if you do.

El Alfabeto

If phoning, you can use the code alphabet below to spell out your name if necessary. Unless you're giving the hotelier your name as it appears on your credit card, consider using a shorter version of your name to make things easier.

A	ah	*América*	ah-**may**-ree-kah
B	bay	*Barcelona*	bar-thay-**loh**-nah
C	thay	*Carlos*	**kar**-lohs
D	day	*Dinamarca*	dee-nah-**mar**-kah
E	ay	*España*	ay-**spahn**-yah
F	**ayf**-fay	*Francia*	**frahn**-thee-ah
G	gay	*Gerona*	hay-**roh**-nah
H	**ah**-chay	*Holanda*	oh-**lahn**-dah
I	ee	*Italia*	ee-**tah**-lee-ah
J	**hoh**-tah	*Jota*	**hoh**-tah
K	kah	*Kilo*	**kee**-loh
L	**ayl**-yay	*Lola*	**loh**-lah
M	**aym**-ay	*Madrid*	mah-**dreed**
N	**ayn**-yay	*Noruega*	nor-**way**-gah
O	oh	*Oslo*	**oh**-sloh
P	pay	*Portugal*	por-too-**gahl**
Q	koo	*Queso*	**kay**-soh
R	**ayr**-ay	*Ramón*	rah-**mohn**
S	**ays**-ay	*Sevilla*	seh-**vee**-yah
T	tay	*Toledo*	toh-**lay**-doh
U	oo	*Uruguay*	oo-roo-**gwī**
V	vay	*Valencia*	bah-**layn**-thee-ah
W	bay **doh**-blay	*Washington*	**wah**-sheeng-tohn
X	**ay**-hees	*Equix*	**ay**-keeks
Y	ee-**gryay**-gah	*Yoga*	**yoh**-gah
Z	**thay**-tah	*Zamora*	thah-**moh**-rah

Just the Fax, Ma'am

If you're booking a room by fax...

I would like to send a fax.	*Me gustaría enviar un fax.*	may goo-stah-**ree**-ah ayn-bee-**ar** oon fahks
What is your fax number?	*¿Cuál es su número de fax?*	kwahl ays soo **noo**-may-roh day fahks

Your fax number is not working.	*Su número de fax no funciona.*	soo **noo**-may-roh day fahks noh foonk-thee-**oh**-nah
Please turn on your fax machine.	*Por favor, enchufe su máquina de fax.*	por fah-**bor** ayn-**choo**-fay soo **mah**-kee-nah day fahks

Getting Specific

I / We would like a room...	*Me / Nos gustaría una habitación...*	may / nohs goo-stah-**ree**-ah **oo**-nah ah-bee-tah-thee-**ohn**
...with / without / and	*...con / sin / y*	kohn / seen / ee
...toilet	*...aseo*	ah-**say**-oh
...shower	*...ducha*	**doo**-chah
...shower down the hall	*...ducha al fondo del pasillo*	**doo**-chah ahl **fohn**-doh dayl pah-**see**-yoh
...bathtub	*...bañera*	bahn-**yay**-rah
...double bed	*...cama de matrimonio*	**kah**-mah day mah-tree-**moh**-nee-oh
...twin beds	*...dos camas*	dohs **kah**-mahs
...balcony	*...balcón*	bahl-**kohn**
...view	*...vista*	**bee**-stah
...with only a sink	*...sólo con lavabo*	**soh**-loh kohn lah-**bah**-boh
...on the ground floor	*...en el piso bajo*	ayn ehl **pee**-soh **bah**-*h*oh
...television	*...televisión*	tay-lay-bee-see-**ohn**
...telephone	*...teléfono*	tay-**lay**-foh-noh
...air conditioning	*...aire acondicionado*	**ī**-ray ah-kohn-dee-thee-oh-**nah**-doh
...kitchenette	*...cocina*	koh-**thee**-nah
Do you have...?	*¿Tiene...?*	tee-**ehn**-ay
...an elevator	*...un ascensor*	oon ah-thehn-**sor**
...a swimming pool	*...una piscina*	**oo**-nah pee-**thee**-nah
I arrive Monday, depart Wednesday.	*Llego el lunes, salgo el miércoles.*	**yay**-goh ehl **loo**-nays, **sahl**-goh ehl mee-**ehr**-koh-lays
We arrive Monday, depart Wednesday.	*Llegamos el lunes, salimos el miércoles.*	yay-**gah**-mohs ehl **loo**-nays, sah-**lee**-mohs ehl mee-**ehr**-koh-lays

I am desperate.	*Estoy desesperado[a].*	ay-**stoy** day-say-spay-**rah**-doh
We are desperate.	*Estamos desesperados[as].*	ay-**stah**-mohs day-say-spay-**rah**-dohs
I can / We can sleep anywhere.	*Puedo / Podemos dormir en cualquier sitio.*	**pway**-doh / poh-**day**-mohs **dor**-meer ayn kwahl-kee-**ehr seet**-yoh
I have a sleeping bag.	*Tengo un saco de dormir.*	**tayn**-goh oon **sah**-koh day dor-**meer**
We have sleeping bags.	*Tenemos unos sacos de dormir.*	tay-**nay**-mohs **oo**-nohs **sah**-kohs day dor-**meer**
Will you call another hotel for me?	*¿Llamaría a otro hotel para mí?*	yah-mah-**ree**-ah ah **oh**-troh oh-**tehl** **pah**-rah mee

Families

Do you have...?	*¿Tiene...?*	tee-**ehn**-ay
...a family room	*...una habitación familiar*	**oo**-nah ah-bee-tah-thee-**ohn** fah-mee-lee-**ar**
...family rates	*...precios familiares*	**pray**-thee-ohs fah-mee-lee-**ah**-rays
...discounts for children	*...descuentos para niños*	days-**kwehn**-tohs **pah**-rah **neen**-yohs
I have / We have...	*Tengo / Tenemos...*	**tayn**-goh / tay-**nay**-mohs
...one child, age ___ months / years.	*...un niño, de edad ___ meses / años.*	oon **neen**-yoh day ay-**dahd** ___ **may**-says / **ahn**-yohs
...two children, ages ___ and ___ years.	*...dos niños, de de edad ___ y ___ años.*	dohs **neen**-yohs day ay-**dahd** ___ ee ___ **ahn**-yohs
I'd / We'd like...	*Me / Nos gustaría...*	may / nohs goo-stah-**ree**-ah
...a crib.	*...una cuna.*	**oo**-nah **koo**-nah
...a small extra bed.	*...una cama plegable extra.*	**oo**-nah **kah**-mah play-**gah**-blay **ayk**-strah

...bunk beds.	*...una litera.*	**oo**-nah lee-**tay**-rah
...babysitting service.	*...servicio de canguro.*	sehr-**bee**-thee-oh day kahn-**goo**-roh
Is a... nearby?	*¿Hay cerca un...?*	ī **thehr**-kah oon
...park	*...parque*	**par**-kay
...playground	*...área para jugar*	**ah**-ray-ah **pah**-rah hoo-**gar**
...swimming pool	*...piscina*	pee-**thee**-nah

For fun, the Spanish call kids ***mono*** (monkey) and ***mondada*** (peel).

Mobility Issues

Stairs are...	*Las escaleras son...*	lahs ay-skah-**lay**-rahs sohn
...impossible	*...imposibles*	eem-poh-**seeb**-lays
...difficult	*...difíciles*	dee-**fee**-thee-lays
...for me / us.	*...para mí / nosotros.*	**pah**-rah mee / noh-**soh**-trohs
...for my husband / my wife.	*...para mi marido / mi esposa.*	**pah**-rah mee mah-**ree**-doh / mee ay-**spoh**-sah
Do you have...?	*¿Tiene...?*	tee-**ehn**-ay
...an elevator	*...un ascensor*	oon ah-thehn-**sor**
...a ground floor room	*...una habitación en la planta baja*	**oo**-nah ah-bee-tah-thee-**ohn** ayn lah **plahn**-tah **bah**-*h*ah
...a wheelchair-accessible room	*...acceso de silla de ruedas*	ahk-**say**-soh day **see**-yah day roo-**ay**-dahs

Confirming, Changing, and Canceling Reservations

You can use this template for your telephone call.

I have / We have a reservation.	*Tengo / Tenemos la reserva hecha.*	**tayn**-goh / tay-**nay**-mohs lah ray-**sehr**-bah **ay**-chah
My name is ___.	*Me llamo ___.*	may **yah**-moh
I'd like to... my reservation.	*Me gustaría... mi reserva.*	may goo-stah-**ree**-ah... mee ray-**sehr**-bah
...confirm	*...confirmar*	kohn-feer-**mar**

...reconfirm	*...reconfirmar*	ray-kohn-feer-**mar**
...cancel	*...cancelar*	kahn-thay-**lar**
...change	*...cambiar*	kahm-bee-**ar**
The reservation is / was for...	*La reserva es / era para...*	lah ray-**sehr**-bah ehs / **eh**-rah **pah**-rah
...one person	*...una persona*	**oo**-nah pehr-**soh**-nah
...two people	*...dos personas*	dohs pehr-**soh**-nahs
...today / tomorrow	*...hoy / mañana*	oy / mahn-**yah**-nah
...August 13	*...el trece de agosto*	ehl **tray**-thay day ah-**goh**-stoh
...one night / two nights	*...una noche / dos noches*	**oo**-nah **noh**-chay / dohs **noh**-chays
Did you find my / our reservation?	*¿Encontró mi / nuestra reserva?*	ayn-kohn-**troh** mee / **nway**-strah ray-**sehr**-bah
What is your cancellation policy?	*¿Cuál es la norma de cancelación?*	kwahl ays lah **nor**-mah day kahn-thay-lah-thee-**ohn**
Will I be billed for the first night if I can't make it?	*¿Me cobrarán la primera noche si no puedo llegar?*	may koh-brah-**rahn** lah pree-**mehr**-ah **noh**-chay see noh **pway**-doh yay-**gar**
I'd like to arrive instead on___.	*Me gustaría llegar en vez del___.*	may goo-stah-**ree**-ah yay-**gar** ayn bayth dehl
We'd like to arrive instead on___.	*Nos gustaría llegar en vez del___.*	nohs goo-stah-**ree**-ah yay-**gar** ayn bayth dehl
Is everything O.K.?	*¿Está todo bien?*	ay-**stah toh**-doh bee-**yehn**
Thank you.	*Gracias.*	**grah**-thee-ahs
See you then.	*Hasta entonces.*	**ah**-stah ayn-**tohn**-thays
I'm sorry I need to cancel.	*Lo siento que necesito cancelar.*	loh see-**ehn**-toh **kay** nay-thay-**see**-toh kahn-thay-**lar**

Nailing Down the Price

How much is...?	*¿Cuánto cuesta...?*	**kwahn**-toh **kway**-stah
...a room for ___ people	*...una habitación para ___ personas*	**oo**-nah ah-bee-tah-thee-**ohn** **pah**-rah ___ pehr-**soh**-nahs
...your cheapest room	*...su habitación más barata*	soo ah-bee-tah-thee-**ohn** mahs bah-**rah**-tah

Is breakfast included?	*¿El desayuno está incluido?*	ehl day-sah-**yoo**-noh ay-**stah** een-kloo-**ee**-doh
Is breakfast required?	*¿Se requiere desayuno?*	say ray-kee-**ay**-ray day-sah-**yoo**-noh
How much without breakfast?	*¿Cuánto cuesta sin desayuno?*	**kwahn**-toh **kway**-stah seen day-sah-**yoo**-noh
Is half-pension required?	*¿Se requiere media pensión?*	say ray-kee-**ay**-ray **may**-dee-ah payn-see-**ohn**
Complete price?	*¿El precio completo?*	ehl **pray**-thee-oh kohm-**play**-toh
Is it cheaper if I stay three nights?	*¿Es más barato si me quedo tres noches?*	ays mahs bah-**rah**-toh see may **kay**-doh trehs **noh**-chays
I will stay three nights.	*Me quedaré tres noches.*	may kay-dah-**ray** trehs **noh**-chays
We will stay three nights.	*Nos quedaremos tres noches.*	nohs kay-dah-**ray**-mohs trehs **noh**-chays
Is it cheaper if I pay in cash?	*¿Es más barato si pago en efectivo?*	ays mahs bah-**rah**-toh see **pah**-goh ayn ay-fehk-**tee**-voh
What is the cost per week?	*¿Cuál es el costo por semana?*	kwahl ays ehl **koh**-stoh por say-**mah**-nah

SLEEPING

Choosing a Room

Can I see the room?	*¿Puedo ver la` habitación?*	**pway**-doh behr lah ah-bee-tah-thee-**ohn**
Can we see the room?	*¿Podemos ver la habitación?*	poh-**day**-mohs behr lah ah-bee-tah-thee-**ohn**
Show me another room?	*¿Enséñeme otra habitación?*	ayn-**sayn**-yay-may **oh**-trah ah-bee-tah-thee-**ohn**
Show us another room?	*¿Enséñenos otra habitación?*	ayn-**sayn**-yay-nohs **oh**-trah ah-bee-tah-thee-**ohn**
Do you have something...?	*¿Tiene algo...?*	tee-**ehn**-ay **ahl**-goh
...larger / smaller	*...más grande / más pequeño*	mahs **grahn**-day / mahs pay-**kayn**-yoh

...better / cheaper	*...mejor / más barato*	may-**hor** / mahs bah-**rah**-toh
...brighter	*...con más claridad*	kohn mahs klah-ree-**dahd**
...in the back	*...en la parte de atrás*	ayn lah **par**-tay day ah-**trahs**
...quieter	*...más tranquillo*	mahs trahn-**kee**-yoh
Sorry, it's not right for me.	*Lo siento, no es para mí.*	loh see-**ehn**-toh no ays **pah**-rah mee
Sorry, it's not right for us.	*Lo siento, no es para nosotros.*	loh see-**ehn**-toh no ays **pah**-rah noh-**soh**-trohs
I'll take it.	*La quiero.*	lah kee-**ehr**-oh
We'll take it.	*La queremos.*	lah kay-**ray**-mohs
My key, please.	*Mi llave, por favor.*	mee **yah**-bay por fah-**bor**
Sleep well.	*Que duerma bien.*	kay **dwehr**-mah bee-**yehn**
Good night.	*Buenas noches.*	**bway**-nahs **noh**-chays

In Spain, views often come with street noise (a Spanish specialty). You can ask for a room "***con vista***" or "***tranquillo.***" If sleep is a priority, go with the latter.

Breakfast

Is breakfast included?	*¿El desayuno está incluido?*	ehl day-sah-**yoo**-noh ay-**stah** een-kloo-**ee**-doh
How much is breakfast?	*¿Cuánto cuesta` el desayuno?*	**kwahn**-toh **kway**-stah ehl day-sah-**yoo**-noh
When does breakfast start?	*¿Cuándo empieza el desayuno?*	**kwahn**-doh ehm-pee-**ay**-thah ehl day-sah-**yoo**-noh
When does breakfast end?	*¿Cuándo acaba el desayuno?*	**kwahn**-doh ah-**kah**-bah ehl day-sah-**yoo**-noh
Where is breakfast served?	*¿Dónde sirven el desayuno?*	**dohn**-day **seer**-behn ehl day-sah-**yoo**-noh

Hotel Help

I / We would like...	*Me / Nos gustaría...*	may / nohs goo-stah-**ree**-ah

...a / another...	*...un / otro...*	oon / **oh**-troh
...towel.	*...toalla.*	toh-**ah**-yah
...clean towel(s).	*...toalla(s) limpia(s).*	toh-**ah**-yah(s) **leem**-pee-ah(s)
...pillow.	*...almohada.*	ahl-moh-**ah**-dah
...clean sheets.	*...sábanas limpias.*	**sah**-bah-nahs **leem**-pee-ahs
...blanket.	*...manta.*	**mahn**-tah
...glass.	*...vaso.*	**bah**-soh
...sink stopper.	*...tapón.*	tah-**pohn**
...soap.	*...jabón.*	*h*ah-**bohn**
...toilet paper.	*...papel higiénico.*	pah-**pehl** ee-*h*ee-**ay**-nee-koh
...electrical adapter.	*...adaptador eléctrico.*	ah-dahp-**tor** ay-**layk**-tree-koh
...brighter light bulb.	*...bombilla más brillante.*	bohm-**bee**-yah mahs bree-**yahn**-tay
...lamp.	*...lámpara.*	**lahm**-pah-rah
...chair.	*...silla.*	**see**-yah
...table.	*...mesa.*	**may**-sah
...Internet access.	*...acceso a Internet.*	ahk-**say**-soh ah **een**-tehr-neht
...different room.	*...habitación diferente.*	ah-bee-tah-thee-**ohn** dee-fay-**rehn**-tay
...silence.	*...silencio.*	see-**lehn**-thee-oh
...to speak to the manager.	*...hablar con el encargado.*	ah-**blar** kohn ehl ayn-kar-**gah**-doh
I've fallen and I can't get up.	*Me he caído y no puedo levantarme.*	may ay kah-**ee**-doh ee noh **pway**-doh lay-vahn-**tar**-may
How can I make the room cooler / warmer?	*¿Cómo puedo enfriar / calentar la habitación?*	**koh**-moh **pway**-doh ayn-free-**ar** / kah-lehn-**tar** lah ah-bee-tah-thee-**ohn**
Where can I wash / hang my laundry?	*¿Dónde puedo lavar / tender mi ropa?*	**dohn**-day **pway**-doh lah-**bar** / tehn-**dehr** mee **roh**-pah
Is a... nearby?	*¿Hay una... cerca?*	ī **oo**-nah... **thehr**-kah

...full-service laundry	*...lavandería*	lah-vahn-deh-**ree**-ah
...self-service laundry	*...lavandería de autoservicio*	lah-vahn-deh-**ree**-ah day ow-toh-sehr-**bee**-thee-oh
I would like to stay another night.	*Me gustaría quedarme otra noche.*	may goo-stah-**ree**-ah kay-**dar**-may **oh**-trah **noh**-chay
We would like to stay another night.	*Nos gustaría quedarnos otra noche.*	nohs goo-stah-**ree**-ah kay-**dar**-nohs **oh**-trah **noh**-chay
Where can I park?	*¿Dónde puedo aparcar?*	**dohn**-day **pway**-doh ah-par-**kar**
What time do you lock up?	*¿A qué hora cierran la puerta?*	ah kay **oh**-rah thee-**ay**-rahn lah **pwehr**-tah
Please wake me at 7:00.	*Despiérteme a las siete, por favor.*	days-pee-**ehr**-tay-may ah lahs see-**eh**-tay por fah-**bor**
Where do you go for lunch / dinner / coffee?	*¿A dónde se va para almorzar / cenar / café?*	ah **dohn**-day say bah **pah**-rah ahl-mor-**thar** / thay-**nar** / kah-**fay**

Chill Out

Many hotel rooms in the Mediterranean part of Europe come with air-conditioning—often controlled with a stick (like a TV remote). Various sticks have the same basic features:

- fan icon (click to toggle through the wind power from light to gale)
- louver icon (click to choose: steady air flow or waves)
- snowflakes and sunshine icons (heat or cold, generally just one or the other is possible: cool air in summer, heat in winter)
- two clock settings (to determine how many hours the air-conditioning will stay on before turning off, or stay off before turning on)
- temperature control (20° or 21° is a comfortable temperature in Celsius—see the thermometer on page 196)

Hotel Hassles

Come with me.	*Venga conmigo.*	**vayn**-gah kohn-**mee**-goh
I have / We have a problem in the room.	*Tengo / Tenemos un problema con la habitación.*	**tayn**-goh / tay-**nay**-mohs oon proh-**blay**-mah kohn lah ah-bee-tah-thee-**ohn**
It smells bad.	*Huele mal.*	**way**-lay mahl
bugs	*moscas*	**moh**-skahs
mice	*ratones*	rah-**toh**-nays
cockroaches	*cucarachas*	koo-kah-**rah**-chahs
prostitutes	*prostitutas*	proh-stee-**too**-tahs
I'm covered with bug bites.	*Estoy llena de mordeduras de moscas.*	ay-**stoy yay**-nah day mor-day-**doo**-rahs day **moh**-skahs
The bed is too soft / hard.	*La cama es demasiada blanda / dura.*	lah **kah**-mah ays day-mah-see-**ah**-dah **blahn**-dah / **doo**-rah
I can't sleep.	*No puedo dormir.*	noh **pway**-doh dor-**meer**
The room is too...	*La habitación está demasiado...*	lah ah-bee-tah-thee-**ohn** ays-**tah** day-mah-see-**ah**-doh
...hot / cold.	*...caliente / fría.*	kahl-**yehn**-tay / **free**-ah
...noisy / dirty.	*...ruidosa / sucia.*	roo-ee-**doh**-sah / **soo**-thee-ah
I can't open / shut the door / the window.	*No puedo abrir / cerrar la puerta / la ventana.*	noh **pway**-doh ah-**breer** / thay-**rar** lah **pwehr**-tah / lah bayn-**tah**-nah
Air conditioner...	*Aire acondicionado...*	**ī**-ray ah-kohn-dee-thee-oh-**nah**-doh
Lamp...	*Lámpara...*	**lahm**-pah-rah
Lightbulb...	*Bombilla...*	bohm-**bee**-yah
Electrical outlet...	*Enchufe...*	ayn-**choo**-fay
Key...	*Llave...*	**yah**-bay
Lock...	*Cerradura...*	thehr-rah-**doo**-rah
Window...	*Ventana...*	bayn-**tah**-nah
Faucet...	*Grifo...*	**gree**-foh
Sink...	*Lavabo...*	lah-**bah**-boh
Toilet...	*Aseo...*	ah-**say**-oh

Shower...	*Ducha...*	**doo**-chah
...doesn't work.	*...no funciona.*	noh foonk-thee-**oh**-nah
There is no hot water.	*No hay agua caliente.*	noh ī **ah**-gwah kahl-**yehn**-tay
When is the water hot?	*¿Cuándo hay agua caliente?*	**kwahn**-doh ī **ah**-gwah kahl-**yehn**-tay

If the management treats you like a ***cucaracha*** (cockroach), ask to see the hotel's ***libro de reclamaciones*** (the government-required complaint book). Your problems will generally get solved in a jiffy.

Checking Out

When is check-out time?	*¿Cuándo es la hora de salida?*	**kwahn**-doh ays lah **oh**-rah day sah-**lee**-dah
I'll leave...	*Me iré...*	may ee-**ray**
We'll leave...	*Nos iremos...*	nohs ee-**ray**-mohs
...today / tomorrow.	*...hoy / mañana.*	oy / mahn-**yah**-nah
...very early.	*...muy temprano.*	**moo**-ee tehm-**prah**-noh
Can I pay now?	*¿Le pago ahora?*	lay **pah**-goh ah-**oh**-rah
Can we pay now?	*¿Le pagamos ahora?*	lay pah-**gah**-mohs ah-**oh**-rah
The bill, please.	*La cuenta, por favor.*	lah **kwayn**-tah por fah-**bor**
Credit card O.K.?	*¿Tarjeta de crédito O.K.?*	tar-**hay**-tah day **kray**-dee-toh "O.K."
Everything was great.	*Todo estuvo muy bien.*	**toh**-doh ay-**stoo**-boh **moo**-ee bee-**yehn**
I slept like a log. (Sleep grabbed me.)	*Dormí de un tirón.*	dor-**mee** day oon tee-**rohn**
I slept like an angel.	*Dormí como un angelito.*	dor-**mee koh**-moh oon ahn-*hay*-**lee**-toh
Will you call my next hotel...?	*¿Podría llamar a mi próximo hotel...?*	poh-**dree**-ah yah-**mar** ah mee **prohk**-see-moh oh-**tehl**
...for tonight	*...para esta noche*	**pah**-rah **ay**-stah **noh**-chay
...to make a reservation	*...para hacer una reserva*	**pah**-rah ah-**thehr** **oo**-nah ray-**sehr**-bah

...to confirm a reservation	*...para confirmar una reserva*	**pah**-rah kohn-feer-**mar oo**-nah ray-**sehr**-bah
I will pay for the call.	*Pagaré por la llamada.*	pah-gah-**ray** por lah yah-**mah**-dah
Can I / Can we...?	*¿Puedo / Podemos...?*	**pway**-doh / poh-**day**-mohs
...leave baggage here until ___	*...guardar aquí las maletas hasta ___*	gwar-**dar** ah-**kee** lahs mah-**lay**-tahs **ah**-stah

Camping

camping	*camping*	**kahm**-peeng
campsite	*camping*	**kahm**-peeng
tent	*tienda*	tee-**ayn**-dah
The nearest campground?	*¿El camping más cercano?*	ehl **kahm**-peeng mahs thehr-**kah**-noh
Can I...?	*¿Puedo...?*	**pway**-doh
Can we...?	*¿Podemos...?*	poh-**day**-mohs
...camp here for one night	*...acampar aquí por una noche*	ah-kahm-**par** ah-**kee** por **oo**-nah **noh**-chay
Are showers included?	*¿Están las duchas incluídas?*	ay-**stahn** lahs **doo**-chahs een-kloo-**ee**-dahs

EATING

RESTAURANTS

Types of Restaurants

Contrary to what many Americans assume, Spanish cuisine is nothing like Mexican cuisine. Spanish food—usually not spicy, often fried, and heavy on seafood—was influenced by 700 years of Muslim rule. The Moors, who were great horticulturists, introduced new herbs, spices, fruits, and vegetables. The Moorish legacy is well represented by Spain's national dish, ***paella***, combining saffron (an Eastern flavor) with rice and various types of seafood. Spain's most significant contribution to world culinary culture is ***tapas***—a wide variety of tasty appetizers that can add up to a handy meal.

Spain offers many types of eateries to try. Below are some suggestions to help you find your way:

Restaurante—Serves traditional food, usually offers a fixed-price tourist meal (***menú de turista***), and is rated by the government (based more on the number of menu items than on quality)

Fonda, hostería, venta, or ***posada***—Inns, of varying degrees of formality, serving regional Spanish food with hearty portions

Cafetería—Coffee shop with counter or table service (not the same as self-service cafeterias in America)

Merendero—Seafood stall or restaurant near the sea

Pastelería or ***confitería***—Pastry shop

Taberna (tavern), ***tasca*** (tapas bar), or ***bar***—Bars serving small snacks and drinks
Cervecería—Beer bar
Bodega—Wine bar

Finding a Restaurant

Where's a good... restaurant nearby?	*¿Dónde hay un buen restaurante cerca...?*	**dohn**-day ī oon bwayn ray-stoh-**rahn**-tay **thehr**-kah
...cheap	*...barato*	bah-**rah**-toh
...local-style	*...regional*	ray-hee-oh-**nahl**
...untouristy	*...que no sea un sitio de turistas*	kay noh **say**-ah oon **seet**-yoh day too-**ree**-stahs
...vegetarian	*...vegetariano*	bay-hay-tah-ree-**ah**-noh
...fast food	*...comida rápida*	koh-**mee**-dah **rah**-pee-dah
...self-service buffet	*...buffet de autoservicio*	boo-**fay** day ow-toh-sehr-**bee**-thee-oh
...Chinese	*...chino*	**chee**-noh
beer garden	*cervecería*	thehr-bay-thehr-**ee**-ah
with terrace	*con terraza*	kohn tehr-**rah**-thah
with a salad bar	*con ensaladas*	kohn ayn-sah-**lah**-dahs
with candles	*con velas*	kohn **bay**-lahs
romantic	*romántico*	roh-**mahn**-tee-koh
moderate price	*precio moderado*	**pray**-thee-oh moh-day-**rah**-doh
a splurge	*una extravagancia*	**oo**-nah ehk-strah-bah-**gahn**-thee-ah
Is it better than McDonald's?	*¿Es mejor que McDonald?*	ays may-**hor** kay meek-**doh**-nahld

The Spanish eating schedule frustrates many visitors. Many restaurants close during August. When restaurants are open, they serve meals "late." Lunch (***almuerzo***), eaten later than in the U.S. (1:00–4:00 P.M.), is the largest meal of the day. Because most Spaniards work until 7:30 P.M., a light supper (***cena***) is usually served around 9:00 or 10:00 P.M. Generally, no good restaurant

Key Phrases: Restaurants

Where's a good restaurant nearby?	*¿Dónde hay un buen restaurante cerca?*	**dohn**-day ī oon bwayn ray-stoh-**rahn**-tay **thehr**-kah
I / We would like...	*Me / Nos gustaría...*	may / nohs goo-stah-**ree**-ah
...a table for one / two.	*...una mesa para uno / dos.*	**oo**-nah **may**-sah **pah**-rah **oo**-noh / dohs
Non-smoking (if possible).	*No fumadores (si es posible).*	noh foo-mah-**doh**-rays (see ays poh-**see**-blay)
Is this table free?	*¿Está esta mesa libre?*	ay-**stah ay**-stah **may**-sah **lee**-bray
The menu (in English), please.	*La carta (en inglés), por favor.*	lah **kar**-tah (ayn een-**glays**) por fah-**bor**
The bill, please.	*La cuenta, por favor.*	lah **kwayn**-tah por fah-**bor**
Credit card O.K.?	*¿Tarjeta de crédito O.K.?*	tar-***h*ay**-tah day **kray**-dee-toh "O.K."

serves meals at American hours. But to eat early, well, and within even the tightest budget, you can duck into a bar, where you can stab toothpicks into local munchies (see "Tapas" on page 97).

Getting a Table

What time does this open / close?	*¿A qué hora abren / cierran?*	ah kay **oh**-rah **ah**-brehn / thee-**ay**-rahn
Are you open...?	*¿Están abierto...?*	ay-**stahn** ah-bee-**ehr**-toh
...today / tomorrow	*...hoy / mañana*	oy / mahn-**yah**-nah
...for lunch / dinner	*...para almuerzo / cena*	**pah**-rah ahlm-**wehr**-thoh / **thay**-nah
Are reservations recommended?	*¿Se debe reservar?*	say **day**-bay ray-sehr-**bar**
I / We would like...	*Me / Nos gustaría...*	may / nohs goo-stah-**ree**-ah

...a table for one / two.	*...una mesa para uno / dos.*	**oo**-nah **may**-sah **pah**-rah **oo**-noh / dohs
...to reserve a table for two people...	*...reservar una mesa para dos personas...*	ray-sehr-**bar oo**-nah **may**-sah **pah**-rah dohs per-**soh**-nahs
...for today / tomorrow...	*...para hoy / mañana...*	**pah**-rah oy / mahn-**yah**-nah
...at 8:00 P.M.	*...a las ocho de la tarde.*	ah lahs **oh**-choh day lah **tar**-day
My name is ___.	*Me llamo ___.*	may **yah**-moh
I have a reservation for ___ people.	*Tengo una reserva para ___ personas.*	**tayn**-goh **oo**-nah ray-**sehr**-bah **pah**-rah ___ per-**soh**-nahs
I would like to sit...	*Me gustaría sentarme...*	may goo-stah-**ree**-ah sehn-**tar**-may
We would like to sit...	*Nos gustaría sentarnos...*	nohs goo-stah-**ree**-ah sehn-**tar**-nohs
...inside / outside.	*...dentro / fuera.*	**dayn**-troh / **fwehr**-ah
...by the window.	*...cerca de la ventana.*	**thehr**-kah day lah behn-**tah**-nah
...with a view.	*...con vistas.*	kohn **bee**-stahs
...where it's quiet.	*...donde sea tranquilo.*	**dohn**-day **say**-ah trahn-**kee**-loh
Non-smoking (if possible).	*No fumadores (si es posible).*	noh foo-mah-**doh**-rays (see ays poh-**see**-blay)
Is this table free?	*¿Está esta mesa libre?*	ay-**stah ay**-stah **may**-sah **lee**-bray
Can I sit here?	*¿Puedo sentarme aquí?*	**pway**-doh sehn-**tar**-may ah-**kee**
Can we sit here?	*¿Podemos sentarnos aquí?*	poh-**day**-mohs sehn-**tar**-nohs ah-**kee**

Better restaurants routinely take reservations. Guidebooks include phone numbers and the process is simple. If you want to eat at a normal Spanish dinnertime (around 9:00 P.M.), it's smart to reserve a table. Many of my favorite restaurants are filled with tourists at 7:30 P.M. and feel less authentic then. If you drop in (or call ahead) at 8:30 or 9:00 P.M., when the Spanish eat, the restaurants feel completely local.

The Menu

menu	*carta*	**kar**-tah
special of the day	*especial del día*	ay-spay-thee-**ahl** dayl **dee**-ah
specialty of the house	*especialidad de la casa*	ay-spay-thee-ah-lee-**dahd** day lah **kah**-sah
menu of the day	*menú del día*	may-**noo** dayl **dee**-ah
tourist menu	*menú de turista*	may-**noo** day too-**ree**-stah
combination plate	*plato combinado*	**plah**-toh kohm-bee-**nah**-doh
breakfast	*desayuno*	day-sah-**yoo**-noh
lunch	*almuerzo*	ahlm-**wehr**-thoh
dinner	*cena*	**thay**-nah
appetizers	*aperitivos*	ah-pay-ree-**tee**-bohs
sandwiches	*bocadillos*	boh-kah-**dee**-yohs
bread	*pan*	pahn
salad	*ensalada*	ayn-sah-**lah**-dah
soup	*sopa*	**soh**-pah
first course	*primer plato*	pree-**mehr plah**-toh
main course	*segundo plato*	say-**goon**-doh **plah**-toh
side dishes	*a parte*	ah **par**-tay
egg dishes	*tortillas*	tor-**tee**-yahs
meat	*carne*	**kar**-nay
poultry	*aves*	**ah**-bays
fish	*pescado*	pay-**skah**-doh
seafood	*marisco*	mah-**ree**-skoh
children's plate	*plato de niños*	**plah**-toh day **neen**-yohs
vegetables	*verduras*	behr-**doo**-rahs
cheese	*queso*	**kay**-soh
dessert	*postres*	**poh**-strays
munchies	*tapas*	**tah**-pahs
drink menu	*carta de bebidas*	**kar**-tah day bay-**bee**-dahs
beverages	*bebidas*	bay-**bee**-dahs
beer	*cerveza*	thehr-**bay**-thah

wine	*vino*	**bee**-noh
cover charge	*precio de entrada*	**pray**-thee-oh day ayn-**trah**-dah
service included	*servicio incluido*	sehr-**bee**-thee-oh een-kloo-**ee**-doh
service not included	*servicio no incluido*	sehr-**bee**-thee-oh noh een-kloo-**ee**-doh
hot / cold	*caliente / frío*	kahl-**yehn**-tay / **free**-oh
with / and / or / without	*con / y / o / sin*	kohn / ee / oh / seen

For a budget meal in a restaurant, try a ***plato combinado*** (a combination plate that includes portions of one or two main dishes, vegetables, and bread) or the ***menú del día*** (menu of the day, a substantial three- to four-course meal that usually comes with a carafe of house wine).

Ordering

waiter	*camarero*	kah-mah-**ray**-roh
waitress	*camarera*	kah-mah-**ray**-rah
I'm / We're ready to order.	*Me / Nos gustaría pedir.*	may / nohs goo-stah-**ree**-ah pay-**deer**
I / We would like...	*Me / Nos gustaría...*	may / nohs goo-stah-**ree**-ah
...just a drink.	*...sólo una bebida.*	**soh**-loh **oo**-nah bay-**bee**-dah
...a snack.	*...un pincho.*	oon **peen**-choh
...just a salad.	*...sólo una ensalada.*	**soh**-loh **oo**-nah ayn-sah-**lah**-dah
...a half portion.	*...media ración.*	**may**-dee-ah rah-thee-**ohn**
...a tourist *menu*. (fixed-price meal)	*...un menú de turista.*	oon meh-**noo** day too-**ree**-stah
...to see the menu.	*...ver la carta.*	behr lah **kar**-tah
...to order.	*...pedir.*	pay-**deer**
...to eat.	*...comer.*	koh-**mehr**
...to pay.	*...pagar.*	pah-**gar**

...to throw up.	*...vomitar.*	boh-mee-**tar**
Do you have...?	*¿Tiene...?*	tee-**ehn**-ay
...an English menu	*...una carta en inglés*	**oo**-nah **kar**-tah ayn een-**glays**
...a lunch special	*...un menú especial*	oon may-**noo** ay-spay-thee-**ahl**
What do you recommend?	*¿Qué recomienda?*	kay ray-koh-mee-**ehn**-dah
What's your favorite dish?	*¿Cuál es su plato favorito?*	kwahl ays soo **plah**-toh fah-boh-**ree**-toh
Is it...?	*¿Es ésto...?*	ays **ay**-stoh
...good	*...bueno*	**bway**-noh
...expensive	*...caro*	**kah**-roh
...light	*...ligero*	lee-**hay**-roh
Is it filling?	*¿Esto le llena?*	**ay**-stoh lay **yay**-nah
What is...?	*¿Qué es...?*	kay ays
...that	*...esto*	**ay**-stoh
...local	*...típico*	**tee**-pee-koh
...fresh	*...fresco*	**fray**-skoh
...cheap and filling	*...lo que llene y sea barato*	loh kay **yay**-nay ee **say**-ah bah-**rah**-toh
...fast	*...lo más rápido*	loh mahs **rah**-pee-doh
Can we split this and have an extra plate?	*¿Podemos compartir esto y tener un plato extra?*	poh-**day**-mohs kohm-par-**teer ay**-stoh ee tay-**nehr** oon **plah**-toh **ayk**-strah
I've changed my mind.	*Cambié de idea.*	kahm-bee-**ay** day ee-**day**-ah
Nothing with eyeballs.	*Nada con ojos.*	**nah**-dah kohn **oh**-*h*ohs
Can I substitute (anything) for the ___?	*¿Puedo sustituir (algo) por el ___?*	**pway**-doh soo-stee-too-**eer** (**ahl**-goh) por ehl
Can I / we get it "to go"?	*¿Me / Nos lo empaqueta para llevar?*	may / nohs loh aym-pah-**kay**-tah **pah**-rah yay-**bar**
"To go"?	*Para llevar?*	**pah**-rah yay-**bar**

This is the sequence of a typical restaurant experience: To get your server's attention, simply say, "***Por favor.***" The waiter will give you a menu (***carta***) and then ask if he can help you (***¿Cómo puedo servirles?*** or simply ***Dígame***), what you'd like to drink or eat (***¿Qué quiere beber / comer?***), and if you're finished (***¿Han acabado?***). You ask for the bill (***La cuenta, por favor***).

Tableware and Condiments

plate	*plato*	**plah**-toh
extra plate	*otro plato*	**oh**-troh **plah**-toh
napkin	*servilleta*	sehr-bee-**yay**-tah
silverware	*cubiertos*	koo-bee-**yehr**-tohs
knife	*cuchillo*	koo-**chee**-yoh
fork	*tenedor*	tay-nay-**dor**
spoon	*cuchara*	koo-**chah**-rah
cup	*taza*	**tah**-thah
glass	*vaso*	**bah**-soh
carafe	*garrafa*	gah-**rah**-fah
water	*agua*	**ah**-gwah
bread	*pan*	pahn
butter	*mantequilla*	mahn-tay-**kee**-yah
margarine	*margarina*	mar-gah-**ree**-nah
salt / pepper	*sal / pimienta*	sahl / pee-mee-**ehn**-tah
sugar	*azúcar*	ah-**thoo**-kar
artificial sweetener	*edulcorante*	ay-dool-koh-**rahn**-tay
honey	*miel*	mee-**ehl**
mustard	*mostaza*	moh-**stah**-thah
mayonnaise	*mayonesa*	mah-yoh-**nay**-sah
toothpick	*palillo*	pah-**lee**-yoh

The Food Arrives

Is this included with the meal?	*¿Está esto incluido con la comida?*	ay-**stah ay**-stoh een-kloo-**ee**-doh kohn lah koh-**mee**-dah
I did not order this.	*No pedí esto.*	noh pay-**dee ay**-stoh
We did not order this.	*No pedimos esto.*	noh pay-**dee**-mohs **ay**-stoh

Can you heat this up?	*¿Me puede calentar esto?*	may **pway**-day kah-lehn-**tar ay**-stoh
A little.	*Un poco.*	oon **poh**-koh
More. / Another.	*Más. / Otro.*	mahs / **oh**-troh
One more, please.	*Uno más, por favor.*	**oo**-noh mahs por fah-**bor**
The same.	*El mismo.*	ehl **mees**-moh
Enough.	*Suficiente.*	soo-fee-thee-**ehn**-tay
Finished.	*Terminado.*	tehr-mee-**nah**-doh
I'm full.	*Estoy lleno[a].*	ay-**stoy yay**-noh
I'm stuffed! (I put on my boots!)	*¡Me he puesto las botas!*	may ay **pway**-stoh lahs **boh**-tahs

After serving the meal, your server might wish you a cheery "*¡Qué aproveche!*" (pronounced kay ah-proh-**vay**-chay).

Complaints

This is...	*Esto es...*	**ay**-stoh ays
...dirty.	*...sucio.*	**soo**-thee-oh
...greasy.	*...grasiento.*	grah-see-**ehn**-toh
...salty.	*...salado.*	sah-**lah**-doh
...undercooked.	*...crudo.*	**kroo**-doh
...overcooked.	*...muy hecho.*	**moo**-ee **ay**-choh
...inedible.	*...asqueroso.*	ahs-kay-**roh**-soh
...cold.	*...frío.*	**free**-oh
Do any of your customers return?	*¿Vuelven sus clientes?*	**bwehl**-bayn soos klee-**ehn**-tays
Yuck!	*¡Que asco!*	kay **ah**-skoh

Compliments to the Chef

Yummy!	*¡Que rico!*	kay **ree**-koh
Delicious!	*¡Delicioso!*	day-lee-thee-**oh**-soh
Very tasty!	*¡Muy sabroso!*	**moo**-ee sah-**broh**-soh
I love Spanish / this food.	*Me encanta la comida española / esta.*	may ayn-**kahn**-tah lah koh-**mee**-dah ay-spahn-**yoh**-lah / **ay**-stah

Better than mom's cooking.	*Es mejor que la comida de mi madre.*	ays may-***hor*** kay lah koh-**mee**-dah day mee **mah**-dray
My compliments to the chef!	*Felicitaciones al cocinero!*	fay-lee-thee-tah-thee-**oh**-nays ahl koh-thee-**nay**-roh

Paying for Your Meal

The bill, please.	*La cuenta, por favor.*	lah **kwayn**-tah por fah-**bor**
Together.	*Junto.*	***hoon***-toh
Separate checks.	*En cheques separados.*	ayn **chay**-kays say-pah-**rah**-dohs
Credit card O.K.?	*¿Tarjeta de crédito O.K.?*	tar-***hay***-tah day **kray**-dee-toh "O.K."
This is not correct.	*Esto no es correcto.*	**ay**-stoh noh ays koh-**rehk**-toh
Can you explain this?	*¿Podría explicarme esto?*	poh-**dree**-ah ayk-splee-**kar**-may **ay**-stoh
Can you explain / itemize the bill?	*¿Podría explicarme / detallarme la cuenta?*	poh-**dree**-ah ayk-splee-**kar**-may / day-tah-**yar**-may lah **kwayn**-tah
What if I wash the dishes?	*¿Qué le parece si lavo platos?*	kay lay pah-**ray**-thay see **lah**-boh **plah**-tohs
Is tipping expected?	*¿Se espera una propina?*	say ay-**spay**-rah **oo**-nah proh-**pee**-nah
What percent?	*¿Qué tanto por ciento?*	kay **tahn**-toh por thee-**ehn**-toh
tip	*propina*	proh-**pee**-nah
Keep the change.	*Quédese con el cambio.*	**kay**-day-say kohn ehl **kahm**-bee-oh
This is for you.	*Esto es para usted.*	**ay**-stoh ays **pah**-rah oo-**stehd**
Could I have a receipt, please?	*¿Podría darme un recibo, por favor?*	poh-**dree**-ah **dar**-may oon ray-**thee**-boh por fah-**bor**

If the menu says ***servicio incluido,*** it means just that. It's good style to leave the coins, but you don't need to tip beyond what's been added to the bill. If the menu says ***servicio no incluido,*** leave about 10 percent. When you're uncertain whether to tip, ask another customer if it's expected ("***¿Se espera una propina?***").

SPECIAL CONCERNS

In a Hurry

I'm / We're in a hurry.	*Tengo / Tenemos prisa.*	**tayn**-goh / tay-**nay**-mohs **pree**-sah
I need to be served quickly.	*Necesito que me sirvan en seguida.*	nay-thay-**see**-toh kay may **seer**-bahn ayn say-**gee**-dah
We need to be served quickly.	*Necesitamos que nos sirvan en seguida.*	nay-thay-see-**tah**-mohs kay nohs **seer**-bahn ayn say-**gee**-dah
Is that possible?	*¿Es posible?*	ays poh-**see**-blay
I must / We must...	*Tengo / Tenemos que...*	**tayn**-goh / tay-**nay**-mohs kay
...leave in 30 minutes / one hour.	*...salir en treinta minutos / una hora.*	sah-**leer** ayn **trayn**-tah mee-**noo**-tohs / **oo**-nah **oh**-rah
When will the food be ready?	*¿Cuándo estará la comida lista?*	**kwahn**-doh ay-stah-**rah** lah koh-**mee**-dah **lee**-stah

Dietary Restrictions

I'm allergic to...	*Soy alérgico[a] a...*	soy ah-**lehr**-*hee*-koh ah
I cannot eat...	*No puedo comer...*	noh **pway**-doh koh-**mehr**
He / She cannot eat...	*No puede comer...*	noh **pway**-day koh-**mehr**
...dairy products.	*...productos lácteos.*	proh-**dook**-tohs **lahk**-tay-ohs
...wheat.	*...de trigo.*	day **tree**-goh
...meat / pork.	*...carne / cerdo.*	**kar**-nay / **thehr**-doh
...salt / sugar.	*...sal / azúcar.*	sahl / ah-**thoo**-kar
...shellfish.	*...moluscos.*	moh-**loo**-skohs
...spicy foods.	*...comida picante.*	koh-**mee**-dah pee-**kahn**-tay
...nuts.	*...productos secos.*	proh-**dook**-tohs **say**-kohs

I am diabetic.	*Soy diabético[a].*	soy dee-ah-**bay**-tee-koh
I'd / We'd like...	*Me / Nos gustaría...*	may / nohs goo-stah-**ree**-ah
...a kosher meal.	*...una comida kosher.*	**oo**-nah koh-**mee**-dah **koh**-shehr
...a low-fat meal.	*...una comida con poca grasa.*	**oo**-nah koh-**mee**-dah kohn **poh**-kah **grah**-sah
I eat only insects.	*Sólo como insectos.*	**soh**-loh **koh**-moh een-**sayk**-tohs
No salt.	*Sin sal.*	seen sahl
No sugar.	*Sin azúcar.*	seen ah-**thoo**-kar
No fat.	*Sin grasa.*	seen **grah**-sah
Minimal fat.	*Poca grasa.*	**poh**-kah **grah**-sah
Low cholesterol.	*Bajo en colesterol.*	**bah**-*h*oh ayn koh-lay-stay-**rohl**
No caffeine.	*Sin cafeína.*	seen kah-**fay**-nah
No alcohol.	*Sin alcohol.*	seen ahl-**kohl**
Organic.	*Orgánico.*	or-**gah**-nee-koh
I'm a...	*Soy...*	soy
...vegetarian.	*...vegetariano[a].*	bay-*h*ay-tah-ree-**ah**-noh
...strict vegetarian.	*...vegetariano[a] estricto[a].*	bay-*h*ay-tah-ree-**ah**-noh ay-**streek**-toh
...carnivore.	*...carnívoro[a].*	kar-**nee**-boh-roh
...big eater.	*...glotón.*	gloh-**tohn**
Is any meat or animal fat used in this?	*¿Se ha usado carne o grasa animal en esto?*	say ah oo-**sah**-doh **kar**-nay oh **grah**-sah ah-nee-**mahl** ayn **ay**-stoh

Many Spaniards think "vegetarian" means "no red meat" or "not much meat." If you're a strict vegetarian, you'll have to make it very clear.

Children

Do you have...?	*¿Tiene...?*	tee-**ehn**-ay
...children's portions	*...raciones para niños*	rah-thee-**oh**-nays **pah**-rah **neen**-yohs
...half portions	*...media raciones*	**may**-dee-ah rah-thee-**oh**-nays

...a high chair	*...una silla alta*	**oo**-nah **see**-yah **ahl**-tah
...a booster seat	*...un asiento alto*	oon ah-see-**ehn**-toh **ahl**-toh
plain noodles	*fideos sin salsa*	fee-**day**-ohs seen **sahl**-sah
plain rice	*arroz sin salsa*	ah-**rohth** seen **sahl**-sah
with butter	*con mantequilla*	kohn mahn-tay-**kee**-yah
no sauce	*sin salsa*	seen **sahl**-sah
sauce / dressing on the side	*salsa / aliño a parte*	**sahl**-sah / ah-**leen**-yoh ah **par**-tay
pizza	*pizza*	"pizza"
...cheese only	*...sólo queso*	**soh**-loh **kay**-soh
...pepperoni and cheese	*...salchichón y queso*	sahl-chee-**chohn** ee **kay**-soh
peanut butter and jelly sandwich	*sandwich de mantequilla de cacahuete y mermelada*	**sahnd**-weech day mahn-tay-**kee**-yah day kah-kah-**way**-tay ee mehr-may-**lah**-dah
cheese sandwich...	*sandwich de queso...*	**sahnd**-weech day **kay**-soh
...toasted	*...tostada*	toh-**stah**-dah
...grilled	*...a la parrilla*	ah lah pah-**ree**-yah
hot dog	*perrito caliente*	pehr-**ree**-toh kahl-**yehn**-tay
hamburger	*hamburguesa*	ahm-boor-**gay**-sah
French fries	*patatas fritas*	pah-**tah**-tahs **free**-tahs
ketchup	*ketchup*	"ketchup"
crackers	*galletas*	gah-**yay**-tahs
Nothing spicy.	*Nada picante.*	**nah**-dah pee-**kahn**-tay
Not too hot.	*Que no esté muy caliente.*	kay noh ay-**stay moo**-ee kahl-**yehn**-tay
Please keep the food separate on the plate.	*Por favor, ponga la comida separada en el plato.*	por fah-**bor pohn**-gah lah koh-**mee**-dah say-pah-**rah**-dah ayn ehl **plah**-toh
He / She will share...	*Él / Ella compartirá...*	ehl / **ay**-yah kohm-par-tee-**rah**

They (m / f) will share...	*Ellos / Elllas compartirán...*	**ay**-yohs / **ay**-yahs kohm-par-tee-**rahn**
...our meal.	*...nuestra comida.*	**nway**-strah koh-**mee**-dah
Please bring the food quickly.	*Por favor, traiga la comida en seguida.*	por fah-**bor trī**-gah lah koh-**mee**-dah ayn say-**gee**-dah
Can I / Can we have an extra...?	*¿Puedo / Podemos tener extra...?*	**pway**-doh / poh-**day**-mohs tay-**nehr ayk**-strah
...plate	*...plato*	**plah**-toh
...cup	*...taza*	**tah**-thah
...spoon / fork	*...cuchara / tenedor*	koo-**chah**-rah / tay-nay-**dor**
Can I / Can we have two extra...?	*¿Puedo / Podemos tener dos extra...?*	**pway**-doh / poh-**day**-mohs tay-**nehr** dohs **ayk**-strah
...plates	*...platos*	**plah**-tohs
...cups	*...tazas*	**tah**-thahs
...spoons / forks	*...cucharas / tenedores*	koo-**chah**-rahs / tay-nay-**doh**-rays
Small milk (in a plastic cup).	*Leche chiquita (en una copa plástica).*	**lay**-chay chee-**kee**-tah (ayn **oo**-nah **koh**-pah **plah**-stee-kah)
straw(s)	*paja(s)*	**pah**-hah(s)
More napkins, please.	*Más servilletas, por favor.*	mahs sehr-bee-**yay**-tahs por fah-**bor**
Sorry for the mess.	*Perdone el desorden.*	pehr-**doh**-nay ehl day-**sor**-dehn

WHAT'S COOKING?

Breakfast

breakfast	*desayuno*	day-sah-**yoo**-noh
bread	*pan*	pahn
roll	*panecillo*	pah-nay-**thee**-yoh
toast	*tostada*	toh-**stah**-dah
butter	*mantequilla*	mahn-tay-**kee**-yah
jelly	*mermelada*	mehr-may-**lah**-dah
milk	*leche*	**lay**-chay
coffee / tea	*café / té*	kah-**feh** / tay

Key Phrases: What's Cooking?

food	*comida*	koh-**mee**-dah
breakfast	*desayuno*	day-sah-**yoo**-noh
lunch	*almuerzo*	ahlm-**wehr**-thoh
dinner	*cena*	**thay**-nah
bread	*pan*	pahn
cheese	*queso*	**kay**-soh
soup	*sopa*	**soh**-pah
salad	*ensalada*	ayn-sah-**lah**-dah
meat	*carne*	**kar**-nay
fish	*pescado*	pay-**skah**-doh
fruit	*fruta*	**froo**-tah
vegetables	*verduras*	behr-**doo**-rahs
dessert	*postres*	**poh**-strays
Delicious!	*¡Delicioso!*	day-lee-thee-**oh**-soh

Is breakfast included?	*¿El desayuno está incluido?*	ehl day-sah-**yoo**-noh ay-**stah** een-kloo-**ee**-doh

What's Probably Not for Breakfast

omelet	*omelet*	**ohm**-leht
eggs...	*huevos...*	**way**-bohs
...fried	*...fritos*	**free**-tohs
...scrambled	*...revueltos*	ray-**bwehl**-tohs
ham	*jamón*	*h*ah-**mohn**
cheese	*queso*	**kay**-soh
yogurt	*yogur*	yoh-**goor**
cereal	*cereales*	thay-ray-**ah**-lays
pastries	*pasteles*	pah-**stay**-lays
fruit juice	*zumo de fruta*	**thoo**-moh day **froo**-tah
orange juice	*zumo de naranja*	**thoo**-moh day nah-**rahn**-*h*ah
hot chocolate	*chocolate caliente*	choh-koh-**lah**-tay kahl-**yehn**-tay

The traditional Spanish breakfast is ***churros con chocolate***—greasy fritters or doughnuts dipped in a thick, warm chocolate drink. Try these at least once. For a more solid breakfast, I prefer ***tortilla española***, the hearty potato omelet most cafés serve throughout the day. Add a little bread and ***café con leche***, and you've got a cheap, filling meal.

Sandwiches

Bocadillos (sandwiches) are cheap and basic. A ham sandwich is just that—ham on bread, period.

I'd like a sandwich.	*Me gustaría un bocadillo.*	may goo-stah-**ree**-ah oon boh-kah-**dee**-yoh
We'd like two sandwiches.	*Nos gustarían dos bocadillos.*	nohs goo-stah-**ree**-ahn dohs boh-kah-**dee**-yohs
white bread	*pan*	pahn
wheat bread	*pan integral*	pahn een-tay-**grahl**
baguette sandwich	*flauta*	**flow**-tah
toasted	*tostado*	toh-**stah**-doh
toasted ham and cheese	*tostado de jamón y queso*	toh-**stah**-doh day *h*ah-**mohn** ee **kay**-soh
cheese	*queso*	**kay**-soh
tuna	*atún*	ah-**toon**
fish	*pescado*	pay-**skah**-doh
chicken	*pollo*	**poh**-yoh
turkey	*pavo*	**pah**-boh
ham	*jamón*	*h*ah-**mohn**
salami	*salami*	sah-**lah**-mee
egg salad	*ensalada de huevo*	ayn-sah-**lah**-dah day **way**-boh
lettuce	*lechuga*	lay-**choo**-gah
tomatoes	*tomates*	toh-**mah**-tays
onions	*cebollas*	thay-**boh**-yahs
mustard	*mostaza*	moh-**stah**-thah
mayonnaise	*mayonesa*	mah-yoh-**nay**-sah
peanut butter	*mantequilla de cacahuete*	mahn-tay-**kee**-yah day kah-kah-**way**-tay

jelly	*mermelada*	mehr-may-**lah**-dah
Does this come cold or warm?	*¿Lo sirven frío o caliente?*	loh **seer**-behn **free**-oh oh kahl-**yehn**-tay
Heated, please.	*Caliente, por favor.*	kahl-**yehn**-tay por fah-**bor**

Typical Sandwiches

bocadillo de carne y huevo frito	boh-kah-**dee**-yoh day **kar**-nay ee **way**-boh **free**-toh	meat and fried egg on a roll
bocadillo de jamón	boh-kah-**dee**-yoh day *hah*-**mohn**	pork sandwich
pan tomáquet	pahn toh-**mah**-kayt	country bread rubbed with tomato and olive oil
pulguita	pool-**gee**-tah	small closed baguette sandwich
sandwich de carne / queso	**sahnd**-weech day **kar**-nay / **kay**-soh	Wonder bread toasted with meat / cheese

Say Cheese

cheese	*queso*	**kay**-soh
...mild	*...suave*	**swah**-bay
...sharp	*...fuerte*	**fwehr**-tay
...smoked	*...ahumado*	ah-oo-**mah**-doh
May I taste a little?	*¿Podría probarlo?*	poh-**dree**-ah proh-**bar**-loh

Spanish Cheeses

burgos	**boor**-gohs	fresh, creamy ewe's milk cheese (Castile)
cabrales	kah-**brah**-lays	tangy, blue-veined goat's cheese
manchego	mahn-**chay**-goh	hard white or yellow ewe's milk cheese (La Mancha)
palitos de queso	pah-**lee**-tohs day **kay**-soh	cheese sticks or straws
perilla, teta	pay-**ree**-yah, **tay**-tah	firm, bland cow's milk cheese

requesón	ray-kay-**sohn**	type of cottage cheese
roncal	rohn-**kahl**	smoked, strong, dry, sharp ewe's milk cheese (Navarre)
San Simón	sahn see-**mohn**	smooth, mild cheese (Galicia)
villalón	bee-yah-**lohn**	ewe's milk curdled and drained, pressed into molds, and salted

Soups

soup...	*sopa...*	**soh**-pah
...of the day	*...del día*	dayl **dee**-ah
...vegetable	*...de verduras*	day behr-**doo**-rahs
broth...	*caldo...*	**kahl**-doh
...chicken	*...de pollo*	day **poh**-yoh
...meat	*...de carne*	day **kar**-nay
...fish	*...de pescado*	day pay-**skah**-doh
...with noodles	*...con tallarines*	kohn tah-yah-**ree**-nays
...with rice	*...con arroz*	kohn ah-**rohth**

Soup Specialties

cocido	koh-**thee**-doh	meat stew with beans and veggies
gazpacho	gahth-**pah**-choh	chilled, pureed tomato vegetable soup
puré de verduras	poo-**ray** day behr-**doo**-rahs	thick vegetable soup
sopa a la gitana	**soh**-pah ah lah *hee*-**tah**-nah	pumpkin and chickpea soup with chopped tomatoes, green beans, and pears (Andalucía)
sopa castellana	**soh**-pah kah-stay-**ah**-nah	egg soup with garlic
sopa de almendras	**soh**-pah day ahl-**mayn**-drahs	almond soup with saffron and red pepper (Granada)

sopa de espárragos	**soh**-pah day ay-**spah**-rah-gohs	asparagus soup
sopa de mariscos	**soh**-pah day mah-**ree**-skohs	seafood soup

Salads

salad...	*ensalada...*	ayn-sah-**lah**-dah
...green	*...verde*	**behr**-day
...mixed	*...mixta*	**meek**-stah
chef's salad...	*ensalada de la casa...*	ayn-sah-**lah**-dah day lah **kah**-sah
...with ham and cheese	*...con queso y jamón*	kohn **kay**-soh ee *h*ah-**mohn**
...with egg	*...con huevo*	kohn **way**-boh
lettuce	*lechuga*	lay-**choo**-gah
tomato	*tomate*	toh-**mah**-tay
onion	*cebolla*	thay-**boh**-yah
cucumber	*pepino*	pay-**pee**-noh
oil / vinegar	*aceite / vinagre*	ah-**thay**-tay / bee-**nah**-gray
dressing on the side	*aliño aparte*	ah-**leen**-yoh ah-**par**-tay
What is in this salad?	*¿Qué tiene esta ensalada?*	kay tee-**ehn**-ay **ay**-stah ayn-sah-**lah**-dah

The Spaniards started the tradition of salad before the main course long before it became an American standard. In Spanish restaurants, salad dressing is normally just the oil and vinegar at the table. The bread (***pan***) is usually white with a crisp crust. Rolls are ***bollos***.

Salad Specialties

ensalada de arroz	ayn-sah-**lah**-dah day ah-**rohth**	rice mixed with shellfish and fresh herbs
ensalada de pulpo	ayn-sah-**lah**-dah day **pool**-poh	octopus salad

ensalada de pimientos verdes y sardines asadas	ayn-sah-**lah**-dah day pee-mee-**ehn**-tohs **behr**-days ee sar-**dee**-nays ah-**sah**-dahs	salad with green peppers and grilled sardines
ensalada de atún, patatas, y huevo	ayn-sah-**lah**-dah day ah-**toon** pah-**tah**-tahs ee **way**-boh	salad with tuna, egg, and potatoes
ensaladilla Rusa	ayn-sah-lah-**dee**-yah **roo**-sah	veggie salad in mayonnaise dressing
esqueixada	ays-kay-***h*ah**-dah	salad of salted cod, onions, and peppers (Catalonia)
xato	***h*ah**-toh	lettuce with tuna and anchovies in a spicy sauce

Seafood

seafood	*marisco*	mah-**ree**-skoh
assorted seafood	*marisco variado*	mah-**ree**-skoh bah-ree-**ah**-doh
fish	*pescado*	pay-**skah**-doh
anchovies	*anchoas*	ahn-**choh**-ahs
barnacles	*percebes*	pehr-**thay**-bays
bream (fish)	*besugo*	bay-**soo**-goh
clams	*almejas*	ahl-**may**-*h*ahs
cod	*bacalao*	bah-kahl-**ow**
crab	*cangrejo*	kahn-**greh**-*h*oh
crayfish	*cangrejo de río*	kahn-**greh**-*h*oh day **ree**-oh
cuttlefish	*sepia*	**say**-pee-ah
Dungeness crab	*centollo*	thehn-**toh**-yoh
eel	*anguila*	ahn-**gee**-lah
herring	*arenque*	ah-**rayn**-kay
lobster	*langosta*	lahn-**goh**-stah
mussels	*mejillones*	may-*h*ee-**yoh**-nays
octopus	*pulpo*	**pool**-poh
oysters	*ostras*	**oh**-strahs
prawns	*gambas*	**gahm**-bahs

large prawns	*langostinos*	lahn-goh-**stee**-nohs
salmon	*salmón*	sahl-**mohn**
sardines	*sardinas*	sar-**dee**-nahs
scad (like mackerel)	*jurel*	*h*oo-**rayl**
scallops	*veneras*	behn-**ay**-rahs
shrimp	*gamba*	**gahm**-bah
sole	*lenguado*	layn-**gwah**-doh
squid	*calamares*	kah-lah-**mah**-rays
swordfish	*pez espada*	payth ay-**spah**-dah
trout	*trucha*	**troo**-chah
tuna	*atún*	ah-**toon**
How much for a portion?	*¿Cuánto cuesta una ración?*	**kwahn**-toh **kway**-stah **oo**-nah rah-thee-**ohn**
What's fresh today?	*¿Qué hay fresco hoy?*	kay ī **fray**-skoh oy
Do you eat this part?	*¿Se come esta parte?*	say **koh**-may **ay**-stah **par**-tay
Just the head, please.	*Sólo la cabeza, por favor.*	**soh**-loh lah kah-**bay**-thah por fah-**bor**

Seafood Specialties

bacalao a la vizcaína	bah-kahl-**ow** ah lah beeth-kah-**ee**-nah	salt cod braised with peppers, tomatoes, and onions
calamares con guisantes	kah-lah-**mah**-rays kohn gee-**sahn**-tays	squid with garlic, peas, tomatoes, and mint
fideguá	fee-**day**-gwah	paella made with noodles instead of rice
mar y montaña	mar ee mohn-**tahn**-yah	chicken or rabbit with lobster or scampi in a tomato-garlic sauce (Catalonia)
marmitako	mar-mee-**tah**-koh	Basque tuna stew
paella	pah-**ay**-ah	saffron rice, usually with seafood, sausage, and veggies
romesco	roh-**may**-skoh	stewed fish and beans with tomato, green pepper, pimento, and garlic

zarzuela de mariscos	thar-**thway**-lah day mah-**ree**-skohs	seafood stew with an almond-cayenne pepper broth (Catalonia)

Poultry

poultry	*aves*	**ah**-bays
chicken	*pollo*	**poh**-yoh
duck	*pato*	**pah**-toh
turkey	*pavo*	**pah**-boh
partridge	*perdiz*	pehr-**deeth**
How long has this been dead?	*¿Cuánto tiempo hace que lo mataron?*	**kwahn**-toh tee-**ehm**-poh **ah**-thay kay loh mah-**tah**-rohn

Meat

meat	*carne*	**kar**-nay
beef	*carne de vaca*	**kar**-nay day **bah**-kah
beef steak	*biftec*	**beef**-tayk
ribsteak	*costillas*	koh-**stee**-yahs
bunny	*conejo*	koh-**nay**-*h*oh
a wee goat	*cabrito*	kah-**bree**-toh
ham	*jamón*	*h*ah-**mohn**
lamb	*carnero*	kar-**nay**-roh
pork	*cerdo*	**thehr**-doh
roast beef	*carne asada*	**kar**-nay ah-**sah**-dah

Avoiding Mis-Steaks

alive	*vivo*	**bee**-boh
raw	*crudo*	**kroo**-doh
very rare	*muy crudo*	**moo**-ee **kroo**-doh
rare	*poco hecho*	**poh**-koh **ay**-choh
medium	*medio*	**may**-dee-oh
well-done	*muy hecho*	**moo**-ee **ay**-choh
very well-done	*bastante hecho*	bah-**stahn**-tay **ay**-choh

sausage	*chorizo, salchichón*	choh-**ree**-thoh, sahl-chee-**chon**
smoked ham	*jamón ahumado*	*h*ah-**mohn** ah-oo-**mah**-doh
suckling pig	*cochinillo*	koh-chee-**nee**-yoh
veal	*ternera*	tehr-**nay**-rah

Meat, but...

These are the cheapest items on a menu for good reason.

brains	*sesos*	**say**-sohs
horse meat	*caballo*	kah-**bah**-yoh
kidney	*riñones*	reen-**yoh**-nays
liver	*hígado*	ee-**gah**-doh
tongue	*lengua*	**lehn**-gwah
tripe	*tripa*	**tree**-pah

Main Course Specialties

butifarra	boo-tee-**fah**-rah	pork sausage spiced with cinnamon, nutmeg, and cloves
cochinillo asado	koh-chee-**nee**-yoh ah-**sah**-doh	roasted suckling pig marinated in herbs, olive oil, and white wine (Segovia and Toledo)
cola de toro, rabo de toro	**koh**-lah day **toh**-roh, **rah**-boh day **toh**-roh	bull-tail stew
cordonices en hoja de parra	kor-doh-**nee**-thays ayn **oh**-*h*ah day **pah**-rah	sherry-braised quail wrapped in grape leaves and bacon
empanada gallega	aym-pah-**nah**-dah gah-**yay**-gah	pizza-like pie, usually with pork tenderloin, onions, and peppers
escudella i carn d'olla	ay-skoo-**day**-ah ee karn **doy**-ah	minced pork meatballs
fabada asturiana	fah-**bah**-dah ah-stoo-ree-**ah**-nah	pork, bean, and paprika stew

habas a la Catalana	**ah**-bahs ah lah kah-tah-**lah**-nah	fava bean and chorizo sausage stew with mint and paprika
pato con higos	**pah**-toh kohn **ee**-gohs	duck with figs
pollo en pepitoria	**poh**-yoh ayn pay-pee-**toh**-ree-ah	chicken fricassee with almonds and eggs
riñones al jerez	reen-**yoh**-nays ahl *h*ay-**rayth**	kidneys in sherry sauce

How It's Prepared

assorted	*variado*	bah-ree-**ah**-doh
baked	*asado*	ah-**sah**-doh
boiled	*cocido*	koh-**thee**-doh
braised	*estofado*	ay-stoh-**fah**-doh
broiled	*a la parilla*	ah lah pah-**ree**-yah
cold	*frío*	**free**-oh
cooked	*cocinado*	koh-thee-**nah**-doh
deep fried	*rebozado*	ray-boh-**thah**-doh
fillet	*filete*	fee-**lay**-tay
fresh	*fresco*	**fray**-skoh
fried	*frito*	**free**-toh
grilled	*a la plancha*	ah lah **plahn**-chah
homemade	*casera*	kah-**sehr**-ah
hot	*caliente*	kahl-**yehn**-tay
in cream sauce	*en salsa blanca*	ayn **sahl**-sah **blahn**-kah
medium	*medio*	**may**-dee-oh
microwave	*microondas*	mee-kroh-**ohn**-dahs
mild	*templado*	tehm-**plah**-doh
mixed	*mixto*	**meek**-stoh
poached	*escalfado*	ay-skahl-**fah**-doh
rare	*poco hecho*	**poh**-koh **ay**-choh
raw	*crudo*	**kroo**-doh
roasted	*asado*	ah-**sah**-doh
sautéed	*salteado*	sahl-tay-**ah**-doh
smoked	*ahumado*	ah-oo-**mah**-doh
sour	*amargo*	ah-**mar**-goh

spicy hot	*picante*	pee-**kahn**-tay
steamed	*hervido*	ehr-**bee**-doh
stuffed	*relleno*	ray-**yay**-noh
sweet	*dulce*	**dool**-thay
well-done	*muy hecho*	**moo**-ee **ay**-choh
with rice	*con arroz*	kohn ah-**rohth**
with garlic sauce	*con alioli*	kohn ah-lee-**oh**-lee

Veggies

vegetables	*verduras*	behr-**doo**-rahs
mixed vegetables	*menestra*	may-**nay**-strah
artichoke	*alcachofa*	ahl-kah-**choh**-fah
asparagus	*espárragos*	ay-**spah**-rah-gohs
beans	*judías*	*h*oo-**dee**-ahs
beets	*remolachas*	ray-moh-**lah**-chahs
broccoli	*brécol*	**bray**-kohl
cabbage	*col*	kohl
carrots	*zanahorias*	thah-nah-**oh**-ree-ahs
cauliflower	*coliflor*	koh-lee-**flor**
corn	*maíz*	mah-**eeth**
cucumbers	*pepinos*	pay-**pee**-nohs
eggplant	*berenjena*	bay-rehn-***h*ay**-nah
French fries	*patatas fritas*	pah-**tah**-tahs **free**-tahs
garlic	*ajo*	**ah**-*h*oh
green beans	*judías verdes*	*h*oo-**dee**-ahs **behr**-days
lentils	*lentejas*	layn-**tay**-*h*ahs
mushrooms	*setas*	**say**-tahs
olives	*aceitunas*	ah-thay-**too**-nahs
onions	*cebollas*	thay-**boh**-yahs
pasta	*pasta*	"pasta"
peas	*guisantes*	gee-**sahn**-tays
pepper...	*pimiento...*	pee-mee-**ehn**-toh
...green / red / hot	*...verde / rojo / picante*	**behr**-day / **roh**-*h*oh / pee-**kahn**-tay
pickle	*pepinillo*	pay-pee-**nee**-yoh
potatoes	*patatas*	pah-**tah**-tahs
rice	*arroz*	ah-**rohth**

spaghetti	*espaguetis*	ay-spah-**geh**-tees
spinach	*espinacas*	ay-spee-**nah**-kahs
tomatoes	*tomates*	toh-**mah**-tays
zucchini	*calabacín*	kah-lah-bah-**theen**

Veggie Specialties

acelgas con pasas y piñones	ah-**thayl**-gahs kohn **pah**-sahs ee peen-**yoh**-nays	Swiss chard sautéed with onions and pine nuts
champiñones rellenos	cham-peen-**yoh**-nays ray-**yay**-nohs	mushrooms stuffed with ham, cheese, and onions
escalivada	ay-skah-lee-**bah**-dah	roasted or grilled eggplant, peppers, and onions (literally "grilled")
pimientos a la riojana	pee-mee-**yehn**-tohs ah lah ree-oh-***hah***-nah	sweet peppers stuffed with minced meat
pisto	**pee**-stoh	stewed zucchini, bell peppers, and tomatoes

Fruits

apple	*manzana*	mahn-**thah**-nah
apricot	*albaricoque*	ahl-bah-ree-**koh**-kay
banana	*plátano*	**plah**-tah-noh
berries	*bayas*	**bah**-yahs
cantaloupe	*melón*	may-**lohn**
cherry	*cereza*	thay-**ray**-thah
date	*dátil*	**dah**-teel
fig	*higo*	**ee**-goh
fruit	*fruta*	**froo**-tah
grapefruit	*pomelo*	poh-**may**-loh
grapes	*uvas*	**oo**-bahs
honeydew melon	*melón verde*	may-**lohn behr**-day
lemon	*limón*	lee-**mohn**
orange	*naranja*	nah-**rahn**-*h*ah
peach	*melocotón*	may-loh-koh-**tohn**

pear	*pera*	**pay**-rah
persimmon	*caqui*	**kah**-kee
pineapple	*piña*	**peen**-yah
plum	*ciruela*	theer-**way**-lah
prune	*ciruela seca*	theer-**way**-lah **say**-kah
raspberry	*frambuesa*	frahm-**bway**-sah
strawberry	*fresa*	**fray**-sah
tangerine	*mandarina*	mahn-dah-**ree**-nah
watermelon	*sandía*	sahn-**dee**-ah

Nuts to You

almond	*almendra*	ahl-**mayn**-drah
cashews	*anacardos*	ah-nah-**kar**-dohs
chestnut	*castaña*	kah-**stahn**-yah
coconut	*coco*	**koh**-koh
hazelnut	*avellana*	ah-bay-**yah**-nah
peanut	*cacahuete*	kah-kah-**way**-tay
pistachio	*pistacho*	pee-**stah**-choh
walnut	*nuez*	noo-**ayth**

Just Desserts

dessert	*postres*	**poh**-strays
little tarts and cakes	*pastas*	**pah**-stahs
caramel custard	*flan*	flahn
cake	*bizcocho*	beeth-**koh**-choh
cream cake	*pastel de crema*	pah-**stayl** day **kray**-mah
cream custard	*natilla*	nah-**tee**-yah
ice cream	*helado*	ay-**lah**-doh
scoop of...	*cucharón de...*	koo-chah-**rohn** day
cone of...	*cucurucho de...*	koo-koo-**roo**-choh day
cup of...	*copa de...*	**koh**-pah day
vanilla	*vainilla*	bī-**nee**-yah
chocolate	*chocolate*	choh-koh-**lah**-tay
strawberry	*fresa*	**fray**-sah
lemon	*limón*	lee-**mohn**

ice cream cake	*tarta helada*	**tar**-tah ay-**lah**-dah
sherbet	*sorbete*	sor-**bay**-tay
cupcakes	*magdalenas*	mahg-dah-**lay**-nahs
fruit cup	*macedonia*	mah-theh-**doh**-nee-ah
tart	*tarta*	**tar**-tah
whipped cream	*nata montada*	**nah**-tah mohn-**tah**-dah
chocolate mousse	*mousse*	moos
pudding	*pudín*	poo-**deen**
rice pudding	*arroz con leche*	ah-**rohth** kohn **lay**-chay
sweet egg pudding	*natilla de huevo*	nah-**tee**-yah day **way**-boh
sweet egg rolls	*rollitos de huevo*	roh-**yee**-tohs day **way**-boh
pastry	*pasteles*	pah-**stay**-lays
cookies	*galletas*	gah-**yay**-tahs
candy	*caramelo*	kah-rah-**may**-loh
low calorie	*bajo en calorías*	**bah**-hoh ayn kah-loh-**ree**-ahs
homemade	*hecho en casa*	**ay**-choh ayn **kah**-sah
We'll split one.	*Lo compartiremos.*	loh kohm-par-tee-**ray**-mohs
Two forks / spoons, please.	*Dos tenedores / cucharas, por favor.*	dohs tay-nay-**doh**-rays / koo-**chah**-rahs por fah-bor
I shouldn't, but...	*No debería, pero...*	noh day-bay-**ree**-ah **pay**-roh
Super-tasty!	*¡Riquísimo!*	ree-**kee**-see-moh
Exquisite!	*¡Exquisito!*	ayks-kee-**see**-toh
It's heavenly!	*¡Es delicioso!*	ays day-lee-thee-**oh**-soh
Death by chocolate.	*Muerto por el chocolate.*	**mwehr**-toh por ehl choh-koh-**lah**-tay
Better than sex.	*Mejor que el sexo.*	may-***hor*** kay ehl **sayk**-soh
A moment on the lips, forever on the hips.	*Un momento en los labios, para el resto en las caderas.*	oon moh-**mehn**-toh ayn lohs **lah**-bee-ohs **pah**-rah ehl **ray**-stoh ehn lahs cah-**day**-rahs

The Moors introduced Spain to pastries and treats such as ***mazapán*** (marzipan, the ultra-sweet almond paste) and candied fruit, previously unknown in Europe.

Dessert Specialties

arroz con leche	ah-**rohth** kohn **lay**-chay	rice pudding
brazo de gitano	**brah**-thoh day *h*ee-**tah**-noh	sponge cake filled with butter cream (Andalucía)
canitas	kah-**nee**-tahs	fried cornets filled with cream or custard
crema Catalana	**kray**-mah kah-tah-**lah**-nah	crème caramel
cuajada	kwah-**hah**-dah	cream-based dessert with honey
flan de huevo	flahn day **way**-boh	crème caramel
mel i mató	mehl ee mah-**toh**	curd cheese drizzled with honey
panellets	pah-nay-**yayts**	sweet potato cookie with pine nuts and hazelnuts
postre de música	**poh**-stray day **moo**-see-kah	roasted nuts and dried fruit served with a cold glass of Moscatel (white dessert wine)
tocino de cielo ("bacon from heaven")	toh-**thee**-noh day thee-**ay**-loh	baked custard topped with caramelized sugar and often flavored with lemon
torrijas	toh-**ree**-hahs	sweet fritters

TAPAS

Bars called ***tascas*** or ***tabernas*** offer delicious appetizers called ***tapas*** during the hours when Spanish restaurants are still closed. For a quick, tasty, inexpensive meal before the sun sets, just drop in to any lively place. When searching for a good bar, I look for the noisy places with lots of locals, a blaring TV, and piles of napkins and food debris on the floor (go local and toss your trash, too).

Be assertive or you'll never be served. ***Por favor*** is a key phrase—it grabs a guy's attention. Just point to the food you want and say, "***un pincho***" for a bite-sized serving, "***una tapa***" for a larger serving, or "***una ración***" for a generous serving. Get a fun, inexpensive sampler plate. Ask for ***una ración canapes variados*** to get a plate of various little open-faced sandwiches. Or ask for a ***surtido de*** (assortment of) ***charcutería*** (various meats), ***queso*** (cheese), or ***mixto*** (meat and cheese). ***Un surtido de jamon y queso*** means a plate of different hams and cheeses. That, bread, and red wine on the right square—and you've got a romantic (and €10) dinner for two.

Don't limit yourself to what you see on the bar. A huge variety of more appetizing, interesting plates are being thrown together in the kitchen. Get a menu and explore. Handwritten signs that start out "***Hay,***" mean "Today we have ___," as in "***Hay caracoles***" ("Today we have snails").

If you order a ***tortilla***, you'll get quiche. Spanish tortillas are egg dishes rather than flour or corn tortillas. For bread, ask for ***pan*** (white bread) or ***picos*** (small, free breadsticks).

Be careful. While veggies are cheap, seafood can be very expensive (up to €10). If you're buying seafood, confirm the cost by asking "***¿Cuánto cuesta?***" (How much is it?). Don't worry about paying until you're ready to leave (he's keeping track of your tab). To get the bill, ask, "***¿La cuenta?***" (or ***la dolorosa***—meaning literally "the sadness," always draws a confused laugh). Bars come with a formidable language barrier. A small working vocabulary is essential for ***tapas*** proficiency.

Tapa Terms

pincho	**peen**-choh	bite-size portion
pinchito	peen-**chee**-toh	a taste (smaller than a *pincho*)
tapa	**tah**-pah	snack-size portion
½ ración (media ración)	**may**-dee-ah rah-thee-**ohn**	appetizer size, bigger than a tapa
ración	rah-thee-**ohn**	large portion
montadito, canape	mohn-tah-**dee**-toh, kah-**nah**-pay	tiny open-faced sandwich

pepito, bocadillo chiquito	pay-**pee**-toh, boh-kah-**dee**-yoh chee-**kee**-toh	small sandwich
surtido	soor-**tee**-doh	assortment
frito	**free**-toh	fried
la plancha	lah **plahn**-chah	grilled
con alioli	kohn ah-lee-**oh**-lee	with a sauce of garlic and olive oil
¿Quanto cuesta una tapa?	**kwahn**-toh **kway**-stah **oo**-nah **tah**-pah	How much per tapa?

Not every tapa is available in every portion size. ***Paella*** (the popular saffron rice dish) for instance, can be served as a ***tapa*** or ***ración,*** but not as a ***pincho*** or ***pinchito*** (too messy).

Seafood Tapas

almejas a la marinera	ahl-**may**-*h*as ah la mah-ree-**nay**-rah	clams in paprika sauce
atún	ah-**toon**	tuna
bacalao	bah-kahl-**ow**	cod
boquerones	boh-kehr-**oh**-nays	fresh anchovies
calamares a la Romana	kah-lah-**mah**-rays ah lah roh-**mah**-nah	rings of deep-fried squid
cazón en adabo	kah-**thon** ayn ah-**dah**-boh	marinated white fish
gambas a la plancha	**gahm**-bahs ah la **plahn**-chah	grilled prawns
gambas al ajillo	**gahm**-bahs ahl ah-***h*ee**-yoh	prawns cooked in garlic and olive oil
mejillones	may-*h*ee-**yoh**-nays	mussels
merluza	mehr-**loo**-thah	hake (fish)
paella	pah-**ay**-yah	saffron rice dish with mix of seafood and meat
pescaditos fritos	pay-skah-**dee**-tohs **free**-tohs	assortment of little fried fish

pescado en adobo	pay-**skah**-doh ayn ah-**doh**-boh	marinated whitefish
pulpo	**pool**-poh	octopus
rabas	**rah**-bahs	squid tentacles
sardinas	sar-**dee**-nahs	sardines
tortillitas de camarones	tor-**tee**-yahs day kah-mah-**roh**-nays	shrimp fritters (Andalucía)
variado fritos	bah-ree-**ah**-doh **free**-tohs	typical Andalusian mix of various fried fish

Meaty Tapas

albóndigas	ahl-**bohn**-dee-gahs	spiced meatballs with sauce
bombas	**bohm**-bahs	fried ball of meat and potatoes
brocheta	broh-**chay**-tah	meat shish kebabs
cabrillas	kah-**bree**-yahs	snails (cheap and not as good as French escargot)
caracoles	kah-rah-**koh**-lays	tree snails
charcutería	char-koo-tay-**ree**-ah	cured meats
chorizo	choh-**ree**-thoh	spicy Spanish sausage
croquetas	kroh-**kay**-tahs	fried balls of meat or cornmeal
guiso	**gee**-soh	stew
empanadillas	aym-pah-nah-**dee**-yahs	pastries stuffed with meat or seafood
jamón ibérico	*h*ah-**mohn** ee-**behr**-ee-koh	best ham, from acorn-fed baby pigs
jamón serrano	*h*ah-**mohn** say-**rah**-noh	cured ham
morcilla	mor-**thee**-yah	blood sausage
morros	**moh**-rohs	pig snout
pinchos morunos	**peen**-chohs moh-**roo**-nohs	skewer of spicy lamb or pork
pollo alioli	**poh**-yoh ah-lee-**oh**-lee	chicken with garlic and olive oil sauce

sesos	**say**-sohs	lamb brains
tabla serrana	**tah**-blah say-**rah**-nah	hearty plate of meat and cheese

Veggie and Egg Tapas

aceitunas	ah-thay-**too**-nahs	olives
almendras	ahl-**mehn**-drahs	fried almonds
banderilla (literally, the spear used by matadors)	bahn-day-**ree**-yah	skewer of pickled olives, peppers, carrots, and onions
callos	**kah**-yohs	chickpeas with tripe and sauce
champiñones	chahm-peen-**yoh**-nays	mushrooms
ensaladilla Rusa	ayn-sah-lah-**dee**-yah **roo**-sah	veggie salad in mayonnaise dressing
espinacas (con garbanzos)	ay-spee-**nah**-kahs (kohn gar-**bahn**-thohs)	spinach (with garbanzo beans)
gazpacho	gahth-**pah**-choh	cold tomato soup
judías verdes	*h*oo-**dee**-ahs **behr**-days	green beans
patatas bravas	pah-**tah**-tahs **brah**-bahs	fried potatoes with creamy tomato sauce
pimiento (relleno)	pee-mee-**ehn**-toh (ray-**yay**-noh)	peppers (stuffed)
pinchos de queso	**peen**-chohs day **kay**-soh	pieces of cheese
queso manchego	**kay**-soh mahn-**chay**-goh	sheep cheese
revuelto de...	ray-**bwayl**-toh day	scrambled eggs with...
setas	**say**-tahs	wild mushrooms
tortilla	tor-**tee**-yah	omelet (usually made with potatoes)
tortilla de jamón / queso	tor-**tee**-yah day *h*ah-**mohn** / **kay**-soh	potato omelet with ham / cheese
tortilla española	tor-**tee**-yah ay-spahn-**yoh**-lah	potato and onion omelet

Tapa Drinks

una caña	**oo**-nah **kahn**-yah	a small draft beer
un sangría	oon sahn-**gree**-ah	a refreshing mix of fruit juice and wine
un vinito tinto / blanco	oon bee-**nee**-toh **teen**-toh / **blahn**-koh	a small glass of red / white wine
un vaso de agua del grifo	oon **bah**-soh day **ah**-gwah dayl **gree**-foh	a glass of tap water (free)

DRINKING

Water, Milk, and Juice

mineral water...	*agua mineral...*	**ah**-gwah mee-nay-**rahl**
...with / without gas	*...con / sin gas*	kohn / seen gahs
tap water	*agua del grifo*	**ah**-gwah dayl **gree**-foh
whole milk	*leche entera*	**lay**-chay ayn-**tay**-rah
skim milk	*leche desnatada*	**lay**-chay days-nah-**tah**-dah
fresh milk	*leche fresca*	**lay**-chay **fray**-skah
hot chocolate	*chocolate caliente*	choh-koh-**lah**-tay kahl-**yehn**-tay
fruit juice	*zumo de fruta*	**thoo**-moh day **froo**-tah
100% juice	*cien por cien zumo*	thee-**ehn** por thee-**ehn** **thoo**-moh
orange juice (pure)	*zumo (puro) de naranja*	**thoo**-moh (**poo**-roh) day nah-**rahn**-*h*ah
apple juice	*zumo de manzana*	**thoo**-moh day mahn-**thah**-nah
lemonade	*limonada*	lee-moh-**nah**-dah
with / without...	*con / sin...*	kohn / seen
...sugar	*...azúcar*	ah-**thoo**-kar
...ice	*...hielo*	**yay**-loh
glass / cup	*vaso / taza*	**bah**-soh / **tah**-thah
small / large	*pequeña / grande*	pay-**kayn**-yah / **grahn**-day
bottle	*botella*	boh-**tay**-yah
Is the water safe to drink?	*¿Es el agua potable?*	ays ehl **ah**-gwah poh-**tah**-blay

Key Phrases: Drinking

drink	*bebida*	bay-**bee**-dah
(mineral) water	*agua (mineral)*	**ah**-gwah (mee-nay-**rahl**)
tap water	*agua del grifo*	**ah**-gwah dayl **gree**-foh
milk	*leche*	**lay**-chay
juice	*zumo*	**thoo**-moh
coffee	*café*	kah-**feh**
tea	*té*	tay
wine	*vino*	**bee**-noh
beer	*cerveza*	thehr-**bay**-thah
Cheers!	*¡Salud!*	sah-**lood**

Two fun Spanish beverages are the chilled almond-flavored drink called ***horchata*** (or-**chah**-tah) and the refreshing drink of honey and water called ***aloja*** (ah-**loh**-*h*ah).

Coffee and Tea

coffee...	*café...*	kah-**feh**
...black	*...solo*	**soh**-loh
...with a little milk	*...cortado*	kor-**tah**-doh
...with a lot of milk	*...con leche*	kohn **lay**-chay
...with sugar	*...con azúcar*	kohn ah-**thoo**-kar
...iced	*...con hielo*	kohn **yay**-loh
...American-syle	*...americano*	ah-may-ree-**kah**-noh
espresso	*espreso*	ay-**spray**-soh
espresso with a touch of brandy	*carajillo*	kah-rah-***hee***-yoh
instant coffee	*Nescafé*	nehs-kah-**feh**
decaffeinated	*descafeinado*	day-skah-fay-**nah**-doh
sugar	*azúcar*	ah-**thoo**-kar
hot water	*agua caliente*	**ah**-gwah kahl-**yehn**-tay
tea / lemon	*té / limón*	tay / lee-**mohn**
tea bag	*infusión de té*	een-foo-see-**ohn** day tay
herbal tea	*té de hierbas*	tay day **yehr**-bahs

lemon tea	*té de limón*	tay day lee-**mohn**
orange tea	*té de naranja*	tay day nah-**rahn**-*h*ah
fruit tea	*té de frutas*	tay day **froo**-tahs
mint tea	*té de menta*	tay day **mayn**-tah
small / large	*corto / largo*	**kor**-toh / **lar**-goh
small cup	*taza mediana*	**tah**-thah may-dee-**ah**-nah
large cup	*taza grande*	**tah**-thah **grahn**-day
Another cup.	*Otra taza.*	**oh**-trah **tah**-thah
Same price at the bar or the table?	*¿Es el mismo precio en la barra que en la mesa?*	ehs ehl **mees**-moh **pray**-thee-oh ayn lah **bah**-rah kay ayn lah **may**-sah

In bigger cities, bars have menu boards that list three price levels: prices are cheapest at the ***barra*** (counter), higher at the ***mesa*** (table), and highest on the ***terraza*** (terrace).

Wine

I / We would like...	*Me / Nos gustaría...*	may / nohs goo-stah-**ree**-ah
...a glass	*...un vaso*	oon **bah**-soh
...a small glass	*...un chato*	oon **chah**-toh
...a carafe	*...una jarra*	**oo**-nah ***h***ah-rah
...a bottle	*...una botella*	**oo**-nah boh-**tay**-yah
...a 5-liter jug	*...una jarra de cinco litros*	**oo**-nah ***h***ah-rah day **theen**-koh **lee**-trohs
...a barrel	*...un barril*	oon **bah**-reel
...a vat	*...una cuba*	**oo**-nah **koo**-bah
...of red wine.	*...de vino tinto.*	day **bee**-noh **teen**-toh
...of white wine.	*...de vino blanco.*	day **bee**-noh **blahn**-koh
...of the region.	*...de la región.*	day lah ray-*h*ee-**ohn**
...the wine list.	*...la carta de vinos.*	lah **kar**-tah day **bee**-nohs

Wine lovers will find delicious wines at reasonable prices. Rioja wines are excellent, especially the reds. Navarra, Aragón, and Castilla-La Mancha produce good budget reds. Whites and reds

Drink Specialties

BEFORE A MEAL		
Cuba libre	**koo**-bah **lee**-bray	rum and Coke
jerez...	*h*eh-**reth**	sherry, a fortified wine from Jerez in Andalucía
...amontillado, fino, manzanilla	ah-mohn-tee-**yah**-doh, **fee**-noh, mahn-thah-**nee**-yah	rich, dry sherries (best-known *fino* brands are Tío Pepe and La Ina)
sidra	**see**-drah	fermented cider
tinto de Verono	**teen**-toh day vay-**roh**-noh	wine and lemonade
vermut	vehr-**moot**	vermouth, red or white with soda
AFTER A MEAL		
aguardiente	ah-gwar-dee-**yehn**-tay	clear grape-based liqueur
chinchón	cheen-**chohn**	anise-flavored liqueur
coñac	**kohn**-yahk	Spanish brandy (Centario, Magro, and Soberano are well-known brands)
jerez olovoso	*h*eh-**reth** oh-loh-**voh**-soh	sweet sherry
moscatel	moh-skah-**tehl**	sweet white dessert wine
pacharán	pah-chah-**rahn**	aniseed and plum liqueur

from the Penedés region near Barcelona are also a good value. Valdepeñas wines are usually cheap and forgettable.

A carafe of house wine with your meal is often inexpensive. In summer, red wine is served ***fresco*** (chilled); if you want it at room temperature, ask for ***natural*** (pron. nah-too-**rahl**).

Wine Words

wine	*vino*	**bee**-noh
house wine (cheap)	*vino de la casa*	**bee**-noh day lah **kah**-sah

table wine (cheap)	*vino de mesa*	**bee**-noh day **may**-sah
select wine (good year)	*vino selecto*	**bee**-noh say-**layk**-toh
local	*local*	loh-**kahl**
of the region	*de la región*	day lah ray-*h*ee-**ohn**
red	*tinto*	**teen**-toh
white	*blanco*	**blahn**-koh
rosé	*rosado*	roh-**sah**-doh
sparkling	*espumoso*	ay-spoo-**moh**-soh
light	*ligero*	lee-*h*ay-roh
sweet	*dulce*	**dool**-thay
medium	*medio*	**may**-dee-oh
semi-dry	*semi-seco*	say-mee-**say**-koh
dry	*seco*	**say**-koh
very dry	*muy seco*	**moo**-ee **say**-koh
full-bodied	*de cuerpo*	day **kwehr**-poh
mature	*maduro*	mah-**doo**-roh
cork	*corcho*	**kor**-choh
corkscrew	*sacacorchos*	sah-kah-**kor**-chohs
vineyard	*viña*	**been**-yah
harvest	*vendimia*	bayn-**dee**-mee-ah
What is a good year (vintage)?	*¿Cuál es un vino de buena cosecha?*	kwahl ays oon **bee**-noh day **bway**-nah koh-**say**-chah
What do you recommend?	*¿Qué recomienda?*	kay ray-koh-mee-**ehn**-dah

Wine Labels

Deciphering the information on a Spanish wine label can be confusing. Listed below are terms that can help you judge the quality of a wine. The words ***Reserva*** and ***Gran Reserva*** on the label are usually signs of a better quality, though these can be unreliable designations. Spanish winemaking can be old-fashioned and inconsistent.

Gran Reserva	aged two years in storage and three in the bottle
Reserva	aged at least three years for reds and two years for whites

DOC (DO+calificada)	highest-quality guarantee for winemaking (currently only Rioja has it)
DO	high-quality standards for wine production
DOP (DO+provisional)	next best in quality, after DO
vino de la tierra	regional wine
vino de mesa	table wine
vino joven	new wine

Beer

beer	*cerveza*	thehr-**bay**-thah
from the tap	*de barril*	day **bah**-reel
bottle	*botella*	boh-**tay**-yah
light / dark	*rubia / negra*	**roo**-bee-ah / **nay**-grah
local / imported	*local / importada*	loh-**kahl** / eem-por-**tah**-dah
small / large	*pequeña / grande*	pay-**kayn**-yah / **grahn**-day
small glass of draft beer	*caña*	**kahn**-yah
big, straight glass of draft beer	*tubo*	**too**-boh
large draft beer in a glass with a handle	*jarra de cerveza*	***h*ah**-rah day thehr-**bay**-thah
a fifth-sized bottle	*quinto, botellín*	**keen**-toh, boh-tay-**yeen**
a half-liter bottle	*mediana*	may-dee-**ah**-nah
low-calorie	*light*	"light"
alcohol-free	*sin-alcohol*	seen-ahl-**kohl**
cold	*fría*	**free**-ah
colder	*más fría*	mahs **free**-ah

A ***clara*** is beer with a touch of lemonade. In most bars in Spain, you pay when you leave instead of when you order. In college towns, you may find a ***chupitería*** (shot-shop), where students—most of them visiting from other countries—throw back ***chupitos*** (shots). Also popular among heavy-drinking students is the ***litro*** bar, where you can buy mixed drinks by the liter.

Bar Talk

Shall we go for a drink?	*¿Vamos a tomar una copa?*	**bah**-mohs ah toh-**mar** **oo**-nah **koh**-pah
I'll buy you a drink.	*Te invito a una copa.*	tay een-**bee**-toh ah **oo**-nah **koh**-pah
It's on me.	*Pago yo.*	**pah**-goh yoh
The next one's on me.	*Invito a la próxima.*	een-**bee**-toh ah lah **prohk**-see-mah
What would you like?	*¿Qué quiere?*	kay kee-**ay**-ray
I'll have___	*Me apatece___*	may ah-pah-**tay**-thay
I don't drink alcohol.	*No bebo alcohol.*	noh **bay**-boh ahl-**kohl**
alcohol-free	*sin-alcohol*	seen-ahl-**kohl**
What is the local specialty?	*¿Cuál es la especialidad regional?*	kwahl ays lah ay-spay-thee-ah-lee-**dahd** ray-*h*ee-oh-**nahl**
What is a good drink for women / men	*¿Cuál es una buena bebida para mujeres / hombres?*	kwahl ays **oo**-nah **bway**-nah bay-**bee**-dah **pah**-rah moo-*h***ehr**-ays / **ohm**-brays
Straight.	*Sólo.*	**soh**-loh
With / Without...	*Con / Sin...*	kohn / seen
...alcohol.	*...alcohol.*	ahl-**kohl**
...ice.	*...hielo.*	**yay**-loh
One more.	*Otro.*	**oh**-troh
Cheers!	*¡Salud!*	sah-**lood**
Long live Spain!	*¡Viva España!*	**bee**-bah ay-**spahn**-yah
I'm feeling...	*Me siento...*	may see-**ehn**-toh
...tipsy.	*...achispado[a].*	ah-chee-**spah**-doh
...a little drunk.	*...un poco borracho[a].*	oon **poh**-koh boh-**rah**-choh
...wasted.	*...borracho[a].*	boh-**rah**-choh
I'm hung over.	*Tengo resaca.*	**tayn**-goh ray-**sah**-kah

For a refreshing blend of red wine, seltzer, fruit, and fruit juice, try ***sangría***. Brandy and triple sec are often the secret ingredients.

Cava is a champagne-like sparkling white wine produced in the northern region of Penedés. The best-known brands are Cordoniú and Freixenet. The Spaniards love a chance to celebrate with bubbly wine. ***¡Salud!***

PICNICKING

At the Market

Self-service?	*¿Auto-servicio?*	ow-toh-sehr-**bee**-thee-oh
Ripe for today?	*¿Maduro para hoy?*	mah-**doo**-roh **pah**-rah oy
Does it need to be cooked?	*¿Esto necesita cocinarse?*	**ay**-stoh nay-thay-**see**-tah koh-thee-**nar**-say
May I taste a little?	*¿Podría probarlo?*	poh-**dree**-ah proh-**bar**-loh
Fifty grams.	*Cincuenta gramos.*	theen-**kwehn**-tah **grah**-mohs
One hundred grams.	*Cien gramos.*	thee-**ehn grah**-mohs
More. / Less.	*Más. / Menos.*	mahs / **may**-nohs
A piece.	*Un trozo.*	oon **troh**-thoh
A slice.	*Una rodaja.*	**oo**-nah roh-**dah**-*h*ah
Four slices.	*Cuatro rodajas.*	**kwah**-troh roh-**dah**-*h*ahs
Sliced (fine).	*En rodajas (muy finas).*	ayn roh-**dah**-*h*ahs (**moo**-ee **fee**-nahs)
Half.	*Medio.*	**may**-dee-oh
A small bag.	*Una bolsita.*	**oo**-nah bohl-**see**-tah
A bag, please.	*Una bolsa, por favor.*	**oo**-nah **bohl**-sah por fah-**bor**
Will you make me / us..?	*¿Me / Nos puede hacer....?*	may / nohs **pway**-day ah-**thehr**
...a sandwich	*...un bocadillo*	oon boh-kah-**dee**-yoh
...two sandwiches	*...dos bocadillos*	dohs boh-kah-**dee**-yohs
To take out.	*Para llevar.*	**pah**-rah yay-**bar**
Can I / Can we use the...?	*¿Puedo / Podemos usar el...?*	**pway**-doh / poh-**day**-mohs oo-**sar** ehl
...microwave	*...microondas*	mee-kroh-**ohn**-dahs
May I borrow a...?	*¿Puedo tomar prestado un...?*	**pway**-doh toh-**mar** pray-**stah**-doh oon
Do you have a...?	*¿Tiene un...?*	tee-**ehn**-ay oon

Where can I buy / find a...?	*¿Dónde puedo comprar / encontrar un...?*	**dohn**-day **pway**-doh kohm-**prar** / ayn-kohn-**trar** oon
...corkscrew	*...sacacorchos*	sah-kah-**kor**-chohs
...can opener	*...abrelatas*	ah-bray-**lah**-tahs
Is there a park nearby?	*¿Hay un parque cerca de aquí?*	ī oon **par**-kay **thehr**-kah day ah-**kee**
Where is a good place to picnic?	*¿Dónde hay un buen sitio para hacer un picnic?*	**dohn**-day ī oon bwayn **seet**-yoh **pah**-rah ah-**thehr** oon peek-**neek**
Is picnicking allowed here?	*¿Se puede hacer picnic aquí?*	say **pway**-day ah-**thehr** peek-**neek** ah-**kee**

Picnic Prose

open air market	*mercado municipal*	mehr-**kah**-doh moo-nee-thee-**pahl**
supermarket	*supermercado*	soo-pehr-mehr-**kah**-doh
delicatessen	*charcutería*	char-soo-teh-**ree**-ah
bakery	*panadería*	pah-nah-deh-**ree**-ah
pastry shop	*pastelería*	pah-stay-leh-**ree**-ah
sweets shop	*tienda de dulces*	tee-**ehn**-dah day **dool**-thays
picnic	*picnic*	peek-**neek**
sandwich	*bocadillo*	boh-kah-**dee**-yoh
bread	*pan*	pahn
whole-wheat bread	*pan integral, pan de trigo*	pahn een-tay-**grahl**, pahn day **tree**-goh
roll	*panecillo*	pah-nay-**thee**-yoh
ham	*jamón*	*h*ah-**mohn**
smoked ham	*jamón serrano*	*h*ah-**mohn** say-**rah**-noh
sausage	*salchichón*	sahl-chee-**chohn**
cheese	*queso*	**kay**-soh
mustard...	*mostaza...*	mohs-**tah**-thah
mayonnaise...	*mayonesa...*	mah-yoh-**nay**-sah
...in a tube	*...en tubo*	ayn **too**-boh
yogurt	*yogur*	yoh-**goor**

fruit	*fruta*	**froo**-tah
box of juice	*lata de zumo*	**lah**-tah day **thoo**-moh
cold drinks	*bebidas frías*	bay-**bee**-dahs **free**-ahs
spoon / fork...	*cuchara / tenedor...*	koo-**chah**-rah / tay-nay-**dor**
...made of plastic	*...de plástico*	day **plah**-stee-koh
cup / plate...	*vaso / plato...*	**bah**-soh / **plah**-toh
...made of paper	*...de papel*	day pah-**pehl**

While you can opt for the one-stop ***supermercado,*** it's more fun to assemble your picnic and practice your Spanish visiting the small shops. A hundred grams of meat or cheese is about a quarter of a pound, enough for two sandwiches.

MENU DECODER

This handy Spanish-English menu decoder (followed by an English-Spanish decoder) won't unlock every word on the menu, but it'll get you ***ostras*** (oysters) instead of ***orejas*** (pigs' ears).

SPANISH/ENGLISH

a parte	side dish, on the side
aceite	oil
aceitunas	olives
acelgas	Swiss chard
agua	water
agua del grifo	tap water
aguardiente	clear, grape-based liqueur
ahumado	smoked
ajo	garlic
albaricoque	apricot
albóndigas	meatballs
alcachofa	artichoke
aliño	dressing
alioli	sauce of garlic and olive oil
almejas	clams
almejas a la marinera	clams in paprika sauce
almendra	almond
almuerzo	lunch
aloja	spiced water and honey drink

amontillado	dry and rich (sherry type)
anacardos	cashews
anchoas	anchovies
anguila	eel
aperitivos	appetizers
arenque	herring
arroz	rice
arroz con leche	rice pudding
asado	baked
atún	tuna
avellana	hazelnut
aves	poultry
azúcar	sugar
bacalao	cod
bacalao a la vizcaína	salt cod braised with vegetables
banderilla	skewer of pickled veggies
bastante hecho	very well-done (meat)
bebida	beverage
berenjena	eggplant
besugo	bream (fish)
biftec	beef steak
bizcocho	cake
blanco	white
bocadillo	sandwich
bocadillo chiquito	tiny sandwich
bomba	fried ball of meat and potatoes
boquerones	fresh anchovies
botella	bottle
brazo di gitano	sponge cake filled with cream
brécol	broccoli
brocheta	meat shish kebabs
burbujas	carbonation
burgos	creamy ewe's milk cheese
butifarra	sweetly spiced pork sausage
caballo	horse
cabrales	tangy, goat's bleu cheese
cabrillas	snails

cabrito	a wee goat
cacahuete	peanut
café	coffee
café americano	American-syle coffee
café con azúcar	coffee with sugar
café con hielo	iced coffee
café con leche	coffee with a lot of milk
café cortado	coffee with a little milk
café solo	black coffee
calabacín	zucchini
calamares	squid
calamares a la Romana	rings of deep-fried squid
calamares con guisantes	squid with garlic, peas, mint, and tomatoes
caldo	broth
caliente	hot (not cold)
callos	chickpeas with tripe and sauce
canape	tiny open-faced sandwich
cangrejo	crab
cangrejo de río	crayfish
canitas	fried cornets with cream
caña	small draft beer
caracoles	tree snails
carajillo	espresso with a touch of brandy
caramelo	candy
carne	meat
carne de vaca	beef
carnero	lamb
carta	menu
carta de bebidas	drink menu
carta de vinos	wine list
casa	house
casera	homemade
castaña	chestnut
cava	sparkling white wine
cazón en adabo	marinated white fish
cebollas	onions

cena	dinner
centollo	dungeness crab
cerdo	pork
cereales	cereal
cereza	cherry
cerveza	beer
champiñones	mushrooms
champiñones rellenos	stuffed mushrooms
chinchón	anise-flavored liqueur
chino	Chinese
chorizo	sausage
chuleta	cutlet
churros	fritters
ciruela	plum
ciruela seca	prune
clara	beer with a touch of lemon soda
cochinillo	suckling pig
cocido	broiled, also a name of a stew
cocinado	cooked
coco	coconut
col	cabbage
coliflor	cauliflower
colo de toro	bull-tail stew
combinado	combination
comida	food
con	with
conejo	rabbit
cono	cone
copa	cup (ice crem)
cordonices en hoja de parra	quail in grape leaves
corto	small
crema Catalana	custard and caramelized sauce
croquetas	fried meatballs
crudo	raw
cuajada	cream with honey
cuchara	spoon, scoop
cucharón	scoop (ice cream)

cucurucho	cone (ice cream)
dátile	date
de cuerpo	full-bodied (wine)
del día	of the day
delicioso	delicious
desayuno	breakfast
dulce	sweet
duro	hard
edulcorante	artificial sweetener
empanada	meat pie
empanada gallega	pizza-like pie
empanadillas	pastries stuffed with meat or seafood
ensalada	salad
ensalada de arroz	rice and shellfish soup
ensaladilla Rusa	vegetable salad in mayonnaise
escalfado	poached
escalivada	roasted eggplant and peppers salad
escudella i carn d'olla	minced pork meatballs
espaguetis	spaghetti
espárragos	asparagus
especial	special
espinacas	spinach
espreso	espresso
espumoso	sparkling
esqueixada	salted cod, onion, and peppers salad
fabada asturiana	pork and bean stew
fideus	paella with noodles instead of rice
filete	fillet
fino	dry and rich (sherry type)
flan	caramel custard
flauta	sandwich with very thin baguette bread
frambuesa	raspberry
fresa	strawberry
fresco	fresh
frijoles	beans
frío	cold

fritos	fried
fruta	fruit
fuerte	sharp (cheese)
galletas	cookies
gambas	prawns
gambas a la plancha	grilled prawns
garrafa	carafe
gas	carbonation
gazpacho	chilled tomato soup
gelatina	jelly
grande	large
guisantes	peas
guiso	stew
habas alla Catalana	fava bean and chorizo stew
hamburguesa	hamburger
hay ___	we have ___
hecho en casa	homemade
helado	ice cream
hervido	steamed
hielo	ice
hígado	liver
higo	fig
horchata	chilled almond drink
huevos	eggs
importada	imported
incluido	included
jamón	ham
jamón ibérico	ham from acorn-fed baby pigs
jamón serrano	cured ham
jarra	carafe or wine or large draft beer glass
jerez	sherry
judías	beans
judías verdes	green beans
jurel	scad (like mackerel)
langosta	lobster
langostinos	large prawns

leche	milk
lechuga	lettuce
lengua	tongue
lenguado	sole
lentejas	lentils
ligero	light
limón	lemon
macedonia	fruit cup
maduro	mature (wine)
magdalenas	cupcakes
maíz	corn
manchego	hard, ewe's milk cheese
mandarina	tangerine
mantequilla	butter
mantequilla de cacahuete	peanut butter
manzana	apple
manzanilla	dry and rich (sherry type)
mar y montaña / mar y terra	chicken or rabbit with lobster or scampi
margarina	margarine
marisco	seafood
marmitako	Basque tuna stew
mayonesa	mayonnaise
mediana	a half-liter bottle
medio	medium
mejillones	mussels
mel i mató	curd cheese with honey
melocotón	big, mean peach
melón	cantaloupe
menestra	mixed vegetables
merienda	afternoon tea
merluza	hake (fish)
mermelada	jam
mesa	table
microondas	microwave
miel	honey
montadito	tiny open-faced sandwich

morcilla	blood sausage
morros	pig snout
moscatel	sweet dessert wine
mostaza	mustard
muy	very
muy crudo	very rare (meat)
muy hecho	well-done (meat)
muy seco	very dry (wine)
naranja	orange
natilla	cream custard
natilla de huevo	sweet egg pudding
negra	dark
no	not
no incluido	not included
nuez	walnut
o	or
olovoso	cream sherry
orejas	pigs' ears
orgánico	organic
ostras	oysters
pacharón	liqueur of anise and sloes
paella	saffron rice and seafood dish
palillo	toothpick
palitos de queso	cheese straws or sticks
pan	bread
pan tomáquet	country bread with tomatoes
panecillo	roll
para llevar	"to go"
pastas	tarts and cakes
pasteles	pastries
patatas	potatoes
patatas bravas	fried potatoes with creamy tomato sauce
patatas fritas	French fries
pato	duck
pato con higos	duck with figs
pavo	turkey

pepinillos	pickles
pepinos	cucumber
pepito	little sandwich
pequeño	small
pera	pear
percebes	barnacles
perilla	firm, bland cow's milk cheese
perrito caliente	hot dog
pescaditos fritos	assortment of little fried fish
pescado	fish
pescado en adobo	marinated whitefish
pez espada	swordfish
picante	spicy hot
picos	little breadsticks (free)
pimiento	bell pepper
pimienta	pepper (seasoning)
pinchito	tiny *pincho*
pincho	snack
pinchos morunos	skewer of spicy lamb or pork
piña	pineapple
pistacho	pistachio
pisto	stewed zucchini, tomatoes, and peppers
plancha	grilled
plátano	banana
plato	plate
plato de niños	children's plate
poco hecho	rare (meat)
pollo	chicken
pollo en pepitoria	chicken fricassee with almonds and eggs
pomelo	grapefruit
postre de música	roasted nuts and dried fruit with a glass of moscatel wine
postres	desserts
primer	first
pudín	pudding

pulguita	small closed baguette sandwich
pulpo	octopus
queso	cheese
queso ahumado	smoked cheese
queso manchego	sheep cheese
queso rallado	grated cheese
quinto	fifth-sized bottle
rabas	squid tentacles
ración	portion
rallado	grated (cheese)
rápido	fast
recebo	receipt
relleno	stuffed
remolachas	beets
requesón	type of cottage cheese
revueltos	scrambled
riñones	kidney
riñones al jerez	kidneys in a sherry sauce
rodaja	slice
rojo	red
rollitos de huevo	sweet egg rolls
romesco	spicy sauce or fish and vegetable stew
roncal	strong, sharp, dry cheese
rosado	rosé (wine)
rubia	light
sabroso	tasty
sacacorchos	corkscrew
sal	salt
salchichón	sausage
salmón	salmon
San Simón	smooth, mild cheese
sandía	watermelon
sangría	red wine, juice and brandy
sardinas	sardines
seco	dry
segundo	second

semi-seco	semi-dry (wine)
sepia	cuttlefish
servicio	service
sesos	brains
setas	wild mushrooms
sidra	hard cider
sin	without
solo	only
sopa	soup
sopa a la gitana	pumpkin, chickpea soup
sopa de almendras	almond soup with saffron
sopa de castellana	egg, garlic soup
sopa de espárragos	asparagus soup
sopa de mariscos	seafood soup
sorbete	sherbet
suave	mild (cheese)
surtido	assortment
tabla serrana	plate of mountain meat and cheese
tallarines	noodles
tapas	appetizers
tarrina	cup
tarta	tart
taza	cup
té	tea
té de frutas	fruit tea
té de hierbas	herbal tea
té de limón	lemon tea
té de menta	mint tea
té de naranja	orange tea
templado	mild
ternera	veal
teta	firm, mild cheese
tinto	red (wine)
tinto de Verono	wine and lemonade
típico	typical
tocino de cielo	baked custard with caramelized sugar

tomates	tomatoes
torrijas	sweet fritters (bread)
tortilla	omelet
tortilla de jamón / queso	potato omelet with ham / cheese
tortilla español	potato omelet
tortillas de camarones	shrimp fritters
tostadas	toast
triguero	wheat
tripa	tripe
trozo	piece
trucha	trout
tubo	draft beer
turista	tourist
uvas	grapes
vainilla	vanilla
variado	assorted
vaso	glass
vegetales	vegetables
vegetariano	vegetarian
veneras	scallops
verde	green
verdura	vegetable
villalón	ewe's curd cheese in a mold
vinagre	vinegar
vino	wine
vino de mesa	house wine
vino joven	new wine
xato	lettuce, tuna, and anchovy salad with romesco sauce
y	and
yogur	yogurt
zanahorias	carrots
zarzuela de mariscos	shellfish stew
zumo	juice

ENGLISH/SPANISH

almond	almendra
anchovies	anchoas
anchovies, fresh	boquerones
and	y
appetizers	tapas, aperitivos
apple	manzana
apricot	albaricoque
artichoke	alcachofa
asparagus	espárragos
assorted	variado
assortment	surtido
baked	asado
banana	plátano
barnacles	percebes
beans	frijoles, judías
beans, green	judías verdes
beef	carne de vaca
beef steak	biftec
beer	cerveza
beer with lemon soda	clara
beer, large draft	jarra, tubo
beer, small draft	caña
beets	remolachas
bell pepper	pimiento
beverage	bebida
bottle	botella
brains	sesos
bread	pan
breadsticks	picos
breakfast	desayuno
broccoli	brécol
broiled	cocido
broth	caldo
butter	mantequilla

cabbage	col
cake	bizcocho
candy	caramelo
cantaloupe	melón
carafe	garrafa, jarra
carbonation	gas, burbujas
carrots	zanahorias
cashews	anacardos
cauliflower	coliflor
cereal	cereales
cheese	queso
cheese straws or sticks	palitos de queso
cheese, curd, with honey	mel i mató
cheese, sheep	queso manchego
cheese, smoked	queso ahumado
cherry	cereza
chestnut	castaña
chicken	pollo
children's plate	plato de niños
Chinese	chino
cider, hard	sidra
clams	almejas
coconut	coco
cod	bacalao
coffee	café
coffee with a little milk	café cortado
coffee with a lot of milk	café con leche
coffee with sugar	café con azúcar
coffee, American-syle	café americano
coffee, black	café solo
coffee, iced	café con hielo
cold	frío
combination	combinado
cone	cono, cucurucho
cooked	cocinado
cookies	galletas
corkscrew	sacacorchos

corn	maíz
crab	cangrejo
crab, Dungeness	centollo
crayfish	cangrejo de río
cucumber	pepinos
cup	taza, tarrina
cup (ice crem)	copa
cupcakes	magdalenas
custard, caramel	flan
custard, cream	natilla
cutlet	chuleta
cuttlefish	sepia
dark	negra
date	dátile
day, of the	del día
delicious	delicioso
desserts	postres
dinner	cena
draft beer, large	tubo
draft beer, small	caña
dressing	aliño
drink menu	carta de bebidas
dry	seco
duck	pato
Dungeness crab	centollo
eel	anguila
eggplant	berenjena
eggs	huevos
espresso	espreso
espresso with a touch of brandy	carajillo
fast	rápido
fig	higo
fillet	filete
first	primer
fish	pescado
food	comida

French fries	patatas fritas
fresh	fresco
fried	fritos
fritters	churros
fruit	fruta
fruit cup	macedonia
fruit tea	té de frutas
full-bodied (wine)	de cuerpo
garlic	ajo
garlic and olive oil sauce	alioli
glass	vaso
goat, baby	cabrito
grapefruit	pomelo
grapes	uvas
grated (cheese)	rallado
green	verde
green beans	judías verdes
grilled	plancha
hake (fish)	merluza
ham	jamón
ham from acorn-fed baby pigs	jamón ibérico
ham, cured	jamón serrano
hamburger	hamburguesa
hard	duro
hard cider	sidra
hazelnut	avellana
herbal tea	té de hierbas
herring	arenque
homemade	hecho en casa, casera
honey	miel
horse	caballo
hot (not cold)	caliente
hot (spicy)	picante
hot dog	perrito caliente
house	casa
house wine	vino de mesa
ice	hielo

ice cream	helado
imported	importada
included	incluido
jam	mermelada
jelly	gelatina
juice	zumo
kidney	riñones
lamb	carnero
large	grande
lemon	limón
lemon tea	té de limón
lentils	lentejas
lettuce	lechuga
light (wine)	ligero
light-colored (beer)	rubia
liver	hígado
lobster	langosta
lunch	almuerzo
margarine	margarina
mature (wine)	maduro
mayonnaise	mayonesa
meat	carne
meat, medium	medio
meat, rare	poco hecho
meat, raw	crudo
meat, very rare	muy crudo
meat, very well-done	bastante hecho
meat, well-done	muy hecho
meatballs	albóndigas
medium	medio
microwave	microondas
mild	templado, suave
milk	leche
mineral water	agua mineral
mint tea	té de menta
mushrooms	champiñones
mushrooms, wild	setas

mussels	mejillones
mustard	mostaza
noodles	tallarines
not	no
octopus	pulpo
of the day	del día
oil	aceite
olives	aceitunas
omelet	tortilla
omelet, potato	tortilla español
omelet, potato with ham / cheese	tortilla de jamón / queso
on the side	a parte
onions	cebollas
only	solo
or	o
orange	naranja
orange tea	té de naranja
organic	orgánico
oysters	ostras
pastries	pasteles
peach	melocotón
peanut	cacahuete
peanut butter	mantequilla de cacahuete
pear	pera
peas	guisantes
pepper, bell	pimiento
pepper (seasoning)	pimienta
pickles	pepinillos
piece	trozo
pig snout	morros
pigs' ears	orejas
pineapple	piña
pistachio	pistacho
plate	plato
plum	ciruela
poached	escalfado

pork	cerdo
portion	ración
potatoes	patatas
poultry	aves
prawns	gambas
prawns, grilled	gambas a la plancha
prawns, large	langostinos
prune	ciruela seca
pudding	pudín
quail in grape leaves	cordonices en hoja de parra
rabbit	conejo
rare (meat)	poco hecho
rare, very (meat)	muy crudo
raspberry	frambuesa
raw	crudo
receipt	recebo
red	rojo
red (wine)	tinto
rice	arroz
rice pudding	arroz con leche
roll	panecillo
rosé	rosado
salad	ensalada
salmon	salmón
salt	sal
sandwich	bocadillo
sardines	sardinas
sausage	chorizo, salchichón
sausage, blood	morcilla
scad (like mackerel)	jurel
scallops	vieiras
scoop	cuchara, cucharón
scrambled	revueltos
seafood	marisco
seafood soup	sopa de mariscos
second	segundo
semi-dry (wine)	semi-seco

service	servicio
sherbet	sorbete
sherry	jerez
side dish	a parte
slice	rodaja
small	pequeño, corto
smoked	ahumado
snack	pincho
snails	cabrillas
snails, tree	caracoles
sole	lenguado
soup	sopa
soup with egg, garlic	sopa de castellana
soup, almond with saffron	sopa de almendras
soup, asparagus	sopa de espárragos
soup, chilled tomato	gazpacho
soup, seafood	sopa de mariscos
spaghetti	espaguetis
sparkling	espumoso
special	especial
spicy hot	picante
spinach	espinacas
spoon	cuchara
squid	calamares
squid tentacles	rabas
squid, deep-fried	calamares a la Romana
steamed	hervido
stew	guiso
stew of zucchini, tomatoes, and peppers	pisto
stew, bull-tail	colo de toro
stew, fava bean and chorizo	habas alla Catalana
stew, pork and bean	fabada asturiana
stew, shellfish	zarzuela de mariscos
strawberry	fresa
stuffed	relleno
suckling pig	cochinillo

sugar	azúcar
sweet	dulce
sweetener, artificial	edulcorante
swordfish	pez espada
table	mesa
tangerine	mandarina
tap water	agua del grifo
tart	tarta
tasty	sabroso
tea	té
to go	para llevar
toast	tostadas
tomatoes	tomates
tongue	lengua
toothpick	palillo
tripe	tripa
trout	trucha
tuna	atún
turkey	pavo
typical	típico
vanilla	vainilla
veal	ternera
vegetables	verduras, vegetales
vegetables, mixed	menestra
vegetarian	vegetariano
very	muy
very dry (wine)	muy seco
very rare (meat)	muy crudo
very well-done (meat)	bastante hecho
vinegar	vinagre
walnut	nuez
water	agua
water, mineral	agua mineral
water, tap	agua del grifo
watermelon	sandía
well-done (meat)	muy hecho
wheat	triguero

white	blanco
wine	vino
wine list	carta de vinos
wine, house	vino de la casa
wine, new	vino joven
wine of the region	vino de la región
wine, table	vino de mesa
with	con
without	sin
yogurt	yogur
zucchini	calabacín

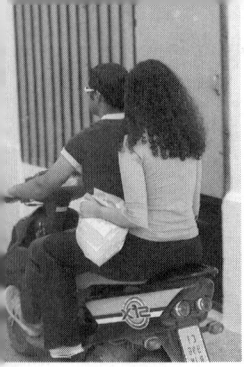

ACTIVITIES

SIGHTSEEING

Where?

Where is...?	*¿Dónde está...?*	**dohn**-day ay-**stah**
...the best view	*...la mejor vista*	lah may-**hor bee**-stah
...the main square	*...la plaza mayor*	lah **plah**-thah **may**-yor
...the old town center	*...el viejo centro*	ehl bee-**ay**-*h*oh **thayn**-troh
...the museum	*...el museo*	ehl moo-**say**-oh
...the castle	*...el castillo*	ehl kah-**stee**-yoh
...the palace	*...el palacio*	ehl pah-**lah**-thee-oh
...an amusement park	*...un parque de atracciones*	oon **par**-kay day ah-trahk-thee-**oh**-nays
...the tourist information office	*...la Oficina de Turismo*	lah oh-fee-**thee**-nah day too-**rees**-moh
...the entrance / exit	*...la entrada / salida*	lah ayn-**trah**-dah / sah-**lee**-dah
Where are...?	*¿Dónde están...?*	**dohn**-day ay-**stahn**
...the toilets	*...los servicios*	lohs sehr-**bee**-thee-ohs
...the ruins	*...las ruinas*	lahs **rwee**-nahs
Is there a festival nearby?	*¿Hay una fiesta cerca?*	ī **oo**-nah fee-**eh**-stah **thehr**-kah

Key Phrases: Sightseeing

Where is___?	*¿Dónde está___?*	**dohn**-day ay-**stah**
How much is it?	*¿Cuánto cuesta?*	**kwahn**-toh **kway**-stah
At what time does this open / close?	*¿A qué hora abren / cierran?*	ah kay **oh**-rah **ah**-brehn / thee-**ay**-rahn
Do you have a guided tour?	*¿Tiene una visita con guía?*	tee-**ehn**-ay **oo**-nah bee-**see**-tah kohn **gee**-ah
When is the next tour in English?	*¿Cuándo es la siguiente visita en inglés?*	**kwahn**-doh ays lah see-**gehn**-tay bee-**see**-tah ayn een-**glays**

At the Sight

Do you have...?	*¿Tiene...?*	tee-**ehn**-ay
...information...	*...información...*	een-for-mah-thee-**ohn**
...a guidebook...	*...una guía...*	**oo**-nah **gee**-ah
...in English	*...en inglés*	ayn een-**glays**
Is it free?	*¿Es gratis?*	ays **grah**-tees
How much is it?	*¿Cuánto cuesta?*	**kwahn**-toh **kway**-stah
Is the ticket good all day?	*¿Es la billete válido para todo el día?*	ays lah bee-**yeh**-tay **bah**-lee-doh **pah**-rah **toh**-doh ehl **dee**-ah
Can I get back in?	*¿Puedo volver a entrar?*	**pway**-doh bohl-**behr** ah ayn-**trar**
What time does this open / close?	*¿A qué hora abren / cierran?*	ah kay **oh**-rah **ah**-brehn / thee-**ay**-rahn
What time is the last entry?	*¿A qué hora es la última entrada?*	ah kay **oh**-rah ays lah **ool**-tee-mah ayn-**trah**-dah

Please

PLEASE let me in.	*POR FAVOR, déjeme entrar.*	por fah-**bor** **day**-*h*ay-may ayn-**trar**
PLEASE let us in.	*POR FAVOR, déjenos entrar.*	por fah-**bor** **day**-*h*ay-nohs ayn-**trar**

I've traveled all the way from___.	*He viajado desde ___.*	ay bee-ah-***hah***-doh **dehs**-day
We've traveled all the way from ___.	*Hemos viajado desde ___.*	**ay**-mohs bee-ah-***hah***-doh **dehs**-day
I must leave tomorrow.	*Tengo que irme mañana.*	**tayn**-goh kay **eer**-may mahn-**yah**-nah
We must leave tomorrow.	*Tenemos que irnos mañana.*	tay-**nay**-mohs kay **eer**-nohs mahn-**yah**-nah
I promise I'll be fast.	*Le prometo que vendré rápido.*	lay proh-**may**-toh kay bayn-**dray rah**-pee-doh
We promise we'll be fast.	*Le prometemos que vendremos rápido.*	lay proh-may-**tay**-mohs kay bayn-**dray**-mohs **rah**-pee-doh
It was my mother's dying wish that I see this.	*Fue el último deseo de mi madre que yo viera esto.*	fway ehl **ool**-tee-moh day-**say**-oh day mee **mah**-dray kay yoh bee-**eh**-rah **ay**-stoh
I've / We've always wanted to see this.	*Siempre he / hemos querido ver esto.*	see-**ehm**-pray ay / **ay**-mohs kay-**ree**-doh behr **ay**-stoh

Tours

Do you have...?	*¿Tiene...?*	tee-**ehn**-ay
...an audioguide	*...una audioguía*	**oo**-nah ow-dee-oh-**gee**-ah
...a guided tour	*...una visita con guía*	**oo**-nah bee-**see**-tah kohn **gee**-ah
...a city walking tour	*...una excursión a pie por la ciudad*	**oo**-nah ayk-skoor-thee-**ohn** ah pee-**ay** por lah thee-oo-**dahd**
...in English	*...en ingles*	ayn een-**glays**
When is the next next tour in English?	*¿Cuándo es la siguiente visita en inglés?*	**kwahn**-doh ays lah see-**gehn**-tay bee-**see**-tah ayn een-**glays**
Is it free?	*¿Es gratis?*	ays grah-**tees**
How much is it?	*¿Cuánto cuesta?*	**kwahn**-toh **kway**-stah
How long does it last?	*¿Cuánto tiempo dura?*	**kwahn**-toh tee-**ehm**-poh **doo**-rah

Can I join a tour in progress?	*¿Puedo unirme a una excursión que ya haya empezado?*	**pway**-doh oo-**neer**-may ah **oo**-nah ayk-skoor-thee-**ohn** kay yah **ah**-yah aym-pay-**thah**-doh
Can we join a tour in progress?	*Podemos unirnos a una excursión que ya haya empezado?*	poh-**day**-mohs oo-**neer**-nohs ah **oo**-nah ayk-skoor-thee-**ohn** kay yah **ah**-yah aym-pay-**thah**-doh

To help you decipher entrance signs, an ***exposición*** is an exhibit, a ***bono*** is a combo-ticket, and the words "***Está aqui***" on a map mean "You are here."

Discounts

You may be eligible for a discount at tourist sights, hotels, or on buses and trains—ask.

Are there discounts for...?	*¿Tienen descuentos para...?*	tee-**ehn**-ehn days-**kwehn**-tohs **pah**-rah
...youths	*...jóvenes*	***h*oh**-bay-nays
...students	*...estudiantes*	ay-stoo-dee-**ahn**-tays
...families	*...familias*	fah-**meel**-yahs
...seniors	*...jubilados*	*h*oo-bee-**lah**-dohs
...groups	*...grupos*	**groo**-pohs
I am...	*Tengo...*	**tayn**-goh
He / She is...	*Él / Ella tiene...*	ehl / **ay**-yah tee-**ehn**-ay
...___ years old.	*...___ años.*	___ **ahn**-yohs
He / She is...	*Él / Ella es...*	ehl / **ay**-yah ehs
...extremely old.	*...demasiado viejo[a].*	day-mah-see-**ah**-doh bee-**ay**-*h*oh

At the Bullring

bullfight	*corrida de toros*	koh-**ree**-dah day **toh**-rohs
bullring	*plaza de toros*	**plah**-thah day **toh**-rohs
the bull	*el toro*	ehl **toh**-roh
kill	*matar*	mah-**tar**
sunny / shady side	*sol / sombra*	sohl / **sohm**-brah
bull run	*encierro*	ayn-thee-**ay**-roh

The bulls run through Pamplona (and some people) every July. Bullfights occur throughout April-October, usually on Sundays. In a Spanish bullfight, ***el toro*** (the bull) is killed by the ***matador*** (literally "killer") and his assistants: ***picadores*** (guys on horseback) and ***banderilleros*** (acrobatic helpers). If you're squeamish, go to Portugal, where the bull is killed ***after*** the fight.

In the Museum

Where is...?	*¿Dónde está...?*	**dohn**-day ay-**stah**
I / We would like to see...	*Me / Nos gustaría ver...*	may / nohs goo-stah-**ree**-ah behr
Photo / Video O.K.?	*¿Foto / Vídeo O.K.?*	**foh**-toh / **bee**-day-oh "O.K."
No flash / tripod.	*No flash / trípode.*	noh flahsh / **tree**-poh-day
I like it.	*Me gusta.*	may **goo**-stah
It's so...	*Es tan...*	ays tahn
...beautiful.	*...bonito.*	boh-**nee**-toh
...ugly.	*...feo.*	**fay**-oh
...strange.	*...extraño.*	ayk-**strahn**-yoh
...boring.	*...aburrido.*	ah-boo-**ree**-doh
...interesting.	*...interesante.*	een-tay-ray-**sahn**-tay
...pretentious.	*...pretencioso.*	pray-tayn-thee-**oh**-soh
...thought-provoking.	*...que te hace pensar.*	kay tay **ah**-thay payn-**sar**
...B.S.	*...mierda.*	mee-**ehr**-dah
I don't get it.	*No lo entiendo.*	noh loh ehn-tee-**ehn**-doh
Is it upside down?	*¿Está bocarriba?*	ay-**stah** boh-kah-**ree**-bah
Who did this?	*¿Quién lo hizo?*	kee-**ehn** loh **ee**-thoh
How old is this?	*¿Cuánto tiempo tiene esto?*	**kwahn**-toh tee-**ehm**-poh tee-**ehn**-ay **ay**-stoh
Wow!	*¡Caray!*	kah-**rī**
My feet hurt!	*¡Me duelen los pies!*	may **dway**-lehn lohs pee-**ays**
I'm exhausted!	*¡Estoy muy cansado[a]!*	ay-**stoy moo**-ee kahn-**sah**-doh
We're exhausted! (m / f)	*¡Estamos muy cansados[as]!*	ay-**stah**-mohs **moo**-ee kahn-**sah**-dohs

Spanish Art Terms

Alcazaba: A Moorish castle.
Alcazar: A Moorish fortress or palace.
Azulejo: Blue tile.
Churrigueresque (*Churrigueresco*): Super-thick Spanish Baroque, named after a local artist.
Moriscos: The Islamic Arabs (Moors) who ruled much of Spain and Portugal from 711 to 1492. The Moorish culture left a deep mark on Iberia. An understanding of the Moorish occupation will help you better understand your sightseeing.
Mozarabs (*Mozárabes*): Christians in Spain under Moorish rule.
Mudéjar: The Gothic-Islamic style of the Moors in Spain after the Christian conquest.
Plateresque (*plateresco*): The frilly late-Gothic style of Spain.

Art and Architecture

art	*arte*	**ar**-tay
artist	*artista*	ar-**tee**-stah
painting	*cuadro*	**kwah**-droh
self portrait	*autorretrato*	ow-toh-ray-**trah**-toh
sculptor	*escultor*	ay-skool-**tor**
sculpture	*escultura*	ay-skool-**too**-rah
architect	*arquitecto*	ar-kee-**tehk**-toh
architecture	*arquitectura*	ar-kee-tehk-**too**-rah
original	*original*	oh-ree-*hee*-**nahl**
restored	*restaurado*	ray-stow-**rah**-doh
B.C.	*A.C.*	ah thay
A.D.	*D.C.*	day thay
century	*siglo*	**see**-gloh
style	*estilo*	ay-**stee**-loh
copy by ___	*una copia de ___*	**oo**-nah **koh**-pee-ah day
after the style of ___	*de estilo de ___*	day ay-**stee**-loh day
from the school of ___	*de la escuela de ___*	day lah ay-**skway**-lah day
abstract	*Abstracto*	ahb-**strahk**-toh

ancient	*Antiguo*	ahn-**tee**-gwoh
Art Nouveau	*Modernista*	moh-dehr-**nee**-stah
Baroque	*Barroco*	bah-**roh**-koh
classical	*Clásico*	**klah**-see-koh
Gothic	*Gótico*	**goh**-tee-koh
Impressionist	*Impresionista*	eem-pray-see-oh-**nee**-stah
medieval	*Medieval*	may-dee-ay-**vahl**
Modern	*Moderno*	moh-**dehr**-noh
Moorish	*Moros*	**moh**-rohs
Renaissance	*Renacimiento*	ray-nah-thee-mee-**ehn**-toh
Romanesque	*Románico*	roh-**mah**-nee-koh
Romantic	*Romántico*	roh-**mahn**-tee-**koh**

Castles and Palaces

castle	*castillo*	kah-**stee**-yoh
palace	*palacio*	pah-**lah**-thee-oh
kitchen	*cocina*	koh-**thee**-nah
cellar	*bodega*	boh-**day**-gah
dungeon	*calabozo*	kah-lah-**boh**-thoh
moat	*foso*	**foh**-soh
fortified walls	*paredes fortificadas*	pah-**ray**-days for-tee-fee-**kah**-dahs
tower	*torre*	**toh**-ray
fountain	*fuente*	**fwehn**-tay
garden	*jardín*	*har*-**deen**
king	*rey*	ray
queen	*reina*	ray-**ee**-nah
knight	*caballero*	kah-bah-**yay**-roh

Religious Words

cathedral	*catedral*	kah-tay-**drahl**
church	*iglesia*	ee-**glay**-see-ah
monastery	*monasterio*	moh-nah-**stay**-ree-oh
mosque	*mezquita*	mayth-**kee**-tah
synagogue	*sinagoga*	see-nah-**goh**-gah
chapel	*capilla*	kah-**pee**-yah

altar	*altar*	ahl-**tar**
bells	*campanas*	kahm-**pah**-nahs
choir	*coro*	**koh**-roh
cloister	*claustro*	**klow**-stroh (klow rhymes with cow)
cross	*cruz*	krooth
crypt	*cripta*	**kreep**-tah
dome	*cúpula*	**koo**-poo-lah
organ	*órgano*	**or**-gah-noh
pulpit	*púlpito*	**pool**-pee-toh
relic	*reliquia*	ray-**lee**-kee-ah
treasury	*tesoro*	tay-**soh**-roh
saint	*santo[a]*	**sahn**-toh
God	*Dios*	**dee**-ohs
Christian	*cristiano*	kree-stee-**ah**-noh
Protestant	*protestante*	proh-tay-**stahn**-tay
Catholic	*católico*	kah-**toh**-lee-koh
Jewish	*judío*	hoo-**dee**-oh
Muslim	*musulmán*	moo-sool-**mahn**
agnostic	*agnóstico*	ahg-**noh**-stee-koh
atheist	*ateo*	ah-**tay**-oh
When is the mass / service?	*¿A qué hora es la misa / servicio?*	ah kay **oh**-rah ays lah **mee**-sah / sehr-**bee**-thee-oh
Are there concerts in the church?	*¿Hay conciertos en la iglesia?*	ī kohn-thee-**ehr**-tohs ayn lah ee-**glay**-see-ah

SHOPPING

Spanish Shops

Where is a...?	*¿Dónde hay una...?*	**dohn**-day ī **oo**-nah
antique shop	*anticuarios*	ahn-tee-**kwah**-ree-ohs
art gallery	*galería de arte*	gah-lay-**ree**-ah day **ar**-tay
bakery	*panadería*	pah-nah-deh-**ree**-ah
barber shop	*barbería*	bar-beh-**ree**-ah
beauty salon	*peluquería*	pay-loo-keh-**ree**-ah

Key Phrases: Shopping

Where can I buy___?	*¿Dónde puedo comprar___?*	**dohn**-day **pway**-doh kohm-**prar**
Where is...?	*¿Dónde hay...?*	**dohn**-day ī
...a grocery store	*...un supermercado*	oon soo-pehr-mehr-**kah**-doh
...a department store	*...los grandes almacenes*	lohs **grahn**-days ahl-mah-**thay**-nays
...an Internet café	*...un café de Internet*	oon kah-**feh** day **een**-tehr-neht
...a launderette	*...una lavandería*	**oo**-nah lah-vahn-deh-**ree**-ah
...a pharmacy	*...una farmacia*	**oo**-nah far-**mah**-thee-ah
How much is it?	*¿Cuánto cuesta?*	**kwahn**-toh **kway**-stah
I'm just browsing.	*Estoy sólo mirando.*	ay-**stoy soh**-loh mee-**rahn**-doh

book shop	*librería*	lee-bray-**ree**-ah
camera shop	*tienda de fotos*	tee-**ehn**-dah day **foh**-tohs
cell phone shop	*tienda de teléfonos móviles*	tee-**ehn**-dah day tay-**lay**-foh-nohs **moh**-bee-lays
clothing boutique	*tienda de ropa*	tee-**ehn**-dah day **roh**-pah
coffee shop	*cafetería*	kah-fay-tay-**ree**-ah
department store	*grandes almacenes*	**grahn**-days ahl-mah-**thay**-nays
delicatessen	*charcutería*	char-soo-teh-**ree**-ah
flea market	*rastro*	**rahs**-troh
flower market	*floristería*	floh-ree-steh-**ree**-ah
grocery store	*supermercado*	soo-pehr-mehr-**kah**-doh
hardware store	*ferretería*	fehr-ray-teh-**ree**-ah
Internet café	*café de Internet*	kah-**feh** day **een**-tehr-neht
jewelry shop	*joyería*	hoy-eh-**ree**-ah
launderette	*lavandería*	lah-vahn-deh-**ree**-ah

newsstand	*kiosco*	kee-**oh**-skoh
office supplies	*papelería*	pah-peh-leh-**ree**-ah
open air market	*mercado municipal*	mehr-**kah**-doh moo-nee-thee-**pahl**
optician	*óptico*	**ohp**-tee-koh
pastry shop	*pastelería*	pah-stay-leh-**ree**-ah
pharmacy	*farmacia*	far-**mah**-thee-ah
photocopy shop	*fotocopias*	foh-toh-**koh**-pee-ahs
shopping mall	*centro comercial*	**thehn**-troh koh-mehr-thee-**ahl**
souvenir shop	*tienda de souvenirs*	tee-**ehn**-dah day soo-bay-**neers**
supermarket	*supermercado*	soo-pehr-mehr-**kah**-doh
sweets shop	*tienda de dulces*	tee-**ehn**-dah day **dool**-thays
toy store	*juguetería*	*h*oo-gay-teh-**ree**-ah
travel agency	*agencia de viajes*	ah-**hayn**-thee-ah day bee-**ah**-*h*ays
used bookstore	*tienda de libros usados*	tee-**ehn**-dah day **lee**-brohs oo-**sah**-dohs
...with books in English	*...de libros en inglés*	day **lee**-brohs ayn een-**glays**
wine shop	*tienda de vinos*	tee-**ehn**-dah day **bee**-nohs

In Spain, shops are closed for a long lunch between 1:30 and 4:30 P.M., and all day on Sundays. Souvenirs and postcards are cheapest in the biggest department stores, such as ***El Corte Inglés***. This ultimate department store, found in the bigger cities, offers everything from trinkets to haircuts to train and theater tickets. In Madrid, it's just a block uphill from ***Puerta del Sol***.

Shop Till You Drop

opening hours	*horas de apertura*	**oh**-rahs day ah-pay-**too**-rah
sale	*rebajas*	ray-**bah**-*h*ahs
Where can I buy...?	*¿Dónde puedo comprar...?*	**dohn**-day **pway**-doh kohm-**prar**

Where can we buy...?	*¿Dónde podemos comprar...?*	**dohn**-day poh-**day**-mohs kohm-**prar**
How much is it?	*¿Cuánto cuesta?*	**kwahn**-toh **kway**-stah
I'm / We're...	*Estoy / Estamos...*	ay-**stoy** / ay-**stah**-mohs
...just browsing.	*...sólo mirando.*	**soh**-loh mee-**rahn**-doh
I would like...	*Me gustaría...*	may goo-stah-**ree**-ah
Do you have...?	*¿Tiene usted...?*	tee-**ehn**-ay oo-**stehd**
...more	*...más*	mahs
...something cheaper	*...algo más barato*	**ahl**-goh mahs bah-**rah**-toh
Better quality, please.	*Mejor calidad, por favor.*	may-**hor** kah-lee-**dahd** por fah-**bor**
genuine / imitation	*genuino / imitación*	*h*ay-noo-**ee**-noh / ee-mee-tah-thee-**ohn**
Can I / Can we see more?	*¿Puedo / Podemos ver más?*	**pway**-doh / poh-**day**-mohs behr mahs
This one.	*Éste.*	**ay**-stay
Can I try it on?	*¿Puedo probarlo?*	**pway**-doh proh-**bar**-loh
Do you have a mirror?	*¿Tiene un espejo?*	tee-**ehn**-ay oon ay-**spay**-*h*oh
Too...	*Demasiado...*	day-mah-see-**ah**-doh
...big.	*...grande.*	**grahn**-day
...small.	*...pequeño.*	pay-**kayn**-yoh
...expensive.	*...caro.*	**kah**-roh
It's too...	*Es demasiado...*	ays day-mah-see-**ah**-doh
...short / long.	*...corto / largo.*	**kor**-toh / **lar**-goh
...tight / loose.	*...apretado / ligero.*	ah-pray-**tah**-doh / lee-**hay**-roh
...dark / light.	*...oscuro / claro.*	oh-**skoo**-roh / **klah**-roh
What is this made of?	*¿De qué está hecho esto?*	day kay ay-**stah** **ay**-choh **ay**-stoh
Is it machine washable?	*¿Se puede lavar en la lavadora?*	say **pway**-day lah-**var** ayn lah lah-vah-**doh**-rah
Will it shrink?	*¿Esto se encoge?*	**ay**-stoh say ayn-**koh**-*h*ay
Will it fade in the wash?	*¿Desteñirá en la lavadora?*	day-stehn-yee-**rah** ayn lah lah-vah-**doh**-rah

Can you ship this?	*¿Puede enviar esto?*	**pway**-day ayn-bee-**ar ay**-stoh
Tax-free?	*¿Libre de impuestos?*	**lee**-bray day eem-**pway**-stohs
I'll think about it.	*Voy a pensármelo.*	boy ah payn-**sar**-may-loh
What time do you close?	*¿A qué hora cierran?*	ah kay **oh**-rah thee-**ay**-rahn
What time do you open tomorrow?	*¿A qué hora abren mañana?*	ah kay **oh**-rah **ah**-brehn mahn-**yah**-nah

Street Markets

Did you make this?	*¿Hizo usted esto?*	**ee**-thoh oo-**stehd ay**-stoh
Is that your best price?	*¿Es éste su mejor precio?*	ays **ay**-stay soo may-*h*or **pray**-thee-oh
Cheaper?	*Más barato?*	mahs bah-**rah**-toh
My last offer.	*Mi última oferta.*	mee **ool**-tee-mah oh-**fehr**-tah
Good price.	*Buen precio.*	bwayn **pray**-thee-oh
I'll take it.	*Lo quiero.*	loh kee-**ehr**-oh
We'll take it.	*Lo queremos.*	loh kay-**ray**-mohs
I'm nearly broke.	*Estoy sin un duro.*	ay-**stoy** seen oon **doo**-roh
We're nearly broke.	*Estamos sin un duro.*	ay-**stah**-mohs seen oon **doo**-roh
My male friend...	*Mi amigo...*	mee ah-**mee**-goh
My female friend...	*Mi amiga...*	mee ah-**mee**-gah
My husband...	*Mi marido...*	mee mah-**ree**-doh
My wife...	*Mi mujer...*	mee moo-**hehr**
...has the money.	*...tiene el dinero.*	tee-**ehn**-ay ehl dee-**nay**-roh

If you brake for garage sales, you'll pull a U-turn for Madrid's ***El Rastro*** flea market. Europe's biggest flea market sprawls for miles each Sunday. It's common to bargain.

Clothes

For...	*Para...*	**pah**-rah
...a male / female baby.	*...un bebé varón / hembra.*	oon bay-**bay** bah-**rohn** / **aym**-brah
...a male / female child.	*...un niño varón / hembra.*	oon **neen**-yoh bah-**rohn** / **aym**-brah
...a male / female teenager.	*...un adolescente varón / hembra.*	oon ah-doh-lay-**sayn**-tay bah-**rohn** / **aym**-brah
...a man.	*...un hombre.*	oon **ohm**-bray
...a woman.	*...una mujer.*	**oo**-nah moo-***h*ehr**
bathrobe	*albornoz*	ahl-**bor**-nohth
bib	*peto*	**pay**-toh
belt	*cinturón*	theen-too-**rohn**
bra	*sujetador*	soo-*h*ay-tah-**dor**
clothing	*ropa*	**roh**-pah
dress	*vestido*	bays-**tee**-doh
flip-flops	*chanquetas*	chahn-**kay**-tahs
gloves	*guantes*	**gwahn**-tays
hat	*sombrero*	sohm-**bray**-roh
jacket	*chaqueta*	chah-**kay**-tah
jeans	*vaqueros*	bah-**kay**-rohs
nightgown	*camisón*	kah-mee-**sohn**
nylons	*medias*	**may**-dee-ahs
pajamas	*pijamas*	pee-***h*ah**-mahs
pants	*pantalones*	pahn-tah-**loh**-nays
raincoat	*gabardina*	gah-bar-**dee**-nah
sandals	*sandalias*	sahn-**dah**-lee-ahs
scarf	*bufanda*	boo-**fahn**-dah
shirt...	*camisa...*	kah-**mee**-sah
...long-sleeved	*...de manga larga*	day **mahn**-gah **lar**-gah
...short-sleeved	*...de manga corta*	day **mahn**-gah **kor**-tah
...sleeveless	*...sin mangas*	seen **mahn**-gahs
shoelaces	*cordones*	kor-**doh**-nays
shoes	*zapatos*	thah-**pah**-tohs
shorts	*pantalones cortos*	pahn-tah-**loh**-nays **kor**-tohs

skirt	*falda*	**fahl**-dah
sleeper (for baby)	*canguro*	kahn-**goo**-roh
slip	*calzoncillo*	kahl-thohn-**thee**-yoh
slippers	*zapatillas*	thah-pah-**tee**-yahs
socks	*calcetines*	kahl-thay-**tee**-nays
sweater	*jersey*	***h*ehr**-see
swimsuit	*bañador*	bahn-yah-**dor**
tennis shoes	*zapatillas de tenis*	thah-pah-**tee**-yahs day **tay**-nees
T-shirt	*camiseta*	kah-mee-**say**-tah
underwear	*ropa interior*	**roh**-pah een-tay-ree-**or**
vest	*chaleco*	chah-**lay**-koh

Colors

black	*negro*	**nay**-groh
blue	*azul*	ah-**thool**
brown	*marrón*	mah-**rohn**
gray	*gris*	grees
green	*verde*	**behr**-day
orange	*naranja*	nah-**rahn**-*h*ah
pink	*rosa*	**roh**-sah
purple	*morado*	moh-**rah**-doh
red	*rojo*	**roh**-*h*oh
white	*blanco*	**blahn**-koh
yellow	*amarillo*	ah-mah-**ree**-yoh
dark / light	*oscuro / claro*	oh-**skoo**-roh / **klah**-roh
A lighter...	*Más claro...*	mahs **klah**-roh
A brighter...	*Más brillante...*	mahs bree-**yahn**-tay
A darker...	*Más oscuro...*	mahs oh-**skoo**-roh
...shade.	*...tono.*	**toh**-noh

Materials

brass	*latón*	lah-**tohn**
bronze	*bronce*	**brohn**-thay
ceramic	*cerámica*	thay-**rah**-mee-kah
copper	*cobre*	**koh**-bray

cotton	*algodón*	ahl-goh-**dohn**
glass	*cristal*	kree-**stahl**
gold	*oro*	**oh**-roh
lace	*encaje*	ayn-**kah**-*h*ay
leather	*piel*	**pee**-ehl
linen	*lino*	**lee**-noh
marble	*mármol*	**mar**-mohl
metal	*metal*	may-**tahl**
nylon	*nilón*	nee-**lohn**
paper	*papel*	pah-**pehl**
pewter	*peltre*	**pehl**-tray
plastic	*plástico*	**plah**-stee-koh
polyester	*poliester*	poh-lee-**ay**-stehr
porcelain	*porcelana*	por-thay-**lah**-nah
silk	*seda*	**say**-dah
silver	*plata*	**plah**-tah
velvet	*terciopelo*	tehr-thee-oh-**pay**-loh
wood	*madera*	mah-**day**-rah
wool	*lana*	**lah**-nah

Jewelry

bracelet	*pulsera*	pool-**say**-rah
brooch	*broche*	**broh**-chay
earrings	*pendientes*	pehn-dee-**ehn**-tays
jewelry	*joyas*	***h*oy**-ahs
necklace	*collar*	koh-**yar**
ring	*anillo*	ah-**nee**-yoh
Is this...?	*¿Es esto...?*	ays **ay**-stoh
...sterling silver	*...plata de ley*	**plah**-tah day lay
...real gold	*...oro puro*	**oh**-roh **poo**-roh
...stolen	*...robado*	roh-**bah**-doh

SPORTS

Bicycling

bicycle / bike	*bicicleta / bici*	bee-thee-**klay**-tah / **bee**-thee
mountain bike	*bicicleta de montaña*	bee-thee-**klay**-tah day mohn-**tahn**-yah
I'd like to rent a bicycle.	*Me gustaría alquilar una bicicleta.*	may goo-stah-**ree**-ah ahl-kee-**lar oo**-nah bee-thee-**klay**-tah
We would like to rent two bicycles.	*Nos gustaría alquilar dos bicicletas.*	nohs goo-stah-**ree**-ah ahl-kee-**lar** dohs bee-thee-**klay**-tahs
How much per...?	*¿Cuánto es por...?*	**kwahn**-toh ays por
...hour	*...hora*	**oh**-rah
...half day	*...medio día*	**may**-dee-oh **dee**-ah
...day	*...día*	**dee**-ah
Is a deposit required?	*¿Se requiere un depósito?*	say ray-kee-**ay**-ray oon day-**poh**-see-toh
deposit	*depósito*	day-**poh**-see-toh
helmet	*casco*	**kahs**-koh
lock	*candado*	kahn-**dah**-doh
air / no air	*aire / sin aire*	**ī**-ray / seen **ī**-ray
tire	*rueda*	roo-**ay**-dah
pump	*bomba de aire*	**bohm**-bah day **ī**-ray
map	*mapa*	**mah**-pah
How many gears?	*¿Cuántas marchas?*	**kwahn**-tahs **mar**-chahs
What is a... route of about ___ kilometers?	*¿Cuál es una ruta... de unos ___ kilómetros?*	kwahl ays **oo**-nah **roo**-tah... day **oo**-nohs ___ kee-**loh**-may-trohs
...good	*...buena*	**bway**-nah
...scenic	*...panorámica*	pah-noh-**rah**-mee-kah
...interesting	*...interesante*	een-tay-ray-**sahn**-tay
...easy	*...fácil*	**fah**-theel
How many minutes / hours by bicycle?	*Cuántos minutos / horas en bicicleta?*	**kwahn**-tohs mee-**noo**-tohs / **oh**-rahs ayn bee-thee-**klay**-tah

I (don't) like hills.	*(No) me gustan las cuestas.*	(noh) may **goo**-stahn lahs **kway**-stahs
I brake for bakeries.	*Me paro en las pastelerías.*	may **pah**-roh ayn lahs pah-stay-leh-**ree**-ahs

Swimming and Boating

Where can I / can we rent a...?	*¿Dónde puedo / podemos alquilar un...?*	**dohn**-day **pway**-doh / poh-**day**-mohs ahl-kee-**lar** oon
...paddleboat	*...barca de pedales*	**bar**-kah day pay-**dah**-lays
...rowboat	*...bote de remo*	**boh**-tay day **ray**-moh
...boat	*...bote*	**boh**-tay
...sailboat	*...barco de vela*	**bar**-koh day **bay**-lah
How much per...?	*¿Cuánto es por...?*	**kwahn**-toh ays por
...hour	*...hora*	**oh**-rah
...half day	*...medio día*	**may**-dee-oh **dee**-ah
...day	*...día*	**dee**-ah
beach	*playa*	**plah**-yah
nude beach	*playa nudista*	**plah**-yah noo-**dee**-stah
Where's a good beach?	*¿Dónde hay una buena playa?*	**dohn**-day ī **oo**-nah **bway**-nah **plah**-yah
Is it safe for swimming?	*¿Es una zona segura para bañarse?*	ays **oo**-nah **thoh**-nah say-**goo**-rah **pah**-rah bahn-**yar**-say
flip-flops	*chancletas*	chahn-**klay**-tahs
pool	*piscina*	pee-**thee**-nah
snorkel and mask	*tubo de respiración y máscara*	**too**-boh day ray-spee-rah-thee-**ohn** ee **mahs**-kah-rah
sunglasses	*gafas de sol*	**gah**-fahs day sohl
sunscreen	*crema bronceadora*	**kray**-mah brohn-thay-ah-**doh**-rah
surfboard	*tabla de surf*	**tah**-blah day soorf
surfer	*surfista*	soor-**fee**-stah
swimsuit	*bañador*	bahn-yah-**dor**

towel	*toalla*	toh-**ah**-yah
waterskiing	*esquí acuático*	ay-**skee** ah-**kwah**-tee-koh
windsurfing	*windsurfing*	**weend**-soor-feeng

In Spain, nearly any beach is topless. For a nude beach, keep your eyes peeled for a ***playa nudista.***

Sports Talk

sports	*deportes*	day-**por**-tays
game	*partido*	par-**tee**-doh
team	*equipo*	ay-**kee**-poh
championship	*campeonato*	kahm-pay-oh-**nah**-toh
soccer	*fútbol*	**foot**-bohl
basketball	*baloncesto*	bahl-ohn-**thehs**-toh
hockey	*hockey*	"hockey"
American football	*fútbol americano*	**foot**-bohl ah-meh-ree-**kah**-noh
baseball	*béisbol*	**bays**-bohl
tennis	*tenis*	**tay**-nees
golf	*golf*	gohlf
skiing	*esquí*	ay-**skee**
gymnastics	*gimnasia*	*h*eem-**nah**-zee-ah
jogging	*footing*	**foo**-teeng
Olympics	*Olimpíada*	oh-leem-**pee**-ah-dah
medal...	*medalla...*	may-**dah**-yah
...gold / silver / bronze	*...de oro / de plata / de bronce*	day **oh**-roh / day **plah**-tah / day **brohn**-thay
What is your favorite sport / athlete / team?	*¿Cuál es su deporte / atleta / equipo favorito?*	kwahl ays soo day-**por**-tay / aht-**lay**-tah / ay-**kee**-poh fah-voh-**ree**-toh
Where can I see a game?	*¿Dónde puedo mirar un partido?*	**dohn**-day **pway**-doh mee-**rar** oon par-**tee**-doh
Where's a good place to jog?	*¿Dónde se puede ir de footing?*	**dohn**-day say **pway**-day eer day **foo**-teeng

ENTERTAINMENT

What's happening tonight?	*¿Qué hay esta noche?*	kay ī **ay**-stah **noh**-chay
What do you recommend?	*¿Qué recomienda?*	kay ray-koh-mee-**ehn**-dah
Where is it?	*¿Dónde está?*	**dohn**-day ay-**stah**
How do I / do we get there?	*¿Cómo llego / llegamos allí?*	**koh**-moh **yay**-goh / yay-**gah**-mohs ah-**yee**
Is it free?	*¿Es gratis?*	ays **grah**-tees
Are there seats available?	*¿Hay asientos disponibles?*	ī ah-see-**ehn**-tohs dee-spoh-**nee**-blays
Where can I buy a ticket?	*¿Dónde puedo comprar un billete?*	**dohn**-day **pway**-doh kohm-**prar** oon bee-**yeh**-tay
Do you have tickets for today / tonight?	*¿Tiene billetes para hoy / esta noche?*	tee-**ehn**-ay bee-**yeh**-tays **pah**-rah oy / **ay**-stah **noh**-chay
When does it start?	*¿Cuándo empieza esto?*	**kwahn**-doh aym-pee-**ay**-thah **ay**-stoh
When does it end?	*¿Cuándo acaba esto?*	**kwahn**-doh ah-**kah**-bah **ay**-stoh
Where's the best place to dance nearby?	*¿Dónde está el más cercano y mejor sitio para bailar?*	**dohn**-day ay-**stah** ehl mahs thehr-**kah**-noh ee may-***hor*** **seet**-yoh **pah**-rah bī-**lar**
Where is the best place to stroll?	*¿Dónde está el mejor paseo?*	**dohn**-day ay-**stah** ehl may-***hor*** pah-**say**-oh

For free, enjoyable entertainment, join the locals for a ***paseo,*** an evening stroll through town.

Entertaining Words

movie...	*película...*	pay-**lee**-koo-lah
...original version	*...versión original*	behr-see-**ohn** oh-ree-*h*ee-**nahl**

...in English	*...en inglés*	ayn een-**glays**
...with subtitles	*...con subtítulos*	kohn soob-**tee**-too-lohs
...dubbed	*...doblada*	doh-**blah**-dah
music...	*música...*	**moo**-see-kah
...live	*...en vivo*	ayn **bee**-boh
...classical	*...clásica*	**klah**-see-kah
...folk	*...folklórica*	fohk-**loh**-ree-kah
...opera	*...ópera*	**oh**-pay-rah
...symphony	*...sinfónica*	seen-**foh**-nee-kah
...choir	*...coro*	**koh**-roh
...traditional	*...tradicional*	trah-dee-thee-oh-**nahl**
rock / jazz / blues	*rock / jazz / blues*	rohk / "jazz" / "blues"
singer	*cantante*	kahn-**tahn**-tay
concert	*concierto*	kohn-thee-**ehr**-toh
show	*espectáculo*	ay-spehk-**tah**-koo-loh
(folk) dancing	*baile (folklórico)*	**bī**-lay (fohk-**loh**-ree-koh)
flamenco	*flamenco*	flah-**mayn**-koh
cockfight	*pelea de gallos*	pay-**lay**-ah day **gah**-yohs
disco	*disco*	**dee**-skoh
bar with live music	*bar con música en vivo*	bar kohn **moo**-see-kah ayn **bee**-boh
nightclub	*club nocturno*	kloob nohk-**toor**-noh
(no) cover charge	*(no) entrada*	(noh) ayn-**trah**-dah
sold out	*agotadas*	ah-goh-**tah**-dahs

CONNECT

PHONING

I'd like to buy a...	*Me gustaría comprar una...*	may goo-stah-**ree**-ah kohm-**prar oo**-nah
...telephone card.	*...tarjeta telefónica.*	tar-***hay***-tah tay-lay-**foh**-nee-kah
...cheap international telephone card.	*tarjeta telefónica. barata de código.*	tar-**hay**-tah tay-lay-**foh**-nee-kah bah-**rah**-tah day **koh**-dee-goh
Where is the nearest phone?	*¿Dónde está el teléfono más cercano?*	**dohn**-day ay-**stah** ehl tay-**lay**-foh-noh mahs thehr-**kah**-noh
It doesn't work.	*No funciona.*	noh foonk-thee-**oh**-nah
May I use your phone?	*¿Puedo usar su teléfono?*	**pway**-doh oo-**sar** soo tay-**lay**-foh-noh
Can you talk for me?	*¿Puede hablar usted por mí?*	**pway**-day ah-**blar** oo-**stehd** por mee
It's busy.	*Está ocupado.*	ay-**stah** oh-koo-**pah**-doh
Will you try again?	*¿Llamará otra vez?*	yah-mah-**rah** **oh**-trah bayth
Hello. (answering the phone)	*Diga.*	**dee**-gah
My name is ___.	*Me llamo ___.*	may **yah**-moh

Sorry, I speak only a little Spanish.	*Lo siento, hablo sólo un poco de español.*	loh see-**ehn**-toh **ah**-bloh **soh**-loh oon **poh**-koh day ay-spahn-**yohl**
Speak slowly and clearly.	*Hable despacio y claro.*	**ah**-blay day-**spah**-thee-oh ee **klah**-roh
Wait a moment.	*Un momento.*	oon moh-**mehn**-toh

In this book, you'll find the phrases you need to reserve a hotel room (page 53) or a table at a restaurant (page 71). To spell your name over the phone, refer to the code alphabet on page 56.

Make your calls using a handy phone card sold at post offices, train stations, tobacco shops (***tabacos***), and machines near phone booths. There are two kinds:

1) an insertable card (***tarjeta telefónica***) that you slide into a phone in a phone booth, and...

2) a cheaper-per-minute international phone card (with a scratch-off PIN code) that you can use from any phone, usually even in your hotel room. (If your hotel phone balks, change its setting from pulse to tone.) To get one of these cards, ask for a ***tarjeta telefónica con código.***

At phone booths, you'll encounter these words: inserte la tarjeta (insert the card), marque su número (dial your number), and saldo (the value left on your card). If the number you're calling is out of service, you'll hear a recording: "Se ha equivocado de número." For more tips, see "Let's Talk Telephones" starting on page 266 in the appendix.

Telephone Words

telephone	*teléfono*	tay-**lay**-foh-noh
telephone card	*tarjeta telefónica*	tar-**hay**-tah tay-lay-**foh**-nee-kah
cheap telephone card with a PIN code	*tarjeta telefónica con código*	tar-**hay**-tah tay-lay-**foh**-nee-kah kohn **koh**-dee-goh
PIN	*código, número clave*	**koh**-dee-goh, **noo**-may-roh **klah**-bay

phone booth	*cabina telefónica*	kah-**bee**-nah tay-lay-**foh**-nee-kah
out of service	*averiado*	ah-bay-ree-**ah**-doh
post office	*correos*	koh-**ray**-ohs
phone office	*telefónica*	tay-lay-**foh**-nee-kah
operator	*telefonista*	tay-lay-foh-**nee**-stah
international assistance	*asistencia internacional*	ah-see-**stehn**-thee-ah een-tehr-nah-thee-oh-**nahl**
international call	*llamada internacional*	yah-**mah**-dah een-tehr-nah-thee-oh-**nahl**
collect call	*llamada a cobro revertido*	yah-**mah**-dah ah **koh**-broh ray-behr-**tee**-doh
credit card call	*llamada con tarjeta de crédito*	yah-**mah**-dah kohn tar-**hay**-tah day **kray**-dee-toh
toll-free call	*llamada gratuita*	yah-**mah**-dah grah-**twee**-tah
fax	*fax*	fahks
country code	*prefijo del país*	pray-**fee**-*h*oh dayl pah-**ees**
area code	*prefijo*	pray-**fee**-*h*oh
extension	*extensión*	ayk-stehn-see-**ohn**
telephone book	*guía de teléfonos*	**gee**-ah day tay-**lay**-foh-nohs
yellow pages	*páginas amarillas*	**pah**-*h*ee-nahs ah-mah-**ree**-yahs

Cell Phones

Where is a cell phone shop?	*¿Donde hay una tienda de teléfonos móviles?*	**dohn**-day ī **oo**-nah tee-**ehn**-dah day tay-**lay**-foh-nohs **moh**-bee-lays
I'd / We'd like...	*Me / Nos gustaría...*	may / nohs goo-stah-**ree**-ah
...a cell phone.	*...un teléfono móvil.*	oon tay-**lay**-foh-noh **moh**-beel
...a chip.	*...una ficha.*	**oo**-nah **fee**-chah
...to buy more time.	*...comprar más minutos.*	kohm-**prar** mahs mee-**noo**-tohs

How do you...?	*¿Cómo... ?*	**koh**-moh
...make calls	*...se hacen llamadas*	say **ah**-thayn yah-**mah**-dahs
...receive calls	*...se reciben llamadas*	say ray-**thee**-behn yah-**mah**-dahs
Will this work outside this country?	*¿Funcionará fuera del país?*	foonk-thee-oh-nah-**rah** **fway**-rah dayl pah-**ees**
Where can I buy a chip for this service / phone?	*¿Dónde puedo comprar una ficha para este servicio / teléfono?*	**dohn**-day **pway**-doh kohm-**prar oo**-nah **fee**-chah **pah**-rah **ay**-stay sehr-**bee**-thee-oh / tay-**lay**-foh-noh

Many travelers now buy cell phones in Europe to make local and international calls. You'll pay under €100 for a "locked" phone that works only in the country you buy it in (includes about €20 worth of calls). You can buy additional time at a newsstand or cell phone shop. An "unlocked" phone is more expensive, but it works all over Europe: when you cross a border, buy a SIM card at a cell phone shop and insert the pop-out chip, which comes with a new phone number. Pricier tri-band phones ***(teléfono a tres bandas)*** also work in North America.

EMAIL AND THE WEB

Email

Can I use this computer to check my email?	*¿Puedo usar este ordenador para mirar mi correo electrónico?*	**pway**-doh oo-**sar** **ay**-stay or-day-nah-**dor** **pah**-rah mee-**rar** mee koh-**ray**-oh ay-lehk-**troh**-nee-koh
What's your email address?	*¿Cuál es tu dirección de correo electrónico?*	kwahl ays too dee-rehk-thee-**ohn** day koh-**ray**-oh ay-lehk-**troh**-nee-koh

Key Phrases: Email and the Web

email	*correo electrónico*	koh-**ray**-oh ay-lehk-**troh**-nee-koh
Internet	*Internet*	**een**-tehr-neht
Where is the nearest Internet café?	*¿Dónde está el café de Internet mas cercano?*	**dohn**-day ay-**stah** ehl kah-**feh** day **een**-tehr-neht mahs thehr-**kah**-noh
I'd like to check my email.	*Me gustaría mirar mi correo electrónico.*	may goo-stah-**ree**-ah mee-**rar** mee koh-**ray**-oh ay-lehk-**troh**-nee-koh
Where can I / can we access the Internet?	*¿Dónde puedo / podemos acceder a Internet?*	**dohn**-day **pway**-doh / poh-**day**-mohs ahk-thay-**dehr** ah **een**-tehr-neht
Where is an Internet cafe?	*¿Dónde hay un café de Internet?*	**dohn**-day ī oon kah-**feh** day **een**-tehr-neht
How much for... minutes?	*¿Cuánto cuesta... minutos?*	**kwahn**-toh **kway**-stah... mee-**noo**-tohs
...10	*...diez*	dee-**ayth**
...15	*...quince*	**keen**-thay
...30	*...treinta*	**trayn**-tah
...60	*...sesenta*	say-**sehn**-tah
Help me, please.	*Ayúdeme, por favor.*	ah-**yoo**-day-may por fah-**bor**
How do I...?	*¿Cómo....?*	**koh**-moh
...start this	*...empiezo esto*	aym-pee-**ay**-thoh **ay**-stoh
...send a file	*...envio un fichero*	**ayn**-bee-oh oon fee-**chay**-roh
...print out a file	*...imprimo un fichero*	eem-**pree**-moh oon fee-**chay**-roh
...make this symbol	*...hago este símbolo*	**ah**-goh **ay**-stay **seem**-boh-loh

...type @	*...escribo arroba*	ay-**skree**-boh ah-**roh**-bah
This isn't working.	*Esto no funciona.*	**ay**-stoh noh foonk-thee-**oh**-nah

Web Words

email	*correo electrónico*	koh-**ray**-oh ay-lehk-**troh**-nee-koh
email address	*dirección de correo electrónico*	dee-rehk-thee-**ohn** day koh-**ray**-oh ay-lehk-**troh**-nee-koh
website	*página de la red*	**pah**-hee-nah day lah rayd
Internet	*Internet*	**een**-tehr-neht
surf the Web	*navegar la red*	nah-bay-**gar** la rayd
download	*bajar*	bah-**har**
@ sign	*arroba*	ah-**roh**-bah
dot	*punto*	**poon**-toh
hyphen (-)	*guión*	gee-**ohn**
underscore (_)	*subraya*	soob-**rah**-yah
Wi-Fi	*Wi-Fi*	**wee**-fee

On Screen

abrir	open	**guardar**	save
borrar	delete	**imprimir**	print
enviar	send	**mensaje**	message
escribir	write	**responder**	reply
fichero	file		

MAILING

Where is the post office?	*¿Dónde está la oficina de correos?*	**dohn**-day ay-**stah** lah oh-fee-**thee**-nah day koh-**ray**-ohs
Which window for...?	*¿Cuál es la ventana para...?*	kwahl ays lah bayn-**tah**-nah **pah**-rah
Is this the line for...?	*¿Es ésta la fila para...?*	ays **ay**-stah lah **fee**-lah **pah**-rah

...stamps	*...sellos*	**say**-yohs
...packages	*...paquetes*	pah-**kay**-tays
To the United States...	*Para los Estados Unidos...*	**pah**-rah lohs ay-**stah**-dohs oo-**nee**-dohs
...by air mail.	*...por avión.*	por ah-bee-**ohn**
...by surface mail.	*...vía terrestre.*	**bee**-ah tay-**ray**-stray
...slow and cheap.	*...lento y barato.*	**layn**-toh ee bah-**rah**-toh
How much is it?	*¿Cuánto cuesta?*	**kwahn**-toh **kway**-stah
How much to send a letter / postcard to...?	*¿Cuánto cuesta envíar una carta / postal a...?*	**kwahn**-toh **kway**-stah ayn-**bee**-ar **oo**-nah **kar**-tah / poh-**stahl** ah
I need stamps for ___ postcards / letters to ...	*Necesito sellos para ___ postales / cartas a*	nay-thay-**see**-toh **say**-yohs **pah**-rah ___ poh-**stah**-lays / **kar**-tahs ah
...the United States / Canada.	*...los Estados Unidos / Canadá.*	lohs ay-**stah**-dohs oo-**nee**-dohs / kah-nah-**dah**
Pretty stamps, please.	*Sellos bonitos, por favor.*	**say**-yohs boh-**nee**-tohs por fah-**bor**
I always choose the slowest line.	*Siempre elijo la fila más lenta.*	see-**ehm**-pray ay-**lee**-*h*oh lah **fee**-lah mahs **layn**-tah
How many days will it take?	*¿Cuántos días tardará?*	**kwahn**-tohs **dee**-ahs tar-dah-**rah**

You can also buy postage stamps at ***tabacos*** shops—very handy, as long as you know in advance the amount of postage you need.

Licking the Postal Code

post office	*oficina de correos*	oh-fee-**thee**-nah day koh-**ray**-ohs
stamp	*sello*	**say**-yoh
postcard	*postal*	poh-**stahl**
letter	*carta*	**kar**-tah
envelope	*sobre*	**soh**-bray
package	*paquete*	pah-**kay**-tay
box	*caja*	**kah**-*h*ah
string	*cuerda*	**kwehr**-dah

Key Phrases: Mailing

post office	*oficina de correos*	oh-fee-**thee**-nah day koh-**ray**-ohs
stamp	*sello*	**say**-yoh
postcard	*postal*	poh-**stahl**
letter	*carta*	**kar**-tah
air mail	*por avión*	por ah-bee-**ohn**
Where is the post office?	*¿Dónde está la oficina de correos?*	**dohn**-day ay-**stah** lah oh-fee-**thee**-nah day koh-**ray**-ohs
I need stamps for ___ postcards / letters to the United States.	*Necesito sellos para ___ postales / cartas a los Estados Unidos.*	nay-thay-**see**-toh **say**-yohs **pah**-rah ___ poh-**stah**-lays / **kar**-tahs ah lohs ay-**stah**-dohs oo-**nee**-dohs

tape	*cinta adhesiva*	**theen**-tah ah-day-**see**-bah
mailbox	*buzón*	boo-**thohn**
air mail	*por avión*	por ah-bee-**ohn**
express	*rápido*	**rah**-pee-doh
surface mail (slow and cheap)	*via terrestre (lento y barato)*	**bee**-ah tay-**ray**-stray (**layn**-toh ee bah-**rah**-toh)
book rate	*tarifa*	tah-**ree**-fah
weight limit	*peso máximo*	**pay**-soh **mahk**-see-moh
registered	*certificada*	thehr-tee-fee-**kah**-dah
insured	*asegurada*	ah-say-goo-**rah**-dah
fragile	*frágil*	**frah**-*h*eel
contents	*contenido*	kohn-teh-**nee**-doh
customs	*aduana*	ah-**dwah**-nah
to / from	*a / desde*	ah / **dehs**-day
address	*dirección*	dee-rehk-thee-**ohn**
zip code	*código postal*	**koh**-dee-goh poh-**stahl**
general delivery	*entrega general*	ayn-**tray**-gah *h*ay-nay-**rahl**

HELP!

Help!	*¡Ayuda!*	ah-**yoo**-dah
Help me!	*¡Ayúdenme!*	ah-**yoo**-dehn-may
Call a doctor!	*Llamen a un médico!*	**yah**-mehn ah oon **may**-dee-koh
Call...	*Llame...*	**yah**-may
...the police.	*...a la policía.*	ah lah poh-lee-**thee**-ah
...an ambulance.	*...una ambulancia.*	**oo**-nah ahm-boo-**lahn**-thee-ah
...the fire department.	*...a los bomberos.*	ah lohs bohm-**bay**-rohs
I'm lost.	*Estoy perdido[a].*	ay-**stoy** pehr-**dee**-doh

Key Phrases: Help!

accident	*accidente*	ahk-thee-**dehn**-tay
emergency	*emergencia*	ay-mehr-**hayn**-thee-ah
police	*policía*	poh-lee-**thee**-ah
Help!	*¡Ayuda!*	ah-**yoo**-dah
Call a doctor / the police!	*¡Llamen a un médico / la policía!*	**yah**-mehn ah oon **may**-dee-koh / lah poh-lee-**thee**-ah
Stop, thief!	*¡Detengan al ladrón!*	day-**tayn**-gahn ahl lah-**drohn**

We're lost. (m / f)	*Estamos perdidos[as].*	ay-**stah**-mohs pehr-**dee**-dohs
Thank you for your help.	*Gracias por su ayuda.*	**grah**-thee-ahs por soo ah-**yoo**-dah
You are very kind.	*Usted es muy amable.*	oo-**stehd** ays **moo**-ee ah-**mah**-blay

Theft and Loss

Stop, thief!	*¡Detengan al ladrón!*	day-**tayn**-gahn ahl lah-**drohn**
I / We have been robbed.	*Me / Nos han robado.*	may / nohs ahn roh-**bah**-doh
A thief / Thieves took...	*Un ladrón / Ladrones se llevaron...*	oon lah-**drohn** / lah-**droh**-nays say yay-**bah**-rohn
I have lost my money.	*He perdido mi dinero.*	ay pehr-**dee**-doh mee dee-**nay**-roh
We have lost our money.	*Hemos perdido nuestro dinero.*	**ay**-mohs pehr-**dee**-doh **nway**-stroh dee-**nay**-roh
I've lost my...	*He perdido mi...*	ay pehr-**dee**-doh mee
...passport.	*...pasaporte.*	pah-sah-**por**-tay
...ticket.	*...billete.*	bee-**yeh**-tay
...baggage.	*...equipaje.*	ay-kee-**pah**-hay
...purse.	*...bolso.*	**bohl**-soh
...wallet.	*...cartera.*	kar-**tay**-rah
We've lost our...	*Hemos perdido nuestros...*	**ay**-mohs pehr-**dee**-doh **nway**-strohs
...passports.	*...pasaportes.*	pah-sah-**por**-tays
...tickets.	*...billetes.*	bee-**yeh**-tays
...baggage.	*...equipaje.*	ay-kee-**pah**-hay
I would like to contact my embassy.	*Me gustaría contactar a mi embajada.*	may goo-stah-**ree**-ah kohn-tahk-**tar** ah mee aym-bah-**hah**-dah
I need to file a police report for my insurance.	*Necesito hacer una denuncia para mi seguro.*	nay-thay-**see**-toh ah-**thehr oo**-nah day-**noon**-thee-ah **pah**-rah mee say-**goo**-roh

See page 267 in the appendix for information on the embassies in Madrid.

Helpful Words

ambulance	*ambulancia*	ahm-boo-**lahn**-thee-ah
accident	*accidente*	ahk-thee-**dehn**-tay
injured	*herido*	ay-**ree**-doh
emergency	*emergencia*	ay-mehr-***hayn***-thee-ah
emergency room	*urgencias*	oor-***hayn***-thee-ahs
fire	*fuego*	**fway**-goh
police	*policía*	poh-lee-**thee**-ah
smoke	*humo*	**oo**-moh
thief	*ladrón*	lah-**drohn**
pickpocket	*carterista*	kar-tay-**ree**-stah

Help for Women

Leave me alone.	*Déjame sola.*	**day**-*h*ah-may **soh**-lah
I want to be alone.	*Me gustaría estar sola.*	may goo-stah-**ree**-ah ay-**star soh**-lah
I'm not interested.	*No estoy interesada.*	noh ay-**stoy** een-tay-ray-**sah**-dah
I'm married.	*Estoy casada.*	ay-**stoy** kah-**sah**-dah
I'm a lesbian.	*Soy lesbiana.*	soy lehs-bee-**ah**-nah
I have a contagious disease.	*Tengo una enfermedad contagiosa.*	**tayn**-goh **oo**-nah ayn-fehr-may-**dahd** kohn-tah-*h*ee-**oh**-sah
You are bothering me.	*Me está molestando.*	may ay-**stah** moh-lay-**stahn**-doh
This man is bothering me.	*Este señor me está molestando.*	**ay**-stay sayn-**yor** may ay-**stah** moh-lay-**stahn**-doh
Don't touch me.	*No me toque.*	noh may **toh**-kay
You're disgusting.	*Es asqueroso.*	ays ah-skay-**roh**-soh
Stop following me.	*No me siga.*	noh may **see**-gah
Stop it!	*¡Párelo!*	**pah**-ray-loh
Enough!	*¡Basta!*	**bah**-stah
Go away.	*Déjeme.*	**day**-*h*eh-may

Get lost!	*¡Váyase!*	**bah**-yah-say
Drop dead!	*¡Piérdase` de vista!*	pee-**ehr**-dah-say day **bee**-stah
I'll call the police!	*¡Voy a llamar a la policía!*	boy ah yah-**mar** ah lah poh-lee-**thee**-ah

Whenever macho males threaten to turn leering into a contact sport, local women stroll holding hands or arm-in-arm. Wearing conservative clothes and avoiding smiley eye contact also convey a "No way, José" message.

SERVICES

Laundry

Is a... nearby?	*¿Hay una... cerca?*	ī **oo**-nah... **thehr**-kah
...full service laundry	*...lavandería*	lah-vahn-deh-**ree**-ah
...self-service laundry	*...lavandería de autoservicio*	lah-vahn-deh-**ree**-ah day ow-toh-sehr-**bee**-thee-oh
Help me, please.	*Ayúdeme, por favor.*	ah-**yoo**-day-may por fah-**bor**
How does this work?	*¿Cómo funciona?*	**koh**-moh foonk-thee-**oh**-nah
Where is the soap?	*¿Dónde está el jabón?*	**dohn**-day ay-**stah** ehl *h*ah-**bohn**
Are these yours?	*¿Son estos suyos?*	sohn **ay**-stohs **soo**-yohs
This stinks.	*Esto apesta.*	**ay**-stoh ah-**pay**-stah
Smells like...	*Huele a...*	**way**-lay ah
...spring time.	*...primavera.*	pree-mah-**bay**-rah
...a locker room.	*...sitio cerrado.*	**seet**-yoh thay-**rah**-doh
...cheese.	*...queso.*	**kay**-soh
I need change.	*Necesito cambio.*	nay-thay-**see**-toh **kahm**-bee-oh
Same-day service?	*¿Sirven en el mismo día?*	**seer**-behn ayn ehl **mees**-moh **dee**-ah
By when do I need to drop off my clothes?	*¿Cuándo tengo que traer mi ropa?*	**kwahn**-doh **tayn**-goh kay trah-**ehr** mee **roh**-pah

When will my clothes be ready?	*¿Cuándo estará lista la ropa?*	**kwahn**-doh ay-stah-**rah** **lee**-stah lah **roh**-pah
Dried?	*¿Seca?*	**say**-kah
Folded?	*¿Doblada?*	doh-**blah**-dah
Hey there. What's spinning?	*Oiga ¿qué está centrifugando?*	**oy**-gah kay ay-**stah** thayn-tree-foo-**gahn**-doh

Clean Words

full-service laundry	*lavandería*	lah-vahn-deh-**ree**-ah
self-service laundry	*lavandería de autoservicio*	lah-vahn-deh-**ree**-ah day ow-toh-sehr-**bee**-thee-oh
wash / dry	*lavar / secar*	lah-**var** / say-**kar**
washer / dryer	*lavadora / secadora*	lah-vah-**doh**-rah / say-kah-**doh**-rah
detergent	*detergente*	day-tehr-**hayn**-tay
token	*ficha*	**fee**-chah
whites	*blanca*	**blahn**-kah
colors	*de color*	day koh-**lor**
delicates	*ropa delicada*	**roh**-pah day-lee-**kah**-dah
handwash	*lavar a mano*	lah-**var** ah **mah**-noh

Haircuts

Where is a barber / a hair salon?	*¿Dónde hay un barbero / una peluquería?*	**dohn**-day ī oon bar-**bay**-roh / **oo**-nah pay-loo-kay-**ree**-ah
I'd like...	*Me gustaría...*	may goo-stah-**ree**-ah
...a haircut.	*...cortarme el pelo.*	kor-**tar**-may ehl **pay**-loh
...a permanent.	*...hacerme una permanente.*	ah-**thehr**-may **oo**-nah pehr-mah-**nehn**-tay
...just a trim.	*...un recorte.*	oon ray-**kor**-tay
Cut about this much off.	*Corte más o menos esto.*	**kor**-tay mahs oh **may**-nohs **ay**-stoh
Cut my bangs here.	*Corte mi flequillo aquí.*	**kor**-tay mee flay-**kee**-yoh ah-**kee**
Longer / shorter here.	*Más largo / más corto aquí.*	mahs **lar**-goh / mahs **kor**-toh ah-**kee**

I'd like my hair...	*Me gustaría mi pelo...*	may goo-stah-**ree**-ah mee **pay**-loh
...short.	*...corto.*	**kor**-toh
...colored.	*...con color.*	kohn koh-**lor**
...shampooed.	*...lavado con champú.*	lah-**vah**-doh kohn chahm-**poo**
...blow dried.	*...secado con el secador.*	say-**kah**-doh kohn ehl say-kah-**dor**
It looks good.	*Se ve muy bien.*	say bay **moo**-ee bee-**yehn**

Repair

These handy lines can apply to any repair, whether it's a ripped rucksack, bad haircut, or crabby camera.

This is broken.	*Esto está roto.*	**ay**-stoh ay-**stah roh**-toh
Can you fix it?	*¿Lo puede arreglar?*	loh **pway**-day ah-ray-**glar**
Just do the essentials.	*Haga sólo lo esencial.*	**ah**-gah **soh**-loh loh ay-sehn-thee-**ahl**
How much will it cost?	*¿Cuánto costará?*	**kwahn**-toh koh-stah-**rah**
When will it be ready?	*¿Cuándo estará listo?*	**kwahn**-doh ay-stah-**rah lee**-stoh
I need it by ___.	*Lo necesito para___.*	loh nay-thay-**see**-toh **pah**-rah
We need it by ___.	*Lo necesitamos para ___.*	loh nay-thay-see-**tah**-mohs **pah**-rah
Without it, I'm...	*Sin esto, estoy...*	seen **ay**-stoh ay-**stoy**
...helpless.	*...perdido[a].*	pehr-**dee**-doh
...toast.	*...arreglado[a].*	ah-ray-**glah**-doh
...dead in the water.	*...ahogado[a].*	ah-oh-**gah**-doh

Filling out Forms

Sr. / Sra. / Srta.	Mr. / Mrs. / Miss
nombre	first name
apellido	last name
dirección	address
domicilio	address
calle	street
ciudad	city
estado	state
país	country
nacionalidad	nationality
origen / destino	origin / destination
edad	age
fecha de nacimiento	date of birth
lugar de nacimiento	place of birth
sexo	sex
masculino	male
femenino	female
casado / casada	married man / married woman
soltero / soltera	single man / single woman
profesión	profession
adulto	adult
niño / niña	boy / girl
niños	children
familia	family
firma	signature
fecha	date

When filling out dates, do it European-style: day/month/year.

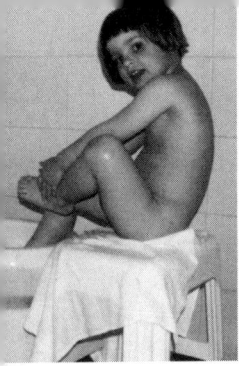

HEALTH

I am sick.	*Estoy enfermo[a].*	ay-**stoy** ayn-**fehr**-moh
I feel (very) sick.	*Me siento (muy) enfermo[a].*	may see-**ehn**-toh (**moo**-ee) ayn-**fehr**-moh
My husband / wife...	*Mi marido / esposa...*	mee mah-**ree**-doh / ay-**spoh**-sah
My son / daughter...	*Mi hijo / hija...*	mee **ee**-*h*oh / **ee**-*h*ah
My male friend / female friend...	*Mi amigo / amiga...*	mee ah-**mee**-goh / ah-**mee**-gah
...feels (very) sick.	*...está muy enfermo[a].*	ay-**stah moo**-ee ayn-**fehr**-moh
It's urgent.	*Es urgente.*	ays oor-***h*ayn**-tay
I need / We need a doctor...	*Necesito / Necesitamos un doctor...*	nay-thay-**see**-toh / nay-thay-see-**tah**-mohs oon dohk-**tor**
...who speaks English.	*...que hable inglés.*	kay **ah**-blay een-**glays**
Please call a doctor.	*Por favor llame al doctor.*	por fah-**bor yah**-may ahl dohk-**tor**
Could a doctor come here?	*¿Podría venir un doctor aquí?*	poh-**dree**-ah bay-**neer** oon dohk-**tor** ah-**kee**
I am...	*Soy...*	soy
He / She is...	*Él / Ella es...*	ehl / **ay**-yah ays
...allergic to penicillin / sulfa.	*...alérgico[a] a la penicilina / sulfate.*	ah-**lehr**-*h*ee-koh ah lah pay-nee-thee-**lee**-nah / sool-**fah**-tay
I am diabetic.	*Soy diabético[a].*	dee-ah-**bay**-tee-koh

Key Phrases: Health

doctor	*doctor[a]*	dohk-**tor**
hospital	*hospital*	oh-spee-**tahl**
pharmacy	*farmacia*	far-**mah**-thee-ah
medicine	*medicina*	may-dee-**thee**-nah
I am sick.	*Estoy enfermo[a].*	ay-**stoy** ayn-**fehr**-moh
I need a doctor (who speaks English).	*Necesito un doctor (que hable inglés).*	nay-thay-**see**-toh oon dohk-**tor** (kay **ah**-blay een-**glays**)
It hurts here.	*Me duele aquí.*	may **dway**-lay ah-**kee**
I have cancer.	*Tengo cáncer.*	**tayn**-goh **kahn**-thehr
I had a heart attack __ years ago.	*Tuve una ataque al corazón hace ___ años.*	**too**-bay **oo**-nah ah-**tah**-kay ahl koh-rah-**thohn** **ah**-thay ___ **ahn**-yohs
It hurts here.	*Me duele aquí.*	may **dway**-lay ah-**kee**
I feel faint.	*Siento que me desmayo.*	see-**ehn**-toh kay may day-**smah**-yoh
It hurts to urinate.	*Me hace daño al orinar.*	may **ah**-thay **dahn**-yoh ahl oh-ree-**nar**
I have body odor.	*Huelo a sudor.*	**way**-loh ah soo-**dor**
I'm going bald.	*Me estoy quedando calvo.*	may ay-**stoy** kay-**dahn**-doh **kahl**-boh
Is it serious?	*¿Es esto serio?*	ays **ay**-stoh **say**-ree-oh
Is it contagious?	*¿Es contagioso?*	ays kohn-tah-*h*ee-**oh**-soh
Aging sucks.	*Hacerse viejo es una lata.*	ah-**thehr**-say bee-**ay**-*h*oh ays **oo**-nah **lah**-tah
Take one pill every ___ hours for ___ days before / with meals.	*Tome una pastilla cada ___ horas por ___ días antes de / con las comidas.*	**toh**-may **oo**-nah pah-**stee**-yah **kah**-dah ___ **oh**-rahs por ___ **dee**-ahs **ahn**-tays day / kohn lahs koh-**mee**-dahs
I need a receipt for my insurance.	*Necesito una factura para mi seguro.*	nay-thay-**see**-toh **oo**-nah frahk-**too**-rah **pah**-rah mee say-**goo**-roh

Ailments

I have...	*Tengo...*	**tayn**-goh
He / She has...	*Él / Ella tiene...*	ehl / **ay**-yah tee-**ehn**-ay
I need / We need medication for...	*Necesito / Necesitamos medicina para...*	nay-thay-**see**-toh / nay-thay-see-**tah**-mohs may-dee-**thee**-nah **pah**-rah
...arthritis.	*...artritis.*	art-**ree**-tees
...asthma.	*...asma.*	**ahz**-mah
...athelete's foot.	*...hongos en los pies.*	**ohn**-gohs ayn lohs pee-**ays**
...a broken heart.	*...una corazón roto.*	**oo**-nah kor-ah-**thohn roh**-toh
...bad breath.	*...mal aliento.*	mahl ahl-**yehn**-toh
...blisters.	*...rozaduras.*	roh-thah-**doo**-rahs
...bug bites.	*...picaduras.*	pee-kah-**doo**-rahs
...a burn.	*...una quemadura.*	**oo**-nah kay-mah-**doo**-rah
...chest pains.	*...dolor de pecho.*	doh-**lor** day **pay**-choh
...chills.	*...escalofríos.*	ays-kah-loh-**free**-ohs
...a cold.	*...un resfriado.*	oon rays-free-**ah**-doh
...congestion.	*...congestión.*	kohn-*h*ays-tee-**ohn**
...constipation.	*...estreñimiento.*	ay-strayn-yee-mee-**ehn**-toh
...a cough.	*...tos.*	tohs
...cramps.	*...calambres.*	kah-**lahm**-brays
...diabetes.	*...diabetes.*	dee-ah-**bay**-tays
...diarrhea.	*...diarrea.*	dee-ah-**ray**-ah
...dizziness.	*...vértigo.*	**behr**-tee-goh
...earache.	*...dolor de oído.*	doh-**lor** day oh-**ee**-doh
...epilepsy.	*...epilepsia.*	ay-pee-**lehp**-see-ah
...a fever.	*...fiebre.*	fee-**ay**-bray
...the flu.	*...gripe.*	**gree**-pay
...food poisoning.	*...envenenamiento de comida.*	ayn-behn-ehn-ah-mee-**ehn**-toh day koh-**mee**-dah
...hay fever.	*...fiebre del heno.*	fee-**ay**-bray dayl **ay**-noh
...a headache.	*...dolor de cabeza.*	doh-**lor** day kah-**bay**-thah

...a heart condition.	*...problemas de corazón.*	proh-**blay**-mahs day kor-ah-**thohn**
...hemorrhoids.	*...hemorroides.*	ay-moh-**roy**-days
...high blood pressure.	*...tensión alta.*	tayn-thee-**ohn ahl**-tah
...indigestion.	*...indigestión.*	een-dee-*h*ay-stee-**ohn**
...an infection.	*...una infección.*	**oo**-nah een-fehk-thee-**ohn**
...inflammation.	*...inflamación.*	een-flah-mah-thee-**ohn**
...a migraine.	*...una jaqueca.*	**oo**-nah *h*ah-**kay**-kah
...nausea.	*...náuseas.*	**now**-see-ahs
...pneumonia.	*...pulmonía.*	pool-moh-**nee**-ah
...a rash.	*...erupción.*	ay-roop-thee-**ohn**
...sinus problems.	*...sinusitis.*	see-noo-**see**-tees
...a sore throat.	*...dolor de garganta.*	doh-**lor** day gar-**gahn**-tah
...a stomach ache.	*...dolor de estómago.*	doh-**lor** day ay-**stoh**-mah-goh
...a swelling.	*...un hinchazón.*	oon een-chah-**thohn**
...a toothache.	*...dolor de muelas.*	doh-**lor** day moo-**ay**-lahs
...sunburn.	*...quemaduras de sol.*	kay-mah-**doo**-rahs day sohl
...a urinary infection.	*...una infección urinaria.*	**oo**-nah een-fehk-thee-**ohn** oo-ree-**nah**-ree-ah
...a venereal disease.	*...una enfermedad venérea.*	**oo**-nah ayn-fehr-may-**dahd** bay-**nay**-ray-ah
...vicious sunburn.	*...quemaduras de sol peligrosas.*	kay-mah-**doo**-rahs day sohl pay-lee-**groh**-sahs
...vomiting (projectile).	*...vomitar (proyectil).*	boh-mee-**tar** (proh-**yehk**-teel)
...worms.	*...lombrices.*	lohm-**bree**-thays

Women's Health

menstruation	*menstruación*	mayn-stroo-ah-thee-**ohn**
menstrual cramps	*dolor de la menstruación*	doh-**lor** day lah mayn-stroo-ah-thee-**ohn**
period	*periodo*	pay-ree-**oh**-doh

pregnancy (test)	*(prueba de) embarazo*	(proo-**ay**-bah day) aym-bah-**rah**-thoh
miscarriage	*aborto espontáneo*	ah-**bor**-toh ay-spohn-**tah**-nay-oh
abortion	*aborto*	ah-**bor**-toh
birth control pills	*píldora anticonceptiva*	**peel**-doh-rah ahn-tee-kohn-thayp-**tee**-bah
diaphragm	*diafragma*	dee-ah-**frahg**-mah
I'd like to see a female...	*Me gustaría ver a una...*	may goo-stah-**ree**-ah behr ah **oo**-nah
...doctor.	*...doctora.*	dohk-**toh**-rah
...gynecologist.	*...ginecóloga.*	*h*ee-nay-**koh**-loh-gah
I've missed a period.	*No me vino el periodo.*	noh may **bee**-noh ehl pay-ree-**oh**-doh
My last period started on ___.	*Mi último periodo empezó en ___.*	mee **ool**-tee-moh pay-ree-**oh**-doh aym-pay-**thoh** ayn
I am / She is... pregnant.	*Estoy / Está... embarazada.*	ay-**stoy** / ay-**stah** aym-bah-rah-**thah**-dah
...___ months	*...___ meses.*	___ **may**-says

Parts of the Body

ankle	*tobillo*	toh-**bee**-yoh
arm	*brazo*	**brah**-thoh
back	*espalda*	ay-**spahl**-dah
bladder	*vegija*	bay-***h*ee**-yah
breast	*pecho*	**pay**-choh
buttocks	*nalgas*	**nahl**-gahs
chest	*pecho*	**pay**-choh
ear	*oído*	oh-**ee**-doh
elbow	*codo*	**koh**-doh
eye	*ojo*	**oh**-*h*oh
face	*cara*	**kah**-rah
finger	*dedo*	**day**-doh
foot	*pie*	pee-**ay**
hair	*pelo*	**pay**-loh

hand	*mano*	**mah**-noh
head	*cabeza*	kah-**bay**-thah
heart	*corazón*	kor-ah-**thohn**
intestines	*intestinos*	een-tay-**stee**-nohs
knee	*rodilla*	roh-**dee**-yah
leg	*pierna*	pee-**ehr**-nah
lung	*pulmón*	pool-**mohn**
mouth	*boca*	**boh**-kah
neck	*cuello*	**kway**-yoh
nose	*nariz*	nah-**reeth**
penis	*pene*	**pay**-nay
rectum	*recto*	**rayk**-toh
shoulder	*hombro*	**ohm**-broh
stomach	*estómago*	ay-**stoh**-mah-goh
teeth	*dientes*	dee-**ehn**-tays
testicles	*testículos*	tays-**tee**-koo-lohs
throat	*garganta*	gar-**gahn**-tah
toe	*dedo del pie*	**day**-doh dayl pee-**ay**
urethra	*uretra*	oo-**rayt**-rah
uterus	*útero*	**oo**-tay-roh
vagina	*vagina*	bah-**hee**-nah
waist	*cintura*	theen-**too**-rah
wrist	*muñeca*	moon-**yay**-kah

Healthy Words

24-hour pharmacy	*farmacia abierta las veinticuatro horas*	far-**mah**-thee-ah ah-bee-**ehr**-tah lahs bayn-tee-**kwah**-troh **oh**-rahs
bleeding	*sangrar*	sahn-**grar**
blood	*sangre*	**sahn**-gray
contraceptives	*anticonceptivos*	ahn-tee-kohn-thayp-**tee**-bohs
dentist	*dentista*	dayn-**tee**-stah
doctor	*doctor[a]*	dohk-**tor**
health insurance	*seguro médico*	say-**goo**-roh **may**-dee-koh

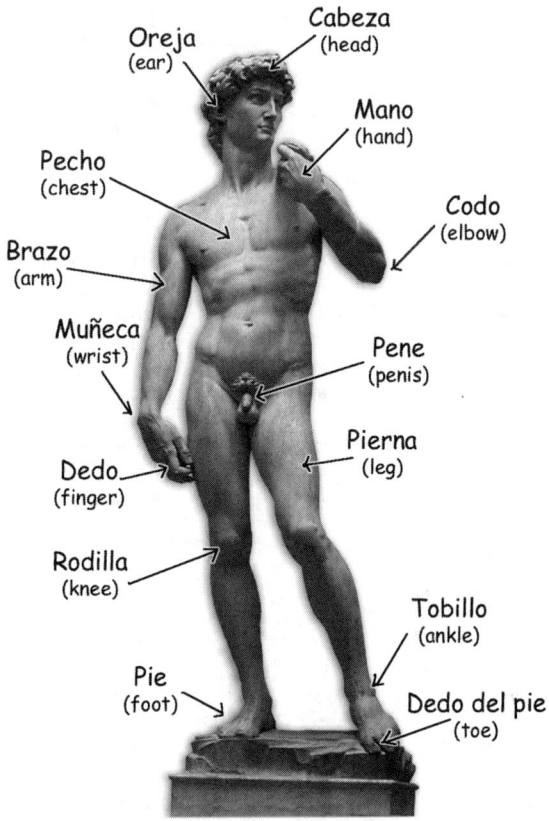
Cabeza
(head)
Oreja
(ear)
Mano
(hand)
Pecho
(chest)
Codo
(elbow)
Brazo
(arm)
Muñeca
(wrist)
Pene
(penis)
Pierna
(leg)
Dedo
(finger)
Rodilla
(knee)
Tobillo
(ankle)
Pie
(foot)
Dedo del pie
(toe)

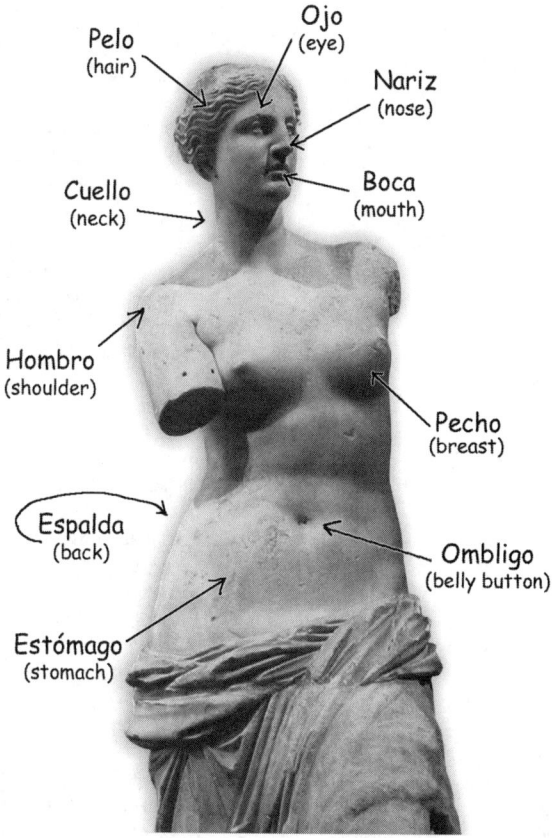
Pelo
(hair)
Ojo
(eye)
Nariz
(nose)
Boca
(mouth)
Cuello
(neck)
Hombro
(shoulder)
Pecho
(breast)
Espalda
(back)
Ombligo
(belly button)
Estómago
(stomach)

hospital	*hospital*	oh-spee-**tahl**
medical clinic	*clínica*	**klee**-nee-kah
medicine	*medicina*	may-dee-**thee**-nah
nurse	*enfermera*	ayn-fehr-**may**-rah
pain	*dolor*	doh-**lor**
pharmacy	*farmacia*	far-**mah**-thee-ah
pill	*pastilla*	pah-**stee**-yah
prescription	*receta*	ray-**thay**-tah
refill	*recambio*	ray-**kahm**-bee-oh
unconscious	*inconsciente*	een-kohn-thee-**ayn**-tay
X-ray	*rayos x*	**rah**-yohs **ay**-kees

First-Aid Kit

antacid	*antiácido*	ahn-tee-**ah**-thee-doh
antibiotic	*antibiótico*	ahn-tee-bee-**oh**-tee-koh
aspirin	*aspirina*	ah-spee-**ree**-nah
non-aspirin substitute	*Nolotil*	**noh**-loh-teel
bandage	*venda*	**bayn**-dah
Band-Aids	*tiritas*	tee-**ree**-tahs
cold medicine	*medicina para el resfriado*	may-dee-**thee**-nah **pah**-rah ehl rays-free-**ah**-doh
cough drops	*pastillas de tós*	pah-**stee**-yahs day tohs
decongestant	*descongestinante*	day-kohn-*h*ays-tee-**nahn**-tay
disinfectant	*desinfectante*	day-seen-fehk-**tahn**-tay
first-aid cream	*crema de primera ayuda*	**kray**-mah day pree-**may**-rah ah-**yoo**-dah
gauze / tape	*gasa / esparadrapo*	**gah**-sah / ays-pah-rah-**drah**-poh
laxative	*laxativo*	lahk-sah-**tee**-boh
medicine for diarrhea	*medicina para la diarrea*	may-dee-**thee**-nah **pah**-rah lah dee-ah-**ray**-ah
moleskin	*lunar*	loo-**nar**
pain killer	*analgésico*	ah-nahl-**hay**-see-koh

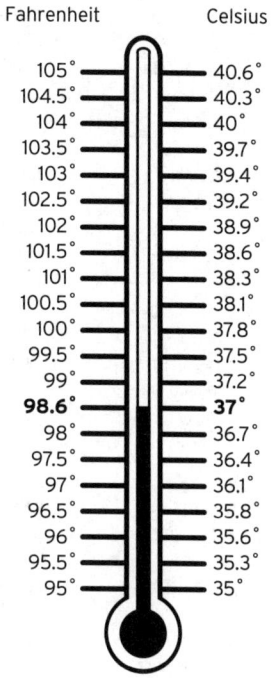

Preparation H	*Hemoal*	**ay**-moh-al
support bandage	*vendaje de apoyo*	bayn-**dah**-hay day ah-**poh**-yoh
thermometer	*termómetro*	tehr-**moh**-may-troh
Vaseline	*vaselina*	bah-say-**lee**-nah
vitamins	*vitaminas*	bee-tah-**mee**-nahs

Contacts and Glasses

glasses	*gafas*	**gah**-fahs
sunglasses	*gafas de sol*	**gah**-fahs day sohl
prescription	*prescripción*	pray-skreep-thee-**ohn**
contact lenses...	*lentillas...*	layn-**tee**-yahs
...soft	*...blandas*	**blahn**-dahs
...hard	*...de cristal*	day kree-**stahl**
solution...	*solución...*	soh-loo-thee-**ohn**
...cleaning	*...limpiadora*	leemp-yah-**doh**-rah
...soaking	*...de jabón*	day *h*ah-**bohn**
20/20 vision	*vista perfecta*	**bee**-stah pehr-**fayk**-tah
all-purpose solution (for cleaning and soaking)	*solución para limpiar y guardar las lentillas*	soh-loo-thee-**ohn pah**-rah leem-pee-**ar** ee gwar-**dar** lahs layn-**tee**-yahs
I've lost / swallowed a contact lens.	*He perdido / tragado una lentilla.*	ay pehr-**dee**-doh / trah-**gah**-doh **oo**-nah layn-**tee**-yah

HEALTH

Toiletries

comb	*peine*	**pay**-nay
conditioner	*acondicionador*	ah-kohn-dee-thee-oh nah-**dor**
condoms	*preservativos*	pray-sehr-bah-**tee**-bohs
dental floss	*seda dental*	**say**-dah dayn-**tahl**
deodorant	*desodorante*	day-soh-doh-**rahn**-tay
facial tissue	*toallitas para la cara*	toh-ah-**yee**-tahs **pah**-rah lah **kah**-rah
hairbrush	*cepillo del pelo*	thay-**pee**-yoh dayl **pay**-loh
hand lotion	*crema de manos*	**kray**-mah day **mah**-nohs
lip salve	*cacao de labios*	kah-**kah**-oh day **lah**-bee-ohs
mirror	*espejo*	ay-**spay**-*h*oh
nail clipper	*cortaúñas*	kor-tah-**oon**-yahs
razor	*maquinilla de afeitar*	mah-kee-**nee**-yah day ah-fay-**tar**

sanitary napkins	*compresas*	kohm-**pray**-sahs
scissors	*tijeras*	tee-**hehr**-ahs
shampoo	*champú*	chahm-**poo**
shaving cream	*espuma de afeitar*	**ay**-spoo-mah day ah-fay-**tar**
soap	*jabón*	*h*ah-**bohn**
sunscreen	*protección de sol*	proh-tehk-thee-**ohn** day sohl
tanning lotion	*crema bronceadora*	**kray**-mah brohn-thay-ah-**doh**-rah
tampons	*tampones*	tahm-**poh**-nays
tissues	*pañuelos de papel*	pahn-yoo-**ay**-lohs day pah-**pehl**
toilet paper	*papel higiénico*	pah-**pehl** ee-*h*ee-**ay**-nee-koh
toothbrush	*cepillo de dientes*	thay-**pee**-yoh day dee-**ehn**-tays
toothpaste	*pasta de dientes*	**pah**-stah day dee-**ehn**-tays
tweezers	*pinzas*	**peen**-thahs

Makeup

blush	*brocha*	**broh**-chah
eye shadow	*sombra de ojos*	**sohm**-brah day **oh**-*h*ohs
eyeliner	*lápiz de ojos*	**lah**-peeth day **oh**-*h*ohs
face cleanser	*limpiadora de cara*	leem-pee-ah-**doh**-rah day **kah**-rah
face powder	*polvos para la cara*	**pohl**-bohs **pah**-rah lah **kah**-rah
foundation	*base para la cara*	**bah**-say **pah**-rah lah **kah**-rah
lipstick	*barra de labios*	**bah**-rah day **lah**-bee-ohs
makeup	*maquillaje*	mah-kee-**yah**-*h*ay
mascara	*máscara*	**mah**-skah-rah
moisturizer...	*hidratante...*	ee-drah-**tahn**-tay
...with sun block	*...con protección solar*	kohn proh-tehk-thee-**ohn** soh-**lar**

nail polish	*esmalte de uñas*	ay-**smahl**-tay day **oon**-yahs
nail polish remover	*quitaesmaltes*	kee-tah-ay-**smahl**-tays
perfume	*perfume*	pehr-**foo**-may

For Babies

baby	*bebé*	bay-**bay**
baby food	*comida para bebé*	koh-**mee**-dah **pah**-rah bay-**bay**
bib	*babero*	bah-**bay**-roh
bottle	*biberón*	bee-bay-**rohn**
diapers	*pañales*	pahn-**yah**-lays
diaper wipes	*paño para limpiar*	**pahn**-yoh **pah**-rah **leem**-pee-ar
diaper ointment	*pomada de pañal*	poh-**mah**-dah day pahn-**yahl**
formula...	*leche...*	**lay**-chay
...powdered	*...en polvo*	ayn **pohl**-boh
...liquid	*...líquida*	**lee**-kee-dah
...soy	*...de soja*	day **soh**-yah
medication for...	*medicación para...*	may-dee-kah-thee-**ohn** **pah**-rah
...diaper rash	*...el escozor del pañal*	ehl ays-koh-**thor** dayl pahn-**yahl**
...teething	*...dentición*	dayn-tee-thee-**ohn**
nipple	*pezón*	pay-**thohn**
pacifier	*chupete*	choo-**pay**-tay
Will you refrigerate this?	*¿Podría refrigerarme esto?*	poh-**dree**-ah ray-free-*h*ehr-**ar**-may **ay**-stoh
Will you warm... for a baby?	*¿Podría calentar... para un bebé?*	poh-**dree**-ah kah-lehn-**tar**... **pah**-rah oon bay-**bay**
...this	*...esto*	**ay**-stoh
...some water	*...un poco de agua*	oon **poh**-koh day **ah**-gwah
...some milk	*...un poco de leche*	oon **poh**-koh day **lay**-chay

Not too hot, please.	*No demasiado caliente, por favor.*	noh day-mah-see-**ah**-doh kahl-**yehn**-tay por fah-**bor**

More Baby Things

backpack to carry baby	*mochila para llevar al bebé*	moh-**chee**-lah **pah**-rah yay-**bar** ahl bay-**bay**
booster seat	*asiento alto*	ah-see-**ehn**-toh **ahl**-toh
car seat	*asiento para el coche*	ah-see-**ehn**-toh **pah**-rah ehl **koh**-chay
high chair	*silla alta*	**see**-yah **ahl**-tah
playpen	*parque para niños*	**par**-kay **pah**-rah **neen**-yohs
stroller	*carrecoche*	kah-ray-**koh**-chay

CHATTING

My name is ___.	*Me llamo ___.*	may **yah**-moh
What's your name?	*¿Cómo se llama?*	**koh**-moh say **yah**-mah
Pleased to meet you.	*Mucho gusto.*	**moo**-choh **goo**-stoh
This is ___.	*Le presenta ___.*	lay pray-**sehn**-tah
How are you?	*¿Cómo está?*	**koh**-moh ay-**stah**
Very well, thanks.	*Muy bien, gracias.*	**moo**-ee bee-**yehn** **grah**-thee-ahs
Where are you from?	*¿De dónde es?*	day **dohn**-day ays
What city?	*¿Qué ciudad?*	kay thee-oo-**dahd**
What country?	*¿Qué país?*	kay pah-**ees**
What planet?	*¿Qué planeta?*	kay plah-**nay**-tah
I am...	*Soy...*	soy
...American.	*...americano[a].*	ah-may-ree-**kah**-noh
...Canadian.	*...canadiense.*	kah-nah-dee-**ehn**-say
...a pest.	*...un pesado[a].*	oon pay-**sah**-doh
Where are you going?	*¿A dónde vas?*	ah **dohn**-day bahs
I'm / We're going to ___.	*Voy / Vamos a ___.*	boy / **bah**-mohs ah
Will you take my / our photo?	*¿Me / Nos hace una foto?*	may / nohs **ah**-thay **oo**-nah **foh**-toh
Can I take a photo of you?	*¿Puedo hacerle una foto?*	**pway**-doh ah-**thehr**-lay **oo**-nah **foh**-toh
Smile!	*¡Sonría!*	sohn-**ree**-ah

Nothing More Than Feelings

I am / You are...	*Estoy / Está...*	ay-**stoy** / ay-**stah**
He is / She is...	*Él / Ella está....*	ehl / **ay**-yah ay-**stah**
...happy.	*...feliz.*	fay-**leeth**
...sad.	*...triste.*	**tree**-stay
...tired.	*...cansado[a].*	kahn-**sah**-doh
...thirsty.	*...sediento[a].*	say-dee-**ehn**-toh
I am / You are...	*Tengo / Tiene...*	**tayn**-goh / tee-**ehn**-ay
He is / She is...	*Él / Ella tiene...*	ehl / **ay**-yah tee-**ehn**-ay
...hungry.	*...hambre.*	**ahm**-bray
...lucky.	*...suerte.*	**swehr**-tay
...homesick.	*...morriña.*	moh-**reen**-yah
...cold.	*...frío.*	**free**-oh
...hot.	*...calor.*	kah-**lor**

If you're ***cansado***, you're tired. If you're ***casado***, you're married. If you're both, you probably have ***hijos*** (children).

Key Phrases: Chatting

My name is ___.	*Me llamo ___.*	may **yah**-moh
What's your name?	*¿Cómo se llama?*	**koh**-moh say **yah**-mah
Pleased to meet you.	*Mucho gusto.*	**moo**-choh **goo**-stoh
Where are you from?	*¿De dónde es?*	day **dohn**-day ays
I'm from ___.	*Soy de ___.*	soy day
Where are you going?	*¿A dónde vas?*	ah **dohn**-day bahs
I'm going to ___.	*Voy a ___.*	boy ah
I like...	*Me gusta...*	may **goo**-stah
Do you like...?	*¿Le gusta...?*	lay **goo**-stah
Thank you very much.	*Muchas gracias.*	**moo**-chahs **grah**-thee-ahs
Have a good trip!	*¡Buen viaje!*	bwayn bee-**ah**-hay

Who's Who

My...	*Mi...*	mee
...male friend / female friend.	*...amigo / amiga.*	ah-**mee**-goh / ah-**mee**-gah
...boyfriend / girlfriend.	*...novio / novia.*	**noh**-bee-oh / **noh**-bee-ah
...husband / wife.	*...marido / esposa.*	mah-**ree**-doh / ay-**spoh**-sah
...son / daughter.	*...hijo / hija.*	**ee**-*h*oh / **ee**-*h*ah
...brother / sister.	*...hermano / hermana.*	ehr-**mah**-noh / ehr-**mah**-nah
...father / mother.	*...padre / madre.*	**pah**-dray / **mah**-dray
...uncle / aunt.	*...tío / tía.*	**tee**-oh / **tee**-ah
...nephew / niece.	*...sobrino / sobrina.*	soh-**bree**-noh / soh-**bree**-nah
...male cousin / female cousin.	*...primo / prima.*	**pree**-moh / **pree**-mah
...grandpa / grandma.	*...abuelo / abuela.*	ah-**bway**-loh / ah-**bway**-lah
...grandson / granddaughter.	*...nieto / nieta.*	nee-**ay**-toh / nee-**ay**-tah

Family

Are you married? (asked of a man)	*¿Está casado?*	ay-**stah** kah-**sah**-doh
Are you married? (asked of a woman)	*¿Está casada?*	ay-**stah** kah-**sah**-dah
Do you have children?	*¿Tiene hijos?*	tee-**ehn**-ay **ee**-*h*ohs
How many boys / girls?	*¿Cuántos niños / niñas?*	**kwahn**-tohs **neen**-yohs / **neen**-yahs
Do you have photos?	*¿Tiene fotos?*	tee-**ehn**-ay **foh**-tohs
How old is your child?	*¿Cuántos años tiene su hijo[a]?*	**kwahn**-tohs **ahn**-yohs tee-**ehn**-ay soo **ee**-*h*oh
Beautiful child!	*¡Qué niño[a] más guapo[a]!*	kay **neen**-yoh mahs **gwah**-poh

Beautiful children! (m / f)	*¡Qué niños[as] más guapos[as]!*	kay **neen**-yohs mahs **gwah**-pohs

Work

What is your occupation?	*¿En qué trabaja?*	ayn kay trah-**bah**-*h*ah
Do you like your work?	*¿Le gusta su trabajo?*	lay **goo**-stah soo trah-**bah**-*h*oh
I work...	*Trabajo...*	trah-**bah**-*h*oh
I'm studying to work...	*Estudio para trabajar...*	ay-**stoo**-dee-oh **pah**-rah trah-bah-***h*ar**
I used to work...	*Solía trabajar...*	soh-**lee**-ah trah-bah-***h*ar**
I want a job...	*Busco trabajo...*	**boos**-koh trah-**bah**-*h*oh
...in accounting.	*...de contable.*	day kohn-**tah**-blay
...in the medical field.	*...en la medicina.*	ayn lah may-dee-**thee**-nah
...in social services.	*...en servicios sociales.*	ayn sehr-**bee**-thee-ohs soh-thee-**ah**-lays
...in the legal profession.	*...en el mundo del derecho.*	ayn ehl **moon**-doh dayl day-**ray**-choh
...in banking.	*...en la banca.*	ayn lah **bahn**-kah
...in business.	*...en los negocios.*	ayn lohs nay-**goh**-thee-ohs
...in government.	*...en el gobierno.*	ayn ehl goh-bee-**ehr**-noh
...in engineering.	*...de ingeniero.*	day een-*h*ay-nee-**ay**-roh
...in public relations.	*...de relaciones públicas.*	day ray-lah-thee-**oh**-nays **poob**-lee-kahs
...in science.	*...en las ciencias.*	ayn lahs thee-**ehn**-thee-ahs
...in teaching.	*...en la educación.*	ayn lah ay-doo-kah-thee-**ohn**
...in the computer field.	*...en la informática.*	ayn lah een-for-**mah**-tee-kah
...in the travel industry.	*...en una agencia de viajes.*	ayn **oo**-nah ah-***h*ayn**-thee-ah day bee-**ah**-*h*ays
...in the arts.	*...en el arte.*	ayn ehl **ar**-tay
...in journalism.	*...de periodista.*	day pay-ree-oh-**dee**-stah
...in a restaurant.	*...en un restaurante.*	ayn oon rehs-tow-**rahn**-tay
...in a store.	*...en una tienda.*	ayn **oo**-nah tee-**ehn**-dah

...in a factory.	*...en una fábrica.*	ayn **oo**-nah **fah**-bree-kah
I'm a professional traveler.	*Soy viajante de profesión.*	soy bee-ah-***hahn***-tay day proh-fay-see-**ohn**
I am / We are...	*Estoy / Estamos...*	ay-**stoy** / ay-**stah**-mohs
...unemployed.	*...desempleado[a/os/as].*	day-saym-play-**ah**-doh
...retired.	*...jubilado[a/os/as].*	hoo-bee-**lah**-doh
Do you have a...?	*¿Tiene una...?*	tee-**ehn**-ay **oo**-nah
Here is my / our...	*Aquí tiene mi / nuestra...*	ah-**kee** tee-**ehn**-ay mee / **nway**-strah
...business card	*...tarjeta*	tar-**hay**-tah
...email address	*...dirección de correo electrónico*	dee-rehk-thee-**ohn** day koh-**ray**-oh ay-lehk-**troh**-nee-koh

CHATTING

Chatting with Children

What's your name?	*¿Cómo te llamas?*	**koh**-moh tay **yah**-mahs
My name is ___.	*Me llamo ___.*	may **yah**-moh
How old are you?	*¿Cuántos años tienes?*	**kwahn**-tohs **ahn**-yohs tee-**ehn**-ays
Do you have brothers and sisters?	*¿Tienes hermanos y hermanas?*	tee-**ehn**-ays ehr-**mah**-nohs ee ehr-**mah**-nahs
Do you like school?	*¿Te gusta la escuela?*	tay **goo**-stah lah ays-**kway**-lah
What are you studying?	*¿Qué estás estudiando?*	kay ay-**stahs** ay-stoo-dee-**ahn**-doh
I'm studying___.	*Estoy estudiando___.*	ay-**stoy** ay-stoo-dee-**ahn**-doh
What's your favorite subject?	*¿Cúal es tu asignatura favorita?*	kwahl ehs too ah-seeg-nah-**too**-rah fah-boh-**ree**-tah
Do you have pets?	*¿Tienes mascotas?*	tee-**ehn**-ays mah-**skoh**-tahs
I have / We have...	*Tengo / Tenemos...*	**tayn**-goh / tay-**nay**-mohs
...a cat / a dog / a fish / a bird	*...un gato / un perro / un pez / un pájaro*	oon **gah**-toh / oon **pehr**-roh / oon payth / oon **pah**-*h*ah-roh

What is this / that?	*¿Qué es esto / eso?*	kay ays **ay**-stoh / **ay**-soh
Will you teach me / us...?	*¿Me / Nos enseñas...?*	may / nohs ayn-**sayn**-yahs
...some Spanish words	*...algunas palabras en español*	ahl-**goo**-nahs pah-**lah**-brahs ayn ay-spahn-**yohl**
...a simple Spanish song	*...una canción simple en español*	**oo**-nah kahn-thee-**ohn** **seem**-play ayn ay-spahn-**yohl**
Guess which country I live in / we live in.	*Adivina en que país vivo / vivimos.*	ah-dee-**bee**-nah ayn kay pah-**ees** **bee**-boh bee-**bee**-mohs
How old am I?	*¿Cuántos años tengo?*	**kwahn**-tohs **ahn**-yohs **tayn**-goh
I'm ___ years old.	*Tengo ___ años.*	**tayn**-goh ___ **ahn**-yohs
Want to hear me burp?	*¿Quieres oírme eructar?*	kee-**ehr**-ehs oh-**eer**-may ay-rook-**tar**
Teach me a fun game.	*Enséñame un juego divertido.*	ayn-**sayn**-yah-may oon ***h*way**-goh dee-vehr-**tee**-doh
Got any candy?	*¿Tienes caramelos?*	tee-**ehn**-ays kah-rah-**may**-lohs
Want to thumb-wrestle?	*¿Quieres hacer un pulso gitano?*	kee-**ehr**-ehs ah-**thehr** oon **pool**-soh *h*ee-**tah**-noh
Gimme five.	*Choca los cinco.*	**choh**-kah lohs **theen**-koh

If you do break into song, you'll find the words for "Happy Birthday" on page 24 and another song on page 264.

Travel Talk

I am / Are you...?	*¿Estoy / ¿Está...?*	ay-**stoy** / ay-**stah**
...on vacation	*...de vacaciones*	day bah-kah-thee-**oh**-nays
...on business	*...de negocios*	day nay-**goh**-thee-ohs
How long have you been traveling?	*¿Cuánto tiempo hace que están viajando?*	**kwahn**-toh tee-**ehm**-poh **ah**-thay kay ay-**stahn** bee-ah-***h*ahn**-doh
day / week	*día / semana*	**dee**-ah / say-**mah**-nah
month / year	*mes / año*	mays / **ahn**-yoh

When are you going home?	*¿Cuándo regresa a casa?*	**kwahn**-doh ray-**gray**-sah ah **kah**-sah
This is my / our first time in ___.	*Ésta es mi / nuestra primera vez en ___.*	**ay**-stah ays mee / **nway**-strah pree-**may**-rah bayth ayn
It's (not) a tourist trap.	*(No) es un timo turístico.*	(noh) ays oon **tee**-moh too-**ree**-stee-koh
This is paradise.	*Es un paraíso.*	ays oon pah-rah-**ee**-soh
Spain is wonderful.	*España es preciosa.*	ay-**spahn**-yah ays pray-thee-**oh**-sah
The Spanish are friendly / boring / rude.	*Los españoles son amables / aburridos / maleducados.*	lohs ay-spahn-**yoh**-lays sohn ah-**mah**-blays / ah-boo-**ree**-dohs / mah-lay-doo-**kah**-dohs
So far...	*De momento...*	day moh-**mehn**-toh
Today...	*Hoy...*	oy
...I / we have seen ___ and ___.	*...he / hemos visto ___ y ___.*	ay / **ay**-mohs **bee**-stoh ___ ee ___
Next...	*Después...*	days-**pways**
Tomorrow...	*Mañana...*	mahn-**yah**-nah
...I / we will see ___.	*...veré / veremos ___.*	bay-**ray** / bay-**ray**-mohs
Yesterday...	*Ayer...*	ah-**yehr**
...I / we saw ___.	*...vi / vimos ___.*	bee / **bee**-mohs
My / Our vacation is ___ days long, starting in ___ and ending in ___.	*Mis / Nuestras vacaciones son ___ días, empezando en ___ y acabando en ___.*	mees / **nway**-strahs bah-kah-thee-**oh**-nays sohn ___ **dee**-ahs, aym-pay-**thahn**-doh ayn ___ ee ah-kah-**bahn**-doh ayn
To travel is to live.	*Viajar es vivir.*	bee-ah-**har** ays bee-**beer**
Travel is enlightening.	*Viajar es instructivo.*	bee-ah-**har ays** een-strook-**tee**-boh
I wish all (American) politicians traveled.	*Ojalá que todos los políticos (americanos) viajaran.*	oh-*hah*-**lah** kay **toh**-dohs lohs poh-**lee**-tee-kohs (ah-may-ree-**kah**-nohs) bee-ah-**hah**-rahn
Have a good trip!	*¡Buen viaje!*	bwayn bee-**ah**-*hay*

Map Musings

Use the following maps to delve into family history and explore travel dreams.

I live here.	*Vivo aquí.*	**bee**-boh ah-**kee**
We live here.	*Vivimos aquí.*	bee-**bee**-mohs ah-**kee**
I was born here.	*Nací aquí.*	nah-**thee** ah-**kee**
My ancestors came from___.	*Mis familiares son de ___.*	mees fah-mee-lee-**ah**-rays sohn day
I've traveled to___.	*He viajado a ___.*	ay bee-ah-***h*ah**-doh ah
We've traveled to___.	*Hemos viajado a ___.*	**ay**-mohs bee-ah-***h*ah**-doh ah
Next I'll go to___.	*Después iré a ___.*	days-**pways** ee-**ray** ah
Next we'll go to___.	*Después iremos a ___.*	days-**pways** ee-**ray**-mohs ah
I'd / We'd like to go to ___.	*Me / Nos gustaría ir a ___.*	may / nohs goo-stah-**ree**-ah eer ah
Where do you live?	*¿Dónde vive?*	**dohn**-day **bee**-bay
Where were you born?	*¿Dónde ha nacido?*	**dohn**-day ah nah-**thee**-doh
Where did your ancestors come from?	*¿De dónde son sus familiares?*	day **dohn**-day sohn soos fah-mee-lee-**ah**-rays
Where have you traveled?	*¿Adónde ha viajado?*	ah-**dohn**-day ah bee-ah-***h*ah**-doh
Where are you going?	*¿Adónde va?*	ah-**dohn**-day bah
Where would you like to go?	*¿Adónde le gustaría ir?*	ah-**dohn**-day lay goo-stah-**ree**-ah eer

Spain

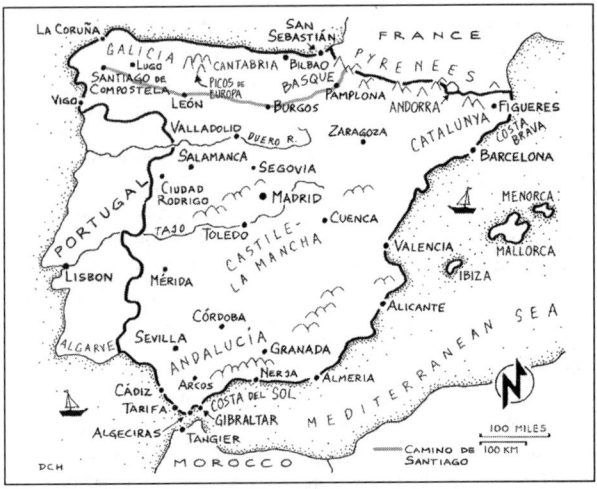
LA CORUÑA
SAN SEBASTIÁN
FRANCE
GALICIA
CANTABRIA
BILBAO
PYRENEES
LUGO
SANTIAGO DE COMPOSTELA
PICOS DE EUROPA
BASQUE
VIGO
LEÓN
BURGOS
PAMPLONA
ANDORRA
FIGUERES
VALLADOLID
DUERO R.
ZARAGOZA
CATALUNYA
COSTA BRAVA
SALAMANCA
SEGOVIA
BARCELONA
CIUDAD RODRIGO
MADRID
MENORCA
PORTUGAL
TAJO
TOLEDO
CUENCA
CASTILE-LA MANCHA
VALENCIA
MALLORCA
IBIZA
LISBON
MÉRIDA
ALICANTE
CÓRDOBA
ALGARVE
SEVILLA
ANDALUCÍA
GRANADA
MEDITERRANEAN SEA
NERJA
ALMERIA
CÁDIZ
ARCOS
COSTA DEL SOL
TARIFA
GIBRALTAR
ALGECIRAS
TANGIER
MOROCCO
100 MILES
100 KM
CAMINO DE SANTIAGO
DCH

Europe

300 MILES
500 KM
N
Trondheim
NORWAY
SOGNE-FJORD
Bergen
Oslo
Stockholm
FINLAND
Helsinki
St Pete
Turku
Tallinn
ESTONIA
LATVIA
Riga
LITHUANIA
Vilnius
RUSS.
Gdańsk
BELA-RUS
SWEDEN
BALTIC SEA
SCOTLAND
Edinburgh
Belfast
NORTH SEA
DENMARK
Copenhagen
IRELAND
Dublin
Galway
York
ENGLAND
WALES
DINGLE PENINSULA
London
Bath
Mont St Michel
GERMANY
Amsterdam
NETH.
Berlin
POLAND
Warsaw
Dresden
Bruges
Brussels
BELG.
RUHINE
MOSEL
ROM ROAD
LUX.
ALSACE
NORMANDY
Paris
BRITTANY
LOIRE
Colmar
Munich
BAVARIA
Prague
CZECH.
Kraków
SLOVAK.
Brat.
UKRAINE
Vienna
Salzburg
Budapest
ATLANTIC OCEAN
FRANCE
Bern
BERN OBER.
TIROL
AUST.
HUNG.
ROMANIA
SWITZ.
Chamonix
Lyon
DORDOGNE
DOLO-MITES
Milan
Venice
SLOV.
CRO.
Belgrade
Buch.
Zag.
CINQUE TERRE
PROVENCE
Arles
Carc.
BOSNIA-HERZ.
Sara.
SERBIA
Mostar
Sofia
Santiago
San Seb.
Porto
Sala-manca
ANDORRA
MONACO
Florence
TUSCANY
SAN MARINO
Dubrov.
MONT.
KOS
BULG.
PORTUGAL
Madrid
Toledo
Barcelona
NICE
CORSICA
Rome
UMBRIA
ITALY
ADRIATIC SEA
MAC.
ALB.
TO TURKEY
Lisbon
SPAIN
SARDINIA
Naples
AMALFI COAST
CORFU
GREECE
Athens
Sevilla
Gran.
ALGARVE
ANDALUCIA
MEDITERRANEAN
SICILY
PEL. PEN.
Tangier
MOROCCO
ALGERIA
DCH
TUNISIA
SEA

The United States

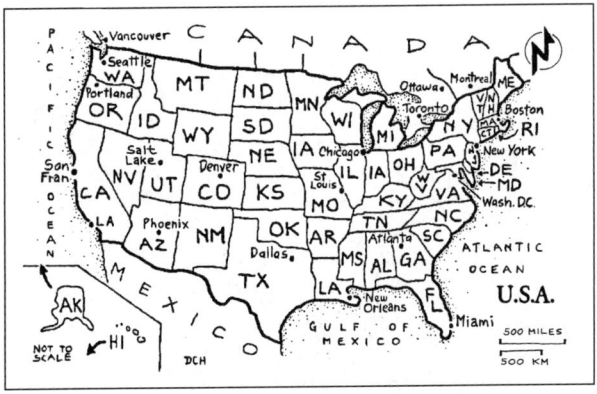

The World

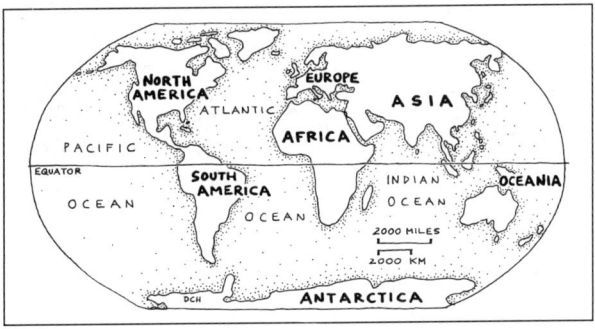

Favorite Things

What kind of... do you like?	*¿Cuál tipo de... le gusta?*	kwahl **tee**-poh day... lay **goo**-stah
...art	*...arte*	**ar**-tay
...book	*...libro*	**lee**-broh
...hobby	*...pasatiempo*	pah-sah-tee-**ehm**-poh
...ice cream	*...helado*	ay-**lah**-doh
...food	*...comida*	koh-**mee**-dah
...movie	*...película*	pay-**lee**-koo-lah
...music	*...música*	**moo**-see-kah
...sport	*...deporte*	day-**por**-tay
...vice	*...vicio*	**bee**-thee-oh
Who is your...?	*¿Cuál es su...?*	kwahl ays soo...
...favorite male artist	*...artista favorito*	ar-**tee**-stah fah-boh-**ree**-toh
...favorite female artist	*...artista favorita*	ar-**tee**-stah fah-boh-**ree**-tah
...favorite male author	*...autor favorito*	ow-**tor** fah-boh-**ree**-toh
...favorite female author	*...autora favorita*	ow-**toh**-rah fah-boh-**ree**-tah
...favorite male singer	*...cantante favorito*	kahn-**tahn**-tay fah-boh-**ree**-toh
...favorite female singer	*...cantante favorita*	kahn-**tahn**-tay fah-boh-**ree**-tah
...favorite male movie star	*...actor favorito*	ahk-**tor** fah-voh-**ree**-toh
...favorite female movie star	*...actriz favorita*	ahk-**treeth** fah-boh-**ree**-tah
Can you recommend a good...?	*¿Puede recomendarme un buen...?*	**pway**-day ray-koh-mayn-**dar**-may oon bwayn
...Spanish CD	*...disco compacto en español*	**dees**-koh kohm-**pahk**-toh ayn ay-spahn-**yohl**
...Spanish book translated in English	*...libro español traducido al inglés*	**lee**-broh ay-spahn-**yohl** trah-doo-**thee**-doh ahl een-**glays**

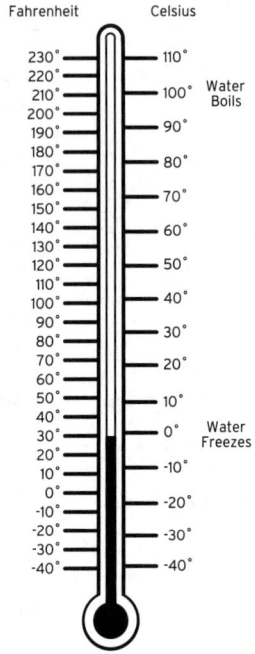

Weather

What will the weather be like tomorrow?	*¿Qué tiempo va a hacer mañana?*	kay tee-**ehm**-poh bah ah ah-**thehr** mahn-**yah**-nah
sunny / cloudy	*soleado / nublado*	soh-lay-**ah**-doh / noo-**blah**-doh
hot / cold	*caluroso / frío*	kah-loo-**roh**-soh / **free**-oh
muggy / windy	*húmedo / ventoso*	**oo**-may-doh / vehn-**toh**-soh
rain / snow	*lluvia / nieve*	**yoov**-yah / nee-**ay**-bay

Should I bring a jacket?	*¿Debería llevar una chaqueta?*	day-bay-**ree**-ah yay-**bar** **oo**-nah chah-**kay**-tah

Thanks a Million

Thank you very much.	*Muchas gracias.*	**moo**-chahs **grah**-thee-ahs
You are...	*Usted es...*	oo-**stehd** ays
...helpful, kind.	*...amable.*	ah-**mah**-blay
...wonderful.	*...maravilloso[a].*	mah-rah-bee-**yoh**-soh
...generous.	*...generoso[a].*	hay-nay-**roh**-soh
You spoil me / us.	*Me / Nos mima.*	may / nohs **mee**-mah
You've been a great help.	*Me ha ayudado mucho.*	may ah ah-yoo-**dah**-doh **moo**-choh
I will / We will remember you...	*Le recordaré / Le recordaremos...*	lay ray-kor-dah-**ray** / lay ray-kor-dah-**ray**-mohs
...always.	*...siempre.*	see-**ehm**-pray
...till Tuesday.	*...hasta el martes.*	**ah**-stah ehl **mar**-tays

Smoking

Do you smoke?	*¿Fuma?*	**foo**-mah
Do you smoke pot?	*¿Fuma hierba?*	**foo**-mah **yehr**-bah
I (don't) smoke.	*(No) fumo.*	(noh) **foo**-moh
We (don't) smoke.	*(No) fumamos.*	(noh) foo-**mah**-mohs
lighter	*suaves*	**swah**-bays
cigarettes	*cigarillos*	thee-gah-**ree**-yohs
marijuana	*marihuana*	mah-ree-***h*wah**-nah
hash	*hachís*	ah-**chees**
joint	*porro*	**poh**-roh
stoned	*colocado*	koh-loh-**kah**-doh
Wow!	*¡Caray!*	kah-**rī**

Responses for All Occasions

I like that.	*Eso me gusta.*	**ay**-soh may **goo**-stah
We like that.	*Eso nos gusta.*	**ay**-soh nohs **goo**-stah
I like you.	*Me cae bien.*	may **kah**-ay bee-**yehn**
We like you.	*Nos cae bien.*	nohs **kah**-ay bee-**yehn**

That's great!	*¡Qué bien!*	kay bee-**yehn**
What a nice place.	*Que sitio más bonito.*	kay **seet**-yoh mahs boh-**nee**-toh
Perfect.	*Perfecto.*	pehr-**fehk**-toh
Funny.	*Divertido.*	dee-behr-**tee**-doh
Interesting.	*Interesante.*	een-tay-ray-**sahn**-tay
Really?	*¿De verdad?*	day behr-**dahd**
Wow!	*¡Caray!*	kah-**rī**
Congratulations!	*¡Felicidades!*	fay-lee-thee-**dah**-days
Well done!	*¡Bien hecho!*	bee-**yehn ay**-choh
You're welcome.	*De nada.*	day **nah**-dah
Bless you! (after sneeze)	*¡Salud!*	sah-**lood**
What a pity!	*¡Qué lastima!*	kay **lah**-stee-mah
That's life.	*Así es la vida.*	ah-**see** ays lah **bee**-dah
No problem.	*No hay problema.*	noh ī proh-**blay**-mah
O.K.	*De acuerdo / Vale.*	day ah-**kwehr**-doh / **bah**-lay
This is the good life!	*¡Esto sí que es vida!*	**ay**-stoh see kay ays **bee**-dah
Good luck!	*¡Buena suerte!*	**bway**-nah **swehr**-tay
Let's go!	*¡Vamos!*	**bah**-mohs

CHATTING

The Spanish say, "***La vida es corta. No corras.***" (Life is short. Don't run.)

Conversing with Animals

rooster / cock-a-doodle-doo	*gallo / cacarea*	**gah**-yoh / kah-kah-**ray**-ah
bird / tweet tweet	*pájaro / pío pío*	**pah**-*h*ah-roh / **pee**-oh **pee**-oh
cat / meow	*gato / miau*	**gah**-toh / **mee**-ow
dog / woof woof	*perro / guao guao*	**pehr**-roh / gwow gwow
duck / quack quack	*pato / cua cua*	**pah**-toh / kwah kwah
cow / moo	*vaca / muh*	**bah**-kah / moo
pig / oink oink	*cerdo / gro gro*	**thehr**-doh / (just snort)

Profanity

People make animal noises, too. These words will help you understand what the more colorful locals are saying.

bastard	*bastardo*	bah-**star**-doh
bitch	*perra*	**pay**-rah
child of a whore	*hijo[a] de puta*	**ee**-*h*oh day **poo**-tah
breasts (colloq.)	*tetas*	**tay**-tahs
woman's private parts (our C-word)	*coño*	**kohn**-yoh
penis (colloq.)	*polla, minga*	**poh**-yah, **meen**-gah
our F-word	*joder*	*h*oh-**dehr**
shit	*mierda*	mee-**ehr**-dah
drunk	*borracho[a]*	boh-**rah**-choh
idiot	*idiota*	ee-dee-**oh**-tah
imbecile	*imbécil*	eem-**bay**-theel
jerk (horned sheep)	*cabrón[a]*	kah-**brohn**
stupid	*estúpido[a]*	ay-**stoo**-pee-doh
Did someone fart?	*¿Se ha tirado alguien un pedo?*	say ah tee-**rah**-doh **ahl**-gee-ehn oon **pay**-doh
I burped.	*Eructé.*	ay-rook-**tay**
This is a piece of shit.	*Esto es una mierda.*	**ay**-stoh ays **oo**-nah mee-**ehr**-dah
Shove it up your ass.	*Mételo en el culo.*	**may**-tay-loh ayn ehl **koo**-loh
Kiss my ass.	*Bésame el culo.*	**bay**-sah-may ehl **koo**-loh
Bullshit.	*Mierda.*	mee-**ehr**-dah
You are...	*Eres...*	**ay**-rays
Don't be...	*No seas...*	noh **say**-ahs
...a son of a bitch.	*...un hijo de puta.*	oon **ee**-*h*oh day **poo**-tah
...an asshole.	*...un gilipollas.*	oon *h*ee-lee-**poh**-yahs
...an idiot.	*...un idiota.*	oon ee-dee-**oh**-tah
...a creep.	*...un pelota.*	oon pay-**loh**-tah
...a cretin.	*...un cretino.*	oon kray-**tee**-noh
...a pig.	*...un cerdo.*	oon **thehr**-doh

Sweet Curses

My goodness.	*Dios mío.*	**dee**-ohs **mee**-oh
Goodness gracious.	*Dios mío de mi corazón.*	**dee**-ohs **mee**-oh day mee kor-ah-**thohn**
Oh, my gosh!	*¡Oh, Dios mío!*	oh **dee**-ohs **mee**-oh
Shoot!	*¡Vaya!*	**bah**-yah
Darn it!	*¡Caray!*	kah-**rī**

Spaniards are not as shy about using profanity as Americans. Even their most extreme curses (***joder, coño***) are used far more freely—and sound far less severe—than their American counterparts, often even turning up around the dinner table in mixed company.

CREATE YOUR OWN CONVERSATION

You can mix and match these words into a conversation. Make it as deep or silly as you want.

Who

I / you	*yo / usted*	yoh / oo-**stehd**
he / she	*él / ella*	ehl / **ay**-yah
we / they	*nosotros / ellos*	noh-**soh**-trohs / **ay**-yohs
my / your...	*mi / su...*	mee / soo
...parents / children	*...padres / niños*	**pah**-drays / **neen**-yohs
men / women	*hombres / mujeres*	**ohm**-brays / moo-***h*ehr**-ays
rich / poor	*ricos / pobres*	**ree**-kohs / **poh**-brays
young / middle-aged / old	*joven / maduro[a] / viejo[a]*	***h*oh**-bayn / mah-**doo**-roh / bee-**ay**-*h*oh
Spanish	*españoles*	ay-spahn-**yoh**-lays
Portuguese	*portugueses*	por-too-**gay**-says
Austrians	*austriacos*	ow-stree-**ah**-kohs
Belgians	*belgas*	**bayl**-gahs
British	*británicos*	bree-**tah**-nee-kohs
Czech	*checos*	**chay**-kohs
French	*franceses*	frahn-**thay**-says

Germans	*alemanes*	ah-lay-**mah**-nays
Irish	*irlandeses*	eer-lahn-**day**-says
Italians	*italianos*	ee-tah-lee-**ah**-nohs
Moroccans	*marroquís*	mah-roh-**kees**
Swiss	*suizos*	**swee**-thos
Europeans	*europeos*	ay-oo-roh-**pay**-ohs
EU (European Union)	*UE (Unión Europea)*	oo ay (oo-nee-**ohn** ay-oo-roh-**pay**-ah)
Americans	*americanos*	ah-may-ree-**kah**-nohs
liberals	*liberales*	lee-bay-**rah**-lays
conservatives	*conservadores*	kohn-sehr-bah-**doh**-rays
radicals	*radicales*	rah-dee-**kah**-lays
terrorists	*terroristas*	tay-roh-**ree**-stahs
politicians	*políticos*	poh-**lee**-tee-kohs
big business	*gran negocio*	grahn nay-**goh**-thee-oh
multinational corporations	*corporaciones multinacionales*	kor-poh-rah-thee-**oh**-nays mool-tee-nah-thee-oh-**nah**-lays
military	*ejército*	ay-***h*ehr**-thee-toh
mafia	*mafia*	**mah**-fee-ah
refugees	*refugiados*	ray-foo-*h*ee-**ah**-dohs
travelers	*viajantes*	bee-ah-***h*ahn**-tays
God	*Dios*	**dee**-ohs
Christian	*cristiano*	kree-stee-**ah**-noh
Catholic	*católico*	kah-**toh**-lee-koh
Protestant	*protestante*	proh-tay-**stahn**-tay
Jew	*judío*	*h*oo-**dee**-oh
Muslim	*musulmán*	moo-sool-**mahn**
everyone	*toda la gente*	**toh**-dah lah ***h*ehn**-tay

What

buy / sell	*comprar / vender*	kohm-**prar** / bayn-**dehr**
have / lack	*tener / carecer de*	tay-**nehr** / kah-ray-**thehr** day
help / abuse	*ayudar / abusar de*	ah-yoo-**dar** / ah-boo-**sar** day
learn / fear	*aprender / temer*	ah-prehn-**dehr** / tay-**mehr**

love / hate	*amar / odiar*	ah-**mar** / oh-dee-**ar**
prosper / suffer	*prosperar / sufrir*	proh-spay-**rar** / soof-**reer**
take / give	*coger / dar*	koh-***hehr*** / dar
want / need	*querer / necesitar*	kay-**rehr** / nay-thay-see-**tar**
work / play	*trabajar / jugar*	trah-bah-***har*** / hoo-**gar**

The verb ***coger*** (to take) works fine in Spain, but it's a vulgar curse word (comparable to our F-word) in Mexico and Latin America. Try ***tomar*** instead.

Why

(anti-) globalization	*(anti-) globalización*	(**ahn**-tee) gloh-bah-lee-thah-thee-**ohn**
class warfare	*guerra de clases*	**gehr**-rah day **klah**-says
corruption	*corrupción*	koh-roop-thee-**ohn**
democracy	*democracia*	day-moh-krah-**thee**-ah
education	*educación*	ay-doo-kah-thee-**ohn**
family	*familia*	fah-**meel**-yah
food	*comida*	koh-**mee**-dah
global perspective	*perspectiva global*	pehr-spehk-**tee**-vah gloh-**bahl**
guns	*pistolas*	pee-**stoh**-lahs
happiness	*alegría*	ah-lay-**gree**-ah
health	*salud*	sah-**lood**
hope	*esperanza*	ay-spay-**rahn**-thah
imperialism	*imperialismo*	eem-pehr-ee-ah-**lees**-moh
lies	*mentiras*	mayn-**tee**-rahs
love / sex	*amor / sexo*	ah-**mor** / **sehk**-soh
marijuana	*marihuana*	mah-ree-***hwah***-nah
money / power	*dinero / poder*	dee-**nay**-roh / poh-**dehr**
pollution	*polución*	poh-loo-thee-**ohn**
racism	*racismo*	rah-**thees**-moh
regime change	*cambio de régimen*	**kahm**-bee-oh day **ray**-*h*ee-mayn
relaxation	*relajación*	ray-lah-*h*ah-thee-**ohn**
religion	*religion*	ray-lee-*h*ee-**ohn**

respect	*respeto*	ray-**spay**-toh
taxes	*impuestos*	eem-**pway**-stohs
television	*televisión*	tay-lay-bee-see-**ohn**
violence	*violencia*	bee-oh-**layn**-thee-ah
war / peace	*guerra / paz*	**gehr**-rah / pahth
work	*trabajo*	trah-**bah**-hoh

You Be the Judge

(no) problem	*(no hay) problema*	(noh ī) proh-**blay**-mah
(not) good	*(no es) bueno*	(noh ays) **bway**-noh
(not) dangerous	*(no es) peligroso*	(noh ays) pay-lee-**groh**-soh
(not) fair	*(no es) justo*	(noh ays) ***hoo***-stoh
(not) guilty	*(no es) culpable*	(noh ays) kool-**pah**-blay
(not) powerful	*(no es) poderoso*	(noh ays) poh-day-**roh**-soh
(not) stupid	*(no es) estúpido*	(noh ays) ay-**stoo**-pee-doh
(not) happy	*(no es) feliz*	(noh ays) fay-**leeth**
because / for	*porque / para*	**por**-kay / **pah**-rah
and / or / from	*y / o / de*	ee / oh / day
too much	*demasiado*	day-mah-see-**ah**-doh
(never) enough	*(nunca) suficiente*	(**noon**-kah) soo-fee-thee-**ehn**-tay
same	*igual*	ee-**gwahl**
better / worse	*mejor / peor*	may-***hor*** / pay-**or**
here / everywhere	*aquí / en todas partes*	ah-**kee** / ayn **toh**-dahs **par**-tays

Beginnings and Endings

I like___.	*Me gusta___.*	may **goo**-stah
We like___.	*Nos gusta___.*	nohs **goo**-stah
I don't like___.	*No me gusta___.*	noh may **goo**-stah
We don't like___.	*No nos gusta___.*	noh nohs **goo**-stah
Do you like___.	*¿Le gusta___.*	lay **goo**-stah
In the past,___.	*En el pasado,___.*	ayn ehl pah-**sah**-doh
When I was younger, I thought___.	*Cuando era más joven, creía___.*	**kwahn**-doh **ay**-rah mahs **hoh**-bayn kray-**ee**-ah

Now, I think___.	*Ahora, creo___.*	ah-**oh**-rah **kray**-oh
I am / Are you...?	*Soy / ¿Eres...?*	soy / **ay**-rays
...optimistic / pessimistic	*...optimista / pesimista*	ohp-tee-**mee**-stah / pay-see-**mee**-stah
I (don't) believe in...	*Yo (no) creo en...*	yoh (noh) **kray**-oh ayn
Do you believe in...?	*¿Cree usted en...?*	**kray**-yay oo-**stehd** ayn
...God	*...Dios*	**dee**-ohs
...life after death	*...la vida después de la muerte*	lah **bee**-dah days-**pways** day lah **mwehr**-tay
...extra-terrestrial life	*...la vida extraterreste*	lah **bee**-dah ayk-strah-tay-**rehs**-tay
...Santa Claus	*...Papá Noel*	pah-**pah** noh-**ehl**
Yes. / No.	*Sí. / No.*	see / noh
Maybe. / I don't know.	*Tal vez. / No sé.*	tahl bayth / noh say
What is most important in life?	*¿Qué es lo más importante en la vida?*	kay ays loh mahs eem-por-**tahn**-tay ayn lah **bee**-dah
The problem is___.	*El problema es___.*	ehl proh-**blay**-mah ays
The answer is___.	*La respuesta es___.*	lah rehs-**pway**-stah ays
We have solved the world's problems.	*Hemos resuelto los problemas del mundo.*	**ay**-mohs ray-**swayl**-toh lohs proh-**blay**-mahs dayl **moon**-doh

Spanish Political Terms

Basque ETA: Separatist Basque terrorist group.

Guerra Civil: The 1936–1939 Civil War, which ended with Franco's Nationalists (fascists aided by Hitler) overthrowing the Spanish Republican government (aided by the USSR and Hemingway).

Falange: Franco's fascist party.

Franco: Spain's fascist dictator from 1939 to 1975.

Guernica: Basque town destroyed by Franco during the Civil War, immortalized by a Picasso painting (now in Madrid).

Juan Carlos: Democratic Bourbon king who succeeded the dictator Franco in 1975.
OTAN: NATO
Republicanos: Supporters of Spain's democratically elected government during the Civil War, overthrown by Franco's fascists.
Nacionalistas: Supporters of Franco during the Civil War.

A SPANISH ROMANCE

Words of Love

I / me / you / we	*yo / mi / tú / nosotros*	yoh / mee / too / noh-**soh**-trohs
flirt	*coquetear*	koh-kay-tay-**ar**
kiss	*beso*	**bay**-soh
hug	*abrazo*	ah-**brah**-thoh
love	*amor*	ah-**mor**
make love	*hacer el amor*	ah-**thehr** ehl ah-**mor**
condom	*preservativo*	pray-sehr-bah-**tee**-boh
contraceptive	*anticonceptivo*	ahn-tee-kohn-thayp-**tee**-boh
safe sex	*sexo sin peligro*	**sehk**-soh seen pay-**lee**-groh
sexy	*sexy*	"sexy"
romantic	*romántico*	roh-**mahn**-tee-koh
honey	*cariño[a]*	kah-**reen**-yoh
my angel	*mi ángel*	mee **ahn**-hayl
my love	*mi amor*	mee ah-**mor**
my heaven	*mi cielo*	mee thee-**ay**-loh

Ah, Amor

What's the matter?	*¿Qué le pasa?*	kay lay **pah**-sah
Nothing.	*Nada.*	**nah**-dah
I am / Are you...?	*Soy / ¿Eres...?*	soy / **ay**-rays
...straight	*...heterosexual*	ay-tay-roh-sehk-soo-**ahl**
...gay	*...homosexual*	oh-moh-sehk-soo-**ahl**
...bisexual	*...bisexual*	bee-sehk-soo-**ahl**
...undecided	*...indeciso[a]*	een-day-**thee**-soh

...prudish	*...prudente*	proo-**dehn**-tay
I am / Are you...?	*Estoy / ¿Estás...?*	ay-**stoy** / ay-**stahs**
...horny	*...caliente*	kahl-**yehn**-tay
We are on our honeymoon.	*Estamos de luna de miel.*	ay-**stah**-mohs day **loo**-nah day mee-**ehl tayn**-goh
I have...	*Tengo...*	oon **noh**-bee-oh
...a boyfriend.	*...un novio.*	**oo**-nah **noh**-bee-ah
...a girlfriend.	*...una novia.*	ay-**stoy** kah-**sah**-doh
I'm married.	*Estoy casado[a].*	ay-**stoy** kah-**sah**-doh
I'm married (but...)	*Estoy casado[a] (pero...)*	(**pay**-roh)
I'm not married.	*No estoy casado[a].*	noh ay-**stoy** kah-**sah**-doh
Do you have a boyfriend / girlfriend?	*¿Tienes novio / novia?*	tee-**ehn**-ays **noh**-bee-oh / **noh**-bee-ah
I'm adventurous.	*Soy aventurero.*	soy ah-behn-too-**ray**-roh
I'm lonely (tonight).	*Me siento solo[a] (esta noche).*	may see-**ehn**-toh **soh**-loh (**ay**-stah **noh**-chay)
I'm rich and single.	*Soy rico[a] y soltero[a].*	soy **ree**-koh ee sohl-**tay**-roh
Do you mind if I sit here?	*¿Te importa si me siento aquí?*	tay eem-**por**-tah see may see-**ehn**-toh ah-**kee**
Would you like a drink?	*¿Te gustaría tomar algo?*	tay goo-stah-**ree**-ah toh-**mar ahl**-goh
Will you go out with me?	*¿Quieres salir conmigo?*	kee-**ehr**-ehs sah-**leer** kohn-**mee**-goh
Would you like to go out tonight for...?	*¿Te gustaría salir esta noche para...?*	tay goo-stah-**ree**-ah sah-**leer ay**-stah **noh**-chay **pah**-rah
...a walk	*...dar un paseo*	dar oon pah-**say**-oh
...dinner	*...cenar*	thay-**nar**
...a drink	*...tomar algo*	toh-**mar ahl**-goh
Where's the best place to dance nearby?	*¿Dónde hay un lugar para bailar cerca?*	**dohn**-day ī oon loo-**gar pah**-rah bī-**lar thehr**-kah
Do you want to dance?	*¿Quieres bailar?*	kee-**ehr**-ehs bī-**lar**

Again?	*¿Otra vez?*	**oh**-trah bayth
Let's celebrate!	*¡Vamos a celebrarlo!*	**bah**-mohs ah thay-lay-**brar**-loh
Let's have a wild and crazy night!	*¡Tengamos una noche loca y divertida!*	tayn-**gah**-mohs **oo**-nah **noh**-chay **loh**-kah ee dee-behr-**tee**-dah
I have no diseases.	*No tengo enfermedades.*	noh **tayn**-goh ayn-fehr-may-**dah**-days
I have many diseases.	*Tengo muchas enfermedades.*	**tayn**-goh **moo**-chahs ayn-fehr-may-**dah**-days
I have only safe sex.	*Sólo practico sexo sin peligro.*	**soh**-loh **prahk**-tee-koh **sehk**-soh seen pay-**lee**-groh
Can I take you home?	*¿Puedo acompañarte a casa?*	**pway**-doh ah-kohm-pahn-**yar**-tay ah **kah**-sah
Why not?	*¿Por qué no?*	por kay noh
How can I change your mind?	*¿Cómo puedo convencerte?*	**koh**-moh **pway**-doh kohn-behn-**thehr**-tay
Kiss me.	*Bésame.*	**bay**-sah-may
May I kiss you?	*¿Puedo besarte?*	**pway**-doh bay-**sar**-tay
Kiss me more.	*Bésame más.*	**bay**-sah-may mahs
Can I see you again?	*¿Te puedo volver a ver?*	tay **pway**-doh bohl-**behr** ah behr
Your place or mine?	*¿Tu casa o la mía?*	too **kah**-sah oh lah **mee**-ah
How does this feel?	*¿Qué sientes?*	kay see-**ehn**-tays
Is this an aphrodisiac?	*¿Es esto un afrodisíaco?*	ays **ay**-stoh oon ah-froh-dee-**see**-ah-koh
This is (not) my first time.	*Ésta (no) es mi primera vez.*	**ay**-stah (noh) ays mee pree-**may**-rah bayth
You are my most beautiful souvenir.	*Tú eres mi mejor recuerdo.*	too **ay**-rays mee may-***h*or** ray-**kwehr**-doh
Do you do this often?	*¿Haces esto muy a menudo?*	**ah**-thays **ay**-stoh **moo**-ee ah may-**noo**-doh
How's my breath?	*¿Me huele el aliento?*	may **way**-lay ehl ahl-**yehn**-toh
Let's just be friends.	*Vamos a dejarlo como amigos.*	**bah**-mohs ah day-***h*ar**-loh **koh**-moh ah-**mee**-gohs

I'll pay for my share.	*Pagaré mi parte.*	pah-gah-**ray** mee **par**-tay
Would you like a massage...?	*¿Te gustaría un masaje...?*	tay goo-stah-**ree**-ah oon mah-**sah**-*h*ay
...for your back	*...para tu espalda*	**pah**-rah too ay-**spahl**-dah
...for your feet	*...por tus pies*	por toos pee-**ays**
Why not?	*¿Por qué no?*	por kay noh
Try it.	*Pruébalo.*	proo-**ay**-bah-loh
It tickles.	*Esto me hace cosquillas.*	**ay**-stoh may **ah**-thay koh-**skee**-yahs
Oh my God!	*¡Dios mío!*	**dee**-ohs **mee**-oh
I love you.	*Te quiero.*	tay kee-**ehr**-oh
Darling, will you marry me?	*¿Querida, te casarás conmigo?*	kay-**ree**-dah tay kah-sah-**rahs** kohn-**mee**-goh

DICTIONARY

SPANISH/ENGLISH

You'll see some of the words in the dictionary listed like this: ***agresivo[a]***. Use the ***a*** ending (pronounced "ah") if you're talking about a female.

A

a	to, at
a través	through
abajo	down; below
abierto	open (adj)
abogado[a]	lawyer
aborto	abortion
aborto espontáneo	miscarriage
abridor de latas	can opener
abril	April
abrir	open (v)
Abstracto	abstract
abuela	grandmother
abuelo	grandfather
abusar	abuse (v)
acantilado	cliff
acceso a Internet	Internet access
acceso de silla de ruedas	wheelchair-accessible
accidente	accident
aceite	oil (n)
acondicionador	conditioner (hair)
acuerdo, de	agree
adaptador eléctrico	electrical adapter
adiós	goodbye
aduana	customs
adulto	adult
aeropuerto	airport
afeitar	shave (v)
afeitar, maquinilla de	razor
agencia de viajes	travel agency
agnóstico[a]	agnostic
agosto	August
agotado[a]	exhausted

agresivo[a] aggressive
agrio sour
agua water
agua del grifo tap water
agua mineral mineral water
agua potable drinkable water
aguja needle
agujero hole
ahora now
aire air
aire acondicionado air-conditioned
al natural plain
ala wing
albergue de juventud youth hostel
albornoz bathrobe
alcazaba Moorish castle
alcazar Moorish fortress / palace
aldea village
alegría happiness
Alemania Germany
alergias allergies
alérgico[a] allergic
alfiler pin
alfombra carpet; rug
algo some
algodón cotton
alguna cosa something
alicates pliers
aliento breath
almohada pillow
alquilar rent (v)
altar altar
alto[a] tall; high
amable kind; nice; helpful
amanecer sunrise
amante lover
amar love (v)
amarillo yellow
ambulancia ambulance
amigo[a] friend
amistad friendship
amor love (n)
analgésico pain killer
andar walk (v)
andén platform (train)
animal de casa pet (n)
año year
antepasado[a] ancestor
antes before
antiácido antacid
antibiótico antibiotic
anticonceptivos contraceptives
anticuarios antiques shop
antigüedades antiques
antiguo ancient
aparcamiento parking lot
aparcar park (v)
apartamento apartment
aperitivos appetizers
apodo nickname
aprender learn
apresurarse hurry (v)
apretado tight
aproximadamente approximately
apuntar point (v)
aquí here
araña spider
árbol tree
arco iris rainbow
área para jugar playground
arreglar repair
arriba up

arriba, de upstairs
arroba "at" sign (@)
arroyo stream (n)
arte art
artesanía crafts
artista artist
artritis arthritis
ascensor elevator
asegurado[a] insured
asiento seat
asiento alto booster seat
asiento para el coche car seat (baby)
asma asthma
aspirina aspirin
atascado stuck
ateo[a] atheist
atleta athlete
atractivo[a] attractive
atravesar go through
audioguía audioguide
auténtico genuine
autobús bus, city
autocar bus, long-distance
autopista highway
auto-servicio self-service
auto-stop, hacer hitchhike
avión plane
ayer yesterday
ayuda help (n)
ayudar help (v)
azul blue
azulejo Moorish blue tile

B

babero bib
bailar dance (v)
bajar download
bajo low
balcón balcony
baloncesto basketball
balsa raft
bañador swim trunks
banco bank
bandera flag
bañera bathtub
baño bathroom; bath
barato cheap
barba beard
barbería barber shop
barbero barber
barca de pedales paddleboat
barco boat
barco de vela sailboat
barra de labios lipstick
base para la cara foundation (makeup)
batería battery
bebé baby
bebé, comida para baby food
beber drink (v)
bebida drink (n)
béisbol baseball
Bélgica Belgium
beso kiss (n)
biblioteca library
bicicleta bicycle
bienvenido welcome
bigote moustache
billete ticket
blanco white
boca mouth
bocadillo sandwich
boda wedding
bodega cellar

bolígrafo pen
bolsa bag; purse
bolsa de cremallera zip-lock bag
bolsa de plástica plastic bag
bolsillo pocket
bomba bomb
bomba de aire pump (n)
bombilla light bulb
bonito[a] pretty, beautiful
borracho[a] drunk
borrador eraser
borrar delete
botas boots
bote can (n); rowboat
botella bottle
botón button
bragas panties
brazalete bracelet
brazo arm
brocha blush (makeup)
broche brooch
bronce bronze
bronceado suntan (n)
bronceador tanning lotion
bueno good
buenos días good day (hello)
bufanda scarf
bujías sparkplugs
burro donkey

C

caballería knights
caballero gentleman
caballo horse
caballo, montar a horse riding
cabeza head
cabeza, dolor de headache
cabina telefónica phone booth
cacao de labios lip salve
cada each
caer fall (v)
café coffee
café de Internet Internet café
cafetería coffee shop
caja box
cajera cashier
cajero automático cash machine
calabozo dungeon
calambres cramps
calcetines socks
calendario calendar
calidad quality
caliente warm (adj)
calle street
calor heat (n)
caloría calorie
calzoncillo slip
calzoncillos underpants
cama bed
cámara camera
cámara de vídeo video camera
camarera waitress
camarero waiter
cambiar change (v); transfer (v)
cambio change (n); exchange (n)
camisa shirt; blouse
camiseta T-shirt

camisón nightgown
campanas bells
campeonato championship
camping camping; campsite
campo countryside; field
Canadá Canada
canal channel; canal
canasta basket
cancelar cancel
canción song
candela candle
canguro, servicio de babysitting service
canoa canoe
cansado[a] tired
cantante singer
cantar sing
capilla chapel
capitán captain
cara face
caramelo candy
caravana camper (R.V.)
carne meat
carne de vaca beef
caro expensive
carrecoche stroller
carta letter
carta postal postcard
cartel poster
cartera wallet
carterista pickpocket
casa house
casa, animal de pet (n)
casado[a] married
cascada waterfall
casete tape (cassette)
casilleros lockers
castillo castle
catedral cathedral
católico[a] Catholic
catre cot
cena dinner
cenicero ashtray
centro center; downtown
centro comercial shopping mall
cepillo de dientes toothbrush
cepillo del pelo hairbrush
cerámica ceramic
cerca near
cerdo pig; pork
cerillas matches
cero zero
cerrado closed
cerradura lock (n)
cerrar lock (v)
cerveza beer
chaleco vest
champú shampoo
chanquetas flip-flops
chaqueta jacket
charcutería delicatessen
cheque check
cheque de viajero traveler's check
chica girl
chicle gum
chico boy
chino Chinese
chiste joke (n)
chupete pacifier
Churrigueresco Spanish Baroque
cielo sky; heaven

ciencia science
científico[a] scientist
cigarrillo cigarette
cine cinema
cinta tape (cassette)
cinta adhesiva tape (adhesive)
cintura waist
cinturón belt
cita appointment
ciudad city
claro clear
clase class
clase, primera first class
clase, segunda second class
Clásico classical
claustro cloister
clave, número PIN code
clínica medical clinic
clip paper clip
cobre copper
coche car; train car
coche cama sleeper (train)
coche comedor dining car (train)
cocido boiled
cocina kitchen
cocinar cook (v)
código PIN code
código postal zip code
codo elbow
coger take; catch (v)
colegio school
colina hill
collar necklace
colocado[a] stoned
colores colors
comenzar begin
comer eat
comezón itch (n)
comida food
comida para bebé baby food
cómo how
cómodo cozy; comfortable
completo no vacancy
complicado complicated
compras shopping
compresas sanitary napkins
computadora computer
con with
concha shell
concierto concert
conducir drive (v)
conductor driver; conductor
conejo rabbit
confirmar confirm
congestión congestion (sinus)
construcción construction
contador accountant
contagioso contagious
contento[a] happy
copia copy
corazón heart
corcho cork
cordero lamb
cordón string
cordón para ropa clothesline
cordones shoelaces
coro choir
correa del ventilador fan belt
correcto[a] right (correct)
correo mail (n)
correo aéreo air mail
correo electrónico email

correr	run (v)
corrida de toros	bullfight
corrupción	corruption
corta uñas	nail clipper
corte de pelo	haircut
corto[a]	short
cosa	thing
cosa, alguna	something
costa	coast
crema de manos	hand lotion
crema de primera ayuda	first-aid cream
cremallera	zipper
cripta	crypt
cristiano[a]	Christian
crudo	raw
cruz	cross
cuaderno	notebook
cuándo	when
cuánto	how many
cuánto cuesta	how much ($)
cuarta parte	quarter (¼)
cubo	bucket
cucaracha	cockroach
cuchara	spoon
cuchillo	knife
cuello	neck
cuenta	bill (payment)
cuerda	rope
cuero	leather
cuerpo	body
cueva	cave
cuidadoso	careful
culpable	guilty
cumpleaños	birthday
cúpula	dome

D

dar	give
de	of; from
de acuerdo	agree
de arriba	upstairs
de ida	one way (ticket)
de repente	suddenly
debajo	under
declarar	declare (customs)
dedo	finger
dedo del pie	toe
delgado[a]	skinny
delicioso	delicious
demasiado	too (much)
democracia	democracy
dentición	teething (baby)
dentista	dentist
deporte	sport
depósito	deposit
derecha	right (direction)
derecho	straight
desafortunado	unfortunate
desayuno	breakfast
descongestinante	decongestant
descuento	discount
desear	wish (v)
desinfectante	disinfectant
desnudo[a]	naked
desodarante	deodorant
despacio[a]	slow
despertador	alarm clock
despertarse	wake up
después	after; afterwards
destornillador	screwdriver
desvío	detour
detergente	laundry detergent

detrás behind
día day
diabético[a] diabetic
diafragma diaphragm (birth control)
diamante diamond
diapositiva slide (photo)
diarrea diarrhea
días, buenos good day (hello)
diccionario dictionary
diciembre December
diente tooth
difícil difficult
dificultad trouble
dinero money
Dios God
dirección address; direction
dirección de correo electrónico email address
dirección única one way (street)
directo direct
director manager
disculpa apology
discutir fight (v)
disfrutar enjoy
diversión fun
divertido[a] funny
divorciado[a] divorced
doble double
docena dozen
doctor[a] doctor
dolor pain
dolor de cabeza headache
dolor de estómago stomachache
dolor de garganta sore throat
dolor de la menstruación menstrual cramps
dolor de muelas toothache
dolor de oído earache
dolor de pecho chest pains
domingo Sunday
dónde where
dormir sleep (v)
dormitorio dormitory
ducha shower
dueño[a] owner
dulce sweet

E

edad age
edad, la tercera seniors
edificio building
educación education
efectivo cash
ejemplo example
ejército military
él he
ella she
ellos they
embajada embassy
embarazada pregnant
embarazo pregnancy
embarazoso embarrassing
emergencia emergency
empleo, sin unemployed
empujar push
en in
en vez de instead
encaje lace
encendedor lighter (n)
encierro bull run
encima above
enero January
enfadado[a] angry

enfermedad	disease
enfermedad venérea	venereal disease
enfermero[a]	nurse
enfermo[a]	sick
enlace	connection (train)
enseñar	show (v)
entender	understand
entrada	entrance
envenenamiento de comida	food poisoning
enviar	send
envolver	wrap (v)
epilepsia	epilepsy
equipaje	baggage
equipaje de mano	carry-on luggage
equipo	team
error	mistake
erupción	rash
es	is
escalera de mano	ladder
escaleras	stairs
escalofríos	chills
escandaloso	scandalous
Escandinavia	Scandinavia
escozor del pañal	diaper rash
escribir	write
escuchar	listen
escultor[a]	sculptor
escultura	sculpture
esmalte de uñas	nail polish
espalda	back
España	Spain
especialidad	specialty
espectáculo	show (n)
espejo	mirror
esperanza	hope
esperar	wait (v)
esposa	wife
espuma de afeitar	shaving cream
esquí	skiing
esquí acuático	waterskiing
esquiar	ski (v)
esquina	corner
esta noche	tonight
estacas de tienda	tent pegs
estación	station
estación de autobuses	bus station
estación de metro	subway station
estado	state
Estados Unidos	United States
este	east
estilo	style
estomago	stomach
estómago, dolor de	stomachache
estornudo	sneeze (n)
estrecho	narrow
estrella	star (in sky)
estreñimiento	constipation
estudiante	student
estúpido[a]	stupid
Europa	Europe
exactamente	exactly
excelente	excellent
excepto	except
explicar	explain
extranjero[a]	foreign
extraño[a]	strange

F

fábrica factory
fácil easy
facturar el equipaje baggage check
falda skirt
falso false
familia family
famoso[a] famous
fantástico[a] fantastic
farmacia pharmacy
faros headlights
favor, por please
febrero February
felicidades congratulations
feliz happy
femenino female
feo[a] ugly
ferretería hardware store
ferrocarril railway
festival festival
festivo holiday
ficha token
fiebre fever
fiebre del heno hay fever
fiesta party
firma signature
flash flash (camera)
flor flower
floristería flower market
fondo bottom
footing jogging
foso moat
foto photo
fotocopia photocopy
fotocopias photocopy shop
frágil fragile
Francia France
frenos brakes
fresco fresh; cool
frío cold (adj)
frontera border
fruta fruit
fuego fire
fuegos artificiales fireworks
fuente fountain
fuerte strong
fumador smoker
fumadores smoking
fusibles fuses
fútbol soccer
fútbol americano American football
futuro future

G

gafas glasses (eye)
gafas de sol sunglasses
galería gallery
galería de arte art gallery
garaje garage
garantía guarantee
garganta throat
garganta, dolor de sore throat
garrafa carafe
gasa gauze
gaseoso fizzy
gasolinera gas station
gastar spend
gato cat
gemelos twins
generoso[a] generous
gente people

Gilete	razor
gimnasia	gymnastics
ginecólogo[a]	gynecologist
glorieta	roundabout
gordo[a]	fat (adj)
gorro	cap
gotas para la tos	cough drops
Gótico	Gothic
gracias	thanks
gramática	grammar
Gran Bretaña	Great Britain
grande	big
grandes almacenes	department store
granja	farm
granjero[a]	farmer
grapadora	stapler
grasa	fat (n)
grasiento	greasy
gratis	free (no cost)
Grecia	Greece
grifo	faucet
gripe	flu
gris	gray
grúa	tow truck
grueso	thick
guantes	gloves
guapo[a]	handsome
guardar	keep (v); save (computer)
guerra	war
guía	guide; guidebook
guía, visita con	guided tour
guión	hyphen (-)
guitarra	guitar
gustar	like (v)

H

habitación	room
habitaciónes	vacancy sign
hablar	talk; speak
hacer	make (v)
hacer auto-stop	hitchhike
hachís	hash (drug)
hambriento[a]	hungry
hecho en casa	homemade
helado	ice cream
hemorroides	hemorrhoids
herido[a]	injured
hermana	sister
hermano	brother
hidratante	moisturizer
hidroplano	hydrofoil
hielo	ice
hija	daughter
hijo	son
hilo	thread
hinchazón	swelling (n)
historia	history
hola	hello
Holanda	Netherlands
hombre	man
hombres	men
hombros	shoulder
homosexual	gay
honesto[a]	honest
hongos en los pies	athlete's foot
hora	hour
horario	timetable
horas de apertura	opening hours
horno	oven
horrible	horrible

hoy today
húmedo muggy
humo smoke

I

ida y vuelta roundtrip
ida, de one way (ticket)
iglesia church
imperdible safety pin
impermeable raincoat
importado imported
importante important
imposible impossible
Impresionista Impressionist
imprimir print
impuesto tax
incluido included
inconsciente unconscious
increíble incredible
independiente independent
indigestión indigestion
industria industry
infección infection
infección urinaria urinary infection
inflamación inflammation
información information
ingeniero engineer
inglés English
inmediatamente immediately
inocente innocent
insecto insect
insolación sunstroke
instante instant
inteligente intelligent
interesante interesting
interior inside
intermitente turn signal
intersección intersection
intestinos intestines
invierno winter
invitación invitation
invitado[a] guest
ir go
Irlanda Ireland
isla island
Italia Italy
izquierda left (direction)

J

jabón soap
jaqueca migraine
jardín garden
jardinería gardening
jefe boss
joven young; teenager
jóvenes youths
joyas jewelry
joyería jewelry shop
jubilado[a] retired
judío[a] Jewish
juego game
jueves Thursday
jugar play (v)
juguete toy
juguetería toy store
julio July
junio June
juntos together
justo fair (just)
juventude youth

K

kiosco newsstand

L

la tarde evening
la tercera edad seniors
labio lip
ladrón thief
lago lake
lana wool
lápiz pencil
lápiz de ojos eyeliner
lástima, que it's a pity
latón brass
lavabo sink
lavadora washer
lavandería launderette
lavar wash
laxativo laxative
leche milk; baby formula
lejos far
lenguaje language
lentillas contact lenses
libre vacant
libre de impuestos duty free
librería book shop
libro book
limpiadora de cara face cleanser
limpiaparabrisas windshield wipers
limpio[a] clean (adj)
línea aérea airline
lino linen
linterna flashlight
liquido de insectos insect repellant
líquido de transmisión transmission fluid
lista list
listo[a] ready
litera berth (train); bunk beds
litro liter
llamada gratuita toll-free
llave key
llegadas arrivals
llegar arrive
llevar carry
llevar, para take out (food)
llorar cry (v)
lluvia rain (n)
lo siento sorry; excuse me
local local
luces de atrás tail lights
lujoso[a] charming
luna moon
luna de miel honeymoon
lunar moleskin
lunes Monday
luz light (n)
luz del sol sunshine

M

macho macho
madera wood
madre mother
maduro ripe
magnífico[a] great
malentendido misunderstanding
maleta suitcase
malo[a] bad
mamá mom
mañana morning; tomorrow

mañana, pasado day after tomorrow
mandíbula jaw
mangas sleeves
mano hand
mano, equipaje de carry-on luggage
manta blanket
manzana apple; block (street)
mapa map
maquillaje makeup
maquinilla de afeitar razor
mar sea
marido husband
marihuana marijuana
marisco seafood
mármol marble (material)
marrón brown
Marruecos Morocco
martes Tuesday
marzo March
más more
más tarde later
máscara mascara
masculino male
matar kill
máximo maximum
mayo May
mecánico[a] mechanic
mediano medium
medianoche midnight
medias nylons (panty hose)
medicina medicine
medicina para el resfriado cold medicine
medicina para la diarrea diarrhea medicine
Medieval medieval
mediodía noon
mejor best
menstruación menstruation
menstruación, dolor de la menstrual cramps
mentiras lies
menú menu
mercado market
mercado municipal open-air market
mes month
mesa table
metal metal
metro subway
mezquita mosque
mi my
miedoso[a] afraid
miércoles Wednesday
mínimo minimum
minusvalido[a] handicapped
minutos minutes
mirar look
misa mass
mismo same
mixto mix (n)
mochila backpack
moda fashion
Modernista Art Nouveau
moderno modern
mojado wet
molestar disturb
momento moment
monasterio monastery
monedas coins
montaña mountain
montar a caballo horse riding

monumento monument
morado purple
morir die
Moriscos Moors
Moros Moorish
morriña homesick
mosca fly (n); bug
moto motorcycle
motocicleta motor scooter
móvil, teléfono cell phone
mozárabe Christian under Moorish rule (Mozarab)
mucho much; many
Mudéjar Gothic-Islamic (post-Reconquest Moorish)
muebles furniture
muelas, dolor de toothache
muerto[a] dead
mujer woman
mujeres women
multitud crowd (n)
mundo world
muñeca wrist; doll
músculo muscle
museo museum
música music
muslo thigh
musulmán[a] Muslim
muy very

N

nacionalidad nationality
nada nothing
nadar swim
naipe cards (deck)
nalgas buttocks
naranja orange (color or fruit)
nariz nose
natural natural
naturaleza nature
náusea nausea
Navidad Christmas
necesario necessary
necesitar need
negocio business
negro black
nervioso[a] nervous
nieble fog
nieta granddaughter
nieto grandson
nilón nylon (material)
niñera babysitter
niño[a] child
niños children
no no; not
no fumadores non-smoking
noche night
noche, esta tonight
Nolotil non-aspirin substitute
nombre name
normal normal
norte north
nosotros we; us
noviembre November
nuboso cloudy
nuevo new
número clave PIN code
nunca never

O

o or
océano ocean
octubre October

ocupado occupied
odiar hate
oeste west
oficina office
oficio occupation
oído, dolor de earache
oír hear
ojo eye
Olimpíada Olympics
olla kettle
olor smell (n)
olvidar forget
ópera opera
óptico optician
oreja ear
órgano organ
original original
oro gold
oscuro dark
otoño autumn
otra vez again
otro other; another

P

padre father
padres parents
pagar pay
página page
página de la red website
país country
pájaro bird
palabra word
palacio palace
palillo toothpick
pan bread
panadería bakery
pañal diaper
pantalones pants
pantalones cortos shorts
pañuelos (de papel) facial tissue
papá dad
Papá Noel Santa Claus
papel paper
papel higiénico toilet paper
papelería office supplies store
paquete package
para for
para llevar take out (food)
parada stop (n)
parada de autobús bus stop
paraguas umbrella
parar stop (v)
pared fortificada fortified wall
parque park (garden)
parque para niños playpen
pasado past
pasado mañana day after tomorrow
pasajero[a] passenger
pasaporte passport
pasatiempo hobby
Pascua Easter
pasillo aisle
pasta de dientes toothpaste
pastelería pastry shop
patinaje skating
patines roller skates
paz peace
peage toll
peatón pedestrian

pecho	chest; breast
pecho, dolor de	chest pains
pedazo	piece
pedir prestado	borrow
peine	comb (n)
pelea	fight (n)
película	movie
peligro	danger
peligroso	dangerous
pelo	hair
pelota	ball
peltre	pewter
peluquería	beauty salon
pendientes	earrings
pene	penis
pensar	think
peor	worst
pequeño	little
pequeño[a]	small
percha	coat hanger
perdido[a]	lost
perezoso[a]	lazy
perfecto	perfect (adj)
periódico	newspaper
período	period (of time)
pero	but
perro	dog
persona	person
pesado	heavy
pescado	fish (n)
pescar	fish (v)
peso	weight
picnic	picnic
pie	foot
piel	skin
pierna	leg
pijamas	pajamas
píldora	pill
píldora anticonceptiva	birth control pill
pincho	snack
pintura	painting
pinzas	clothes pins; tweezers
piscina	swimming pool
pistola	gun
planta	plant; story (floor)
plástico	plastic
plata	silver
Plateresco	Plateresque (frilly late Gothic)
plato	plate
plato hondo	bowl
playa	beach
plaza	square (town)
plaza del toros	bullring
pobre	poor
poco	few
poder	can (v); power
poderoso[a]	powerful
podrido	rotten
policía	police
poliester	polyester
políticos	politicians
pollo	chicken
polución	pollution
polvos de talco	talcum powder
polvos para la cara	face powder
por favor	please
por qué	why
porcelana	porcelain
porciento	percent
porque	because

porro joint (marijuana)
poseer own (v)
posible possible
postre dessert
práctico[a] practical
precio price
pregunta question (n)
preguntar ask
prescripción prescription
preservativo condom
prestar lend
primavera spring (n)
primera clase first class
primero first
primeros auxilios first aid
primo[a] cousin
principal main
privado private
probar taste (try)
problema problem
problemas de corazón heart condition
profesión profession
profesor teacher
prohibido forbidden
pronto soon
pronunciacion pronunciation
prosperar prosper
protección de sol sunscreen
protestante Protestant
próximo[a] next
prueba de embarazo pregnancy test
público public
pueblo town
puente bridge
puerta door
puerto harbor
puesta de sol sunset
pulga flea
pulmones lungs
pulmonía pneumonia
púlpito pulpit
pulso pulse
punto dot (computer)
puntual on time

Q

qué what
que lástima it's a pity
qué, por why
quejarse complain
quemadura burn (n); sunburn
querer want
queso cheese
quién who
quiosco newsstand
quitaesmaltes nail polish remover

R

rabo tail
racismo racism
radiador radiator
rastro flea market
rayos x X-ray
rebajas sale
recado message
recambio refill (n)
recepcionista receptionist
receta recipe
recibir receive
recibo receipt

reclamar el equipaje baggage claim
recomendar recommend
recordar remember
recto rectum
reembolso refund (n)
refugiados refugees
regalo gift
regla rule; period (woman's)
reina queen
reír laugh (v)
relajación relaxation
relajar relax
religión religion
reliquia relic
reloj clock; watch (n)
Renacimiento Renaissance
repente, de suddenly
República Checa Czech Republic
resbaladizo slippery
reserva reservation
reservar reserve
resfriado cold (n)
respetar respect (v)
respeto respect (n)
respuesta answer
retraso delay (n)
revista magazine
rey king
rico[a] rich
río river
robado robbed
robusto sturdy
roca rock (n)
rodaja slice
rodilla knee
rojo red
Románico Romanesque
Romántico Romantic
romántico[a] romantic
roncar snore
ropa clothes
rosa pink
roto broken
rozaduras blisters
rubio[a] blond
rueda tire (n)
rueda wheel
ruidoso[a] loud
ruinas ruins
Rusia Russia

S

sábado Saturday
sábana sheet
saber know
sabor flavor (n)
sacacorchos corkscrew
sacerdote priest
saco de dormir sleeping bag
sala hall (big room)
sala de espera waiting room
salida exit
salida de emergencia emergency exit
salida de metro subway exit
salidas departures
salir leave
saltar jump
salud health
¡Salud! Cheers!
salvaje wild

sandalias	sandals
sangrar	bleeding
sangre	blood
sano	healthy
santo[a]	saint
secadora	dryer
secar	dry (v)
seco	dry (adj)
secreto	secret
seda	silk
seda dental	dental floss
sediento[a]	thirsty
segunda clase	second class
segundo	second
seguro	insurance
seguro médico	health insurance
seguro[a]	safe
sello	stamp
semáforo	stoplight
semana	week
señal	sign
sencillo	simple
Señor	Mr.
señor	sir
Señora	Mrs.
señoras	ladies
Señorita	Miss
separado	separate
septiembre	September
serio	serious
servicio	service
servicio de canguro	babysitting service
servicios	toilet
servilleta	napkin
sexo	sex
sexy	sexy
si	if
sí	yes
SIDA	AIDS
siempre	always
siglo	century
siguiente	next
silencio	silence
silla	chair
silla para niños	highchair
similar	similar
sin	without
sin empleo	unemployed
sinagoga	synagogue
sintético	synthetic
sinusitis	sinus problems
sobre	on; envelope
sobrina	niece
sobrino	nephew
sol	sun
sol, tomar el	sunbathe
soleado	sunny
sólo	only
solo[a]	alone
soltero[a]	single
sombra	shade
sombra de ojos	eye shadow
sombrero	hat
soñar	dream (v)
soñoliento[a]	sleepy
sonrisa	smile (n)
sorpresa	surprise (n)
sortija	ring (n)
sótano	basement
subraya	underscore (_)
sucio	dirty
sudar	sweat (v)

sueño dream (n)
suerte luck
suéter sweater
suficiente enough
sufrir suffer
Suiza Switzerland
sujetador bra
supermercado grocery store
suplemento supplement
sur south
surfista surfer

T

tabla de surf surfboard
tal vez maybe
talla size
tampones tampons
tapón sink stopper
tapón de oidos earplugs
tarde late; afternoon
tarde, la evening
tarde, más later
tarjeta card
tarjeta de crédito credit card
tarjeta de visita business card
tarjeta telefónica telephone card
taxímetro taxi meter
taza cup
teatro theater
techo roof
tejido cloth
telefonista operator
teléfono telephone
teléfono móvil cell phone
telivisión television
temer fear (v)
temperatura temperature
templado lukewarm
temprano early
tenedor fork
tener have
tenis tennis
tensión alta high blood pressure
tercera edad seniors
terciopelo velvet
terminado over (finished)
terminar finish (v)
termómetro thermometer
terrible terrible
terroristas terrorists
tesoro treasury
testículos testicles
tía aunt
tiempo weather
tienda shop (n)
tienda de campaña tent
tienda de dulces sweets shop
tienda de fotos camera shop
tienda de ropa clothing boutique
tienda de souvenirs souvenir shop
tienda de teléfonos móviles cell phone shop
tienda de vinos wine shop
tierno tender
tierra earth
tijeras scissors
tímido[a] shy
tío uncle
tirador handle (n)

tirar pull; throw
tirita Band-Aid
toalla towel
toallitas para la cara facial tissue
tobillo ankle
todo every; everything
tomar take; eat (v); drink (v)
tomar el sol sunbathe
tormenta storm
toro bull
toros, corrida de bullfight
toros, plaza del bullring
torre tower
tos cough (n)
toser cough (v)
total total
trabajar work (v)
trabajo job; work (n)
tradicional traditional
traducir translate
tráfico traffic
tragar swallow (v)
traje de baño swim suit
tranquilo[a] quiet
transbordador ferry
transbordo transfer (n)
través, a through
tren train
trípode tripod
triste sad
tú you (informal)
tubo de respiración snorkel
túnel tunnel
turista tourist
Turquía Turkey

U

último[a] last
uña fingernail
una vez once
universidad university
uretra urethra
urgencias emergency room
urgente urgent
usar use (v)
usted you (formal)
útero uterus

V

vaca cow
vacaciones vacation
vacío empty
vagón train car
validar validate
válido valid
valle valley
vaqueros jeans
vaselina Vaseline
vaso glass
vegetariano[a] vegetarian
vegija bladder
velocidad speed
venda bandage
vendaje de apoyo support bandage
vender sell
venir come
ventana window
ventoso windy
ver see
verano summer
verde green

vértigo dizziness
vestido dress (n)
vez time (occurrence)
vez de, en instead
vez, otra again
vez, una once
vía track (train)
viajante traveler
viajar travel (v)
viaje trip; tour
vida life
vídeo video
viejo[a] old
viento wind
viernes Friday
vigilar watch (v)
viñedo vineyard
vino wine
violación rape (n)
violencia violence
visita visit (n)
visita con guía guided tour
visitar visit (v)
vista view
vitaminas vitamins
viuda widow
viudo widower
vivir live (v)
volar fly (v)
vomitar vomit
voz voice
vuelo flight
vuelta, ida y roundtrip

Y

y and
ya already
yo I
yodo iodine

Z

zapatillas slippers
zapatillas de tenis tennis shoes
zapatos shoes
zumo juice

ENGLISH/SPANISH

You'll see some of the words in the dictionary listed like this: *agresivo[a]*. Use the ***a*** ending (pronounced "ah") if you're talking about a female.

A

abortion	aborto
above	encima
abstract	Abstracto
abuse (v)	abusar
accident	accidente
accountant	contador
adapter, electrical	adaptador eléctrico
address	dirección
address, email	dirección de correo electrónico
adult	adulto
afraid	miedoso[a]
Africa	Africa
after	después
afternoon	tarde
afterwards	después
again	otra vez
age	edad
aggressive	agresivo[a]
agnostic	agnóstico[a]
agree	de acuerdo
AIDS	SIDA
air	aire
air mail	correo aéreo
air-conditioned	aire acondicionado
airline	línea aérea
airport	aeropuerto
aisle	pasillo
alarm clock	despertador
alcohol	alcohol
allergic	alérgico[a]
allergies	alergias
alone	solo[a]
already	ya
altar	altar
always	siempre
ambulance	ambulancia
ancestor	antepasado[a]
ancient	antiguo
and	y
angry	enfadado[a]
animal	animal
ankle	tobillo
another	otro
answer	respuesta
antacid	antiácido
antibiotic	antibiótico
antiques	antigüedades
antiques shop	anticuarios
apartment	apartamento
apology	disculpa
appetizers	aperitivos
appointment	cita
approximately	aproximadamente
April	abril
arm	brazo
arrivals	llegadas

arrive llegar
art arte
art gallery galería de arte
Art Nouveau Modernista
arthritis artritis
artificial artificial
artist artista
ashtray cenicero
ask preguntar
aspirin aspirina
asthma asma
at a
"at" sign (@) arroba
atheist ateo[a]
athlete atleta
athlete's foot hongos en los pies
attractive atractivo[a]
audioguide audioguía
August agosto
aunt tía
autumn otoño

B

baby bebé, niño[a]
baby booster seat asiento alto
baby car seat asiento para el coche
baby food comida para bebé
baby formula leche
babysitter niñera
babysitting service servicio de canguro
back espalda
backpack mochila
bad malo[a]
bag bolsa
bag, plastic bolsa de plástica
bag, zip-lock bolsa de cremallera
baggage equipaje
baggage check facturar el equipaje
baggage claim reclamar el equipaje
bakery panadería
balcony balcón
ball pelota
bandage venda
bandage, support vendaje de apoyo
Band-Aid tirita
bank banco
barber barbero
barber shop barbería
Baroque, Spanish Churrigueresco
baseball béisbol
basement sótano
basket canasta
basketball baloncesto
bath baño
bathrobe albornoz
bathroom baño
bathtub bañera
battery batería
beach playa
beard barba
beautiful bonito[a]
beauty salon peluquería
because porque
bed cama
bedroom habitación
bedsheet sábana

beef	carne de vaca
beer	cerveza
before	antes
begin	comenzar
behind	detrás
Belgium	Bélgica
bells	campanas
below	abajo
belt	cinturón
berth (train)	litera
best	mejor
bib	babero
bicycle	bicicleta
big	grande
bill (payment)	cuenta
bird	pájaro
birth control pills	píldora anticonceptiva
birthday	cumpleaños
black	negro
bladder	vegija
blanket	manta
bleeding	sangrar
blisters	rozaduras
block (street)	manzana
blond	rubio[a]
blood	sangre
blood pressure, high	tensión alta
blouse	camisa
blue	azul
blue tile (Moorish)	azulejo
blush (makeup)	brocha
boat	barco
body	cuerpo
boiled	cocido
bomb	bomba
book	libro
book shop	librería
booster seat	asiento alto
boots	botas
border	frontera
borrow	pedir prestado
boss	jefe
bottle	botella
bottom	fondo
boutique, clothing	tienda de ropa
bowl	plato hondo
box	caja
boy	chico
bra	sujetador
bracelet	brazalete
brakes	frenos
brass	latón
bread	pan
breakfast	desayuno
breast	pecho
breath	aliento
bridge	puente
Britain	Gran Bretaña
broken	roto
bronze	bronce
brooch	broche
brother	hermano
brown	marrón
bucket	cubo
bugs	moscas
building	edificio
bulb, light	bombilla
bull	toro
bull run	encierro
bullfight	corrida de toros
bullring	plaza del toros

bunk beds litera
burn (n) quemadura
bus station estación de autobuses
bus stop parada de autobús
bus, city autobús
bus, long-distance autocar
business negocio
business card tarjeta de visita
but pero
buttocks nalgas
button botón
by (train, car, etc.) en

C

calendar calendario
calorie caloría
camera cámara
camera shop tienda de fotos
camper caravana
camping camping
campsite camping
can (n) bote
can (v) poder
can opener abridor de latas
Canada Canadá
canal canal
cancel cancelar
candle candela
candy caramelo
canoe canoa
cap gorro
captain capitán
car coche
car (train) vagón, coche
car seat (baby) asiento para el coche
car, dining (train) coche comedor
car, sleeper (train) coche cama
carafe garrafa
card tarjeta
card, telephone tarjeta telefónica
cards (deck) naipe
careful cuidadoso
carpet alfombra
carry llevar
carry-on luggage equipaje de mano
cash efectivo
cash machine cajero automático
cashier cajera
cassette cinta; casete
castle castillo
castle (Moorish) alcazaba
cat gato
catch (v) coger
cathedral catedral
Catholic católico[a]
cave cueva
cell phone teléfono móvil
cell phone shop tienda de teléfonos móviles
cellar bodega
center centro
century siglo
ceramic cerámica
chair silla
championship campeonato
change (n) cambio
change (v) cambiar
chapel capilla

charming	lujoso[a]
cheap	barato
check	cheque
Cheers!	¡Salud!
cheese	queso
chest	pecho
chest pains	dolor de pecho
chicken	pollo
child	niño[a]
children	niños
chills	escalofríos
Chinese	chino
chocolate	chocolate
choir	coro
Christian	cristiano[a]
Christmas	Navidad
church	iglesia
church service	misa, servicio
cigarette	cigarrillo
cinema	cine
city	ciudad
class	clase
class, first	primera clase
class, second	segunda clase
classical	Clásico
clean (adj)	limpio[a]
clear	claro
cliff	acantilado
clinic, medical	clínica
clock	reloj
clock, alarm	despertador
cloister	claustro
closed	cerrado
cloth	tejido
clothes	ropa
clothes pins	pinzas
clothesline	cordón para ropa
clothing boutique	tienda de ropa
cloudy	nuboso
coast	costa
coat hanger	percha
cockroach	cucaracha
coffee	café
coffee shop	cafetería
coins	monedas
cold (adj)	frío
cold (n)	resfriado
cold medicine	medicina para el resfriado
colors	colores
comb (n)	peine
come	venir
comfortable	cómodo[a]
compact disc	compact disc
complain	quejarse
complicated	complicado
computer	computadora
concert	concierto
conditioner (hair)	acondicionador
condom	preservativo
conductor	conductor
confirm	confirmar
congestion (sinus)	congestión
congratulations	felicidades
connection (train)	enlace
constipation	estreñimiento
construction	construcción
contact lenses	lentillas
contagious	contagioso
contraceptives	anticonceptivos

cook (v)	cocinar
cool	fresco
copper	cobre
copy	copia
copy shop	fotocopias
cork	corcho
corkscrew	sacacorchos
corner	esquina
corridor	pasillo
corruption	corrupción
cost	precio
cot	catre
cotton	algodón
cough (n)	tos
cough (v)	toser
cough drops	gotas para la tos
country	país
countryside	campo
cousin	primo[a]
cow	vaca
cozy	cómodo
crafts	artesanía
cramps	calambres
cramps, menstrual	dolor de la menstruación
cream, first-aid	crema de primera ayuda
credit card	tarjeta de crédito
cross	cruz
crowd (n)	multitud
cry (v)	llorar
crypt	cripta
cup	taza
customs	aduana
Czech Republic	República Checa

D

dad	papá
dance (v)	bailar
danger	peligro
dangerous	peligroso
dark	oscuro
dash (-)	guión
daughter	hija
day	día
day after tomorrow	pasado mañana
dead	muerto[a]
December	diciembre
declare (customs)	declarar
decongestant	descongestinante
delay (n)	retraso
delete	borrar
delicatessen	charcutería
delicious	delicioso
democracy	democracia
dental floss	seda dental
dentist	dentista
deodorant	desodarante
depart	salir
department store	grandes almacenes
departures	salidas
deposit	depósito
dessert	postre
detergent	detergente
detour	desvío
diabetes	diabetes
diabetic	diabético[a]
diamond	diamante
diaper	pañal
diaper rash	escozor del pañal

diaphragm (birth control)	diafragma
diarrhea	diarrea
diarrhea medicine	medicina para la diarrea
dictionary	diccionario
die	morir
difficult	difícil
dining car (train)	coche comedor
dinner	cena
direct	directo
direction	dirección
dirty	sucio
discount	descuento
disease	enfermedad
disease, venereal	enfermedad venérea
disinfectant	desinfectante
disturb	molestar
divorced	divorciado[a]
dizziness	vértigo
doctor	doctor[a]
dog	perro
doll	muñeca
dome	cúpula
donkey	burro
door	puerta
dormitory	dormitorio
dot (computer)	punto
double	doble
down	abajo
download	bajar
downtown	centro
dozen	docena
dream (n)	sueño
dream (v)	soñar
dress (n)	vestido
drink (n)	bebida
drink (v)	beber, tomar
drive (v)	conducir
driver	conductor
drunk	borracho[a]
dry (adj)	seco
dry (v)	secar
dryer	secadora
dungeon	calabozo
duty free	libre de impuestos

E

each	cada
ear	oreja
earache	dolor de oído
early	temprano
earplugs	tapón de oidos
earrings	pendientes
earth	tierra
east	este
Easter	Pascua
easy	fácil
eat	comer, tomar
education	educación
elbow	codo
electrical adapter	adaptador eléctrico
elevator	ascensor
email	correo electrónico
email address	dirección de correo electrónico
embarrassing	embarazoso
embassy	embajada
emergency	emergencia
emergency exit	salida de emergencia

emergency room	urgencias
empty	vacío
engineer	ingeniero
English	inglés
enjoy	disfrutar
enough	suficiente
entrance	entrada
envelope	sobre
epilepsy	epilepsia
eraser	borrador
Europe	Europa
evening	la tarde
every	todo
everything	todo
exactly	exactamente
example	ejemplo
excellent	excelente
except	excepto
exchange (n)	cambio
excuse me	lo siento
exhausted	agotado[a]
exit	salida
exit, emergency	salida de emergencia
expensive	caro
explain	explicar
eye	ojo
eye shadow	sombra de ojos
eyeliner	lápiz de ojos

F

face	cara
face cleanser	limpiadora de cara
face powder	polvos para la cara
facial tissue	pañuelos (de papel), toallitas para la cara
factory	fábrica
fair (just)	justo
fall (v)	caer
false	falso
family	familia
famous	famoso[a]
fan belt	correa del ventilador
fantastic	fantástico[a]
far	lejos
farm	granja
farmer	granjero[a]
fashion	moda
fat (adj)	gordo[a]
fat (n)	grasa
father	padre
faucet	grifo
fax	fax
fear (v)	temer
February	febrero
female	femenino
ferry	transbordador
festival	festival
fever	fiebre
few	poco
field	campo
fight (n)	pelea
fight (v)	discutir
fine (good)	bueno
finger	dedo
fingernail	uña
finish (v)	terminar
fire	fuego
fireworks	fuegos artificiales
first	primero
first aid	primeros auxilios

first class	primera clase
first-aid cream	crema de primera ayuda
fish (n)	pescado
fish (v)	pescar
fix (v)	arreglar
fizzy	gaseoso
flag	bandera
flash (camera)	flash
flashlight	linterna
flavor (n)	sabor
flea	pulga
flea market	rastro
flight	vuelo
flip-flops	chanquetas
floss, dental	seda dental
flower	flor
flower market	floristería
flu	gripe
fly (n)	mosca
fly (v)	volar
fog	nieble
food	comida
food poisoning	envenenamiento de comida
foot	pie
football (soccer)	fútbol
football, American	fútbol americano
for	para
forbidden	prohibido
foreign	extranjero[a]
forget	olvidar
fork	tenedor
formula (for baby)	leche
fortress (Moorish)	alcazar
foundation (makeup)	base para la cara
fountain	fuente
fragile	frágil
France	Francia
free (no cost)	gratis
fresh	fresco
Friday	viernes
friend	amigo[a]
friendship	amistad
Frisbee	frisbee
from	de
fruit	fruta
fun	diversión
funeral	funeral
funny	divertido[a]
furniture	muebles
fuses	fusibles
future	futuro

G

gallery	galería
game	juego
garage	garaje
garden	jardín
gardening	jardineria
gas	gas
gas station	gasolinera
gauze	gasa
gay	homosexual
generous	generoso[a]
gentleman	caballero
genuine	auténtico
Germany	Alemania
gift	regalo
girl	chica
give	dar
glass	vaso
glasses (eye)	gafas

gloves	guantes
go	ir
go through	atravesar
God	Dios
gold	oro
golf	golf
good	bueno
good day	buenos días
goodbye	adiós
Gothic	Gótico
Gothic-Islamic (post-Reconquest Moorish)	Mudéjar
grammar	gramática
granddaughter	nieta
grandfather	abuelo
grandmother	abuela
grandson	nieto
gray	gris
greasy	grasiento
great	magnífico[a]
Great Britain	Gran Bretaña
Greece	Grecia
green	verde
grocery store	supermercado
guarantee	garantía
guest	invitado[a]
guide	guía
guidebook	guía
guided tour	visita con guía
guilty	culpable
guitar	guitarra
gum	chicle
gun	pistola
gymnastics	gimnasia
gynecologist	ginecólogo[a]

H

hair	pelo
hairbrush	cepillo del pelo
haircut	corte de pelo
hall (big room)	sala
hall (passage)	pasillo
hand	mano
hand lotion	crema de manos
handicapped	minusvalido[a]
handicrafts	artesanía
handle (n)	tirador
handsome	guapo[a]
happiness	alegría
happy	feliz, contento[a]
harbor	puerto
hard	difícil
hardware store	ferretería
hash (drug)	hachís
hat	sombrero
hate	odiar
have	tener
hay fever	fiebre del heno
he	él
head	cabeza
headache	dolor de cabeza
headlights	faros
health	salud
health insurance	seguro médico
healthy	sano
hear	oír
heart	corazón
heart condition	problemas de corazón
heat (n)	calor
heaven	cielo
heavy	pesado

hello	hola
help (n)	ayuda
help (v)	ayudar
helpful	amable
hemorrhoids	hemorroides
here	aquí
hi	hola
high	alto
high blood pressure	tensión alta
highchair	silla para niños
highway	autopista
hill	colina
history	historia
hitchhike	hacer auto-stop
hobby	pasatiempo
hockey	hockey
hole	agujero
holiday	festivo
homemade	hecho en casa
homesick	morriña
honest	honesto[a]
honeymoon	luna de miel
hope	esperanza
horrible	horrible
horse	caballo
horse riding	montar a caballo
hospital	hospital
hot	calor
hotel	hotel
hour	hora
house	casa
how	cómo
how many	cuánto
how much ($)	cuánto cuesta
hungry	hambriento[a]
hurry (v)	apresurarse
husband	marido
hydrofoil	hidroplano
hyphen (-)	guión

I

I	yo
ice	hielo
ice cream	helado
if	si
ill	enfermo[a]
immediately	inmediatamente
important	importante
imported	importado
impossible	imposible
Impressionist	Impresionista
in	en
included	incluido
incredible	increíble
independent	independiente
indigestion	indigestión
industry	industria
infection	infección
infection, urinary	infección urinaria
inflammation	inflamación
information	información
injured	herido[a]
innocent	inocente
insect	insecto
insect repellant	liquido de insectos
inside	interior
instant	instante
instead	en vez de
insurance	seguro
insurance, health	seguro médico

insured	asegurado[a]
intelligent	inteligente
interesting	interesante
Internet	Internet
Internet access	acceso a Internet
Internet café	café de Internet
intersection	intersección
intestines	intestinos
invitation	invitación
iodine	yodo
Ireland	Irlanda
is	es
island	isla
Italy	Italia
itch (n)	comezón

J

jacket	chaqueta
January	enero
jaw	mandíbula
jeans	vaqueros
jewelry	joyas
jewelry shop	joyería
Jewish	judío[a]
job	trabajo
jogging	footing
joint (marijuana)	porro
joke (n)	chiste
journey	viaje
juice	zumo
July	julio
jump	saltar
June	junio

K

keep (v)	guardar
kettle	olla
key	llave
kill	matar
kind	amable
king	rey
kiss (n)	beso
kitchen	cocina
kitchenette	cocina
knee	rodilla
knife	cuchillo
knights	caballería
know	saber

L

lace	encaje
ladder	escalera de mano
ladies	señoras
lake	lago
lamb	cordero
language	lenguaje
large	grande
last	último[a]
late	tarde
later	más tarde
laugh (v)	reír
launderette	lavandería
laundry soap	detergente
lawyer	abogado[a]
laxative	laxativo
lazy	perezoso[a]
learn	aprender
leather	cuero
leave	salir
left (direction)	izquierda

leg	pierna
lend	prestar
lenses, contact	lentillas
letter	carta
library	biblioteca
lies	mentiras
life	vida
light (n)	luz
light bulb	bombilla
lighter (n)	encendedor
like (v)	gustar
linen	lino
lip	labio
lip salve	cacao de labios
lipstick	barra de labios
list	lista
listen	escuchar
liter	litro
little	pequeño
live (v)	vivir
local	local
lock (n)	cerradura
lock (v)	cerrar
lockers	casilleros
look	mirar
lost	perdido[a]
lotion, hand	crema de manos
loud	ruidoso[a]
love (n)	amor
love (v)	amar
lover	amante
low	bajo
luck	suerte
luggage	equipaje
luggage, carry-on	equipaje de mano
lukewarm	templado
lungs	pulmones

M

macho	macho
mad	enfadado[a]
magazine	revista
mail (n)	correo
main	principal
make (v)	hacer
makeup	maquillaje
male	masculino
mall (shopping)	centro comercial
man	hombre
manager	director
many	mucho
map	mapa
marble (material)	mármol
March	marzo
marijuana	marihuana
market	mercado
market, flea	rastro
market, flower	floristería
market, open-air	mercado municipal
married	casado[a]
mascara	máscara
mass	misa
matches	cerillas
maximum	máximo
May	mayo
maybe	tal vez
meat	carne
mechanic	mecánico[a]
medicine	medicina
medicine, cold	medicina para el resfriado

medicine, non-aspirin substitute	Nolotil
medieval	Medieval
medium	mediano
men	hombres
menstrual cramps	dolor de la menstruación
menstruation	menstruación
menu	menú
message	recado
metal	metal
meter, taxi	taxímetro
midnight	medianoche
migraine	jaqueca
military	ejército
mineral water	agua mineral
minimum	mínimo
minutes	minutos
mirror	espejo
miscarriage	aborto espontáneo
Miss	Señorita
mistake	error
misunder-standing	malentendido
mix (n)	mixto
moat	foso
modern	moderno
moisturizer	hidratante
moleskin	lunar
mom	mamá
moment	momento
monastery	monasterio
Monday	lunes
money	dinero
month	mes
monument	monumento
moon	luna
Moorish	Moros
Moorish blue tile	azulejo
Moorish castle	alcazaba
Moorish fortress / palace	alcazar
Moors	Moriscos
more	más
morning	mañana
Morocco	Marruecos
mosque	mezquita
mosquito	mosquito
mother	madre
motor scooter	motocicleta
motorcycle	moto
mountain	montaña
moustache	bigote
mouth	boca
movie	película
Mr.	Señor
Mrs.	Señora
much	mucho
muggy	húmedo
muscle	músculo
museum	museo
music	música
Muslim	musulmán[a]
my	mi

N

nail (finger)	uña
nail clipper	corta uñas
nail polish	esmalte de uñas
nail polish remover	quitaesmaltes
naked	desnudo[a]

name nombre
napkin servilleta
narrow estrecho
nationality nacionalidad
natural natural
nature naturaleza
nausea náusea
near cerca
necessary necesario
neck cuello
necklace collar
need necesitar
needle aguja
nephew sobrino
nervous nervioso[a]
Netherlands Holanda
never nunca
new nuevo
newspaper periódico
newsstand kiosco
next siguiente; próximo[a]
nice amable
nickname apodo
niece sobrina
night noche
nightgown camisón
no no
no vacancy completo
noisy ruidoso[a]
non-aspirin substitute Nolotil
non-smoking no fumadores
noon mediodía
normal normal
north norte
nose nariz
not no
notebook cuaderno
nothing nada
November noviembre
now ahora
nurse enfermero[a]
nylon (material) nilón
nylons (panty hose) medias

O

O.K. O.K.
occupation oficio
occupied ocupado
ocean océano
October octubre
of de
office oficina
office supplies store papelería
oil (n) aceite
old viejo[a]
Olympics Olimpíada
on sobre
on time puntual
once una vez
one way (street) dirección única
one way (ticket) de ida
only sólo
open (adj) abierto
open (v) abrir
open-air market mercado municipal
opening hours horas de apertura
opera ópera
operator telefonista

optician óptico
or o
orange (color or fruit) naranja
organ órgano
original original
other otro
oven horno
over (finished) terminado
own (v) poseer
owner dueño[a]

P

pacifier chupete
package paquete
paddleboat barca de pedales
page página
pail cubo
pain dolor
pain killer analgésico
pains, chest dolor de pecho
painting pintura
pajamas pijamas
palace palacio
palace (Moorish) alcazar
panties bragas
pants pantalones
paper papel
paper clip clip
parents padres
park (garden) parque
park (v) aparcar
parking lot aparcamiento
party fiesta
passenger pasajero[a]
passport pasaporte
past pasado
pastry shop pastelería
pay pagar
peace paz
pedestrian peatón
pen bolígrafo
pencil lápiz
penis pene
people gente
percent porciento
perfect (adj) perfecto
perfume perfume
period (of time) período
period (woman's) regla
person persona
pet (n) animal de casa
pewter peltre
pharmacy farmacia
phone (n) teléfono
phone booth cabina telefónica
phone, mobile teléfono móvil
photo foto
photocopy fotocopia
photocopy shop fotocopias
pickpocket carterista
picnic picnic
piece pedazo
pig cerdo
pill píldora
pill, birth control píldora anticonceptiva
pillow almohada
pin alfiler
PIN code código, número clave
pink rosa
pity, it's a que lástima
pizza pizza
plain al natural

plane	avión
plant	planta
plastic	plástico
plastic bag	bolsa de plástica
plate	plato
Plateresque (frilly late Gothic)	Plataresco
platform (train)	andén
play (v)	jugar
playground	área para jugar
playpen	parque para niños
please	por favor
pliers	alicates
pneumonia	pulmonía
pocket	bolsillo
point (v)	apuntar
police	policía
politicians	políticos
pollution	polución
polyester	poliester
poor	pobre
porcelain	porcelana
pork	cerdo
Portugal	Portugal
possible	posible
postcard	carta postal
poster	cartel
power	poder
powerful	poderoso[a]
practical	práctico[a]
pregnancy	embarazo
pregnancy test	prueba de embarazo
pregnant	embarazada
prescription	prescripción
present (gift)	regalo
pretty	bonito[a]
price	precio
priest	sacerdote
print	imprimir
private	privado
problem	problema
profession	profesión
prohibited	prohibido
pronunciation	pronunciacion
prosper	prosperar
Protestant	protestante
public	público
pull	tirar
pulpit	púlpito
pulse	pulso
pump (n)	bomba de aire
punctual	puntual
purple	morado
purse	bolsa
push	empujar

Q

quality	calidad
quarter (¼)	cuarta parte
queen	reina
question (n)	pregunta
quiet	tranquilo[a]

R

R.V.	caravana
rabbit	conejo
racism	racismo
radiator	radiador
radio	radio
raft	balsa
railway	ferrocarril
rain (n)	lluvia

rainbow	arco iris
raincoat	impermeable
rape (n)	violación
rash	erupción
rash, diaper	escozor del pañal
raw	crudo
razor	Gilete, maquinilla de afeitar
ready	listo[a]
receipt	recibo
receive	recibir
receptionist	recepcionista
recipe	receta
recommend	recomendar
rectum	recto
red	rojo
refill (n)	recambio
refugees	refugiados
refund (n)	reembolso
relax	relajar
relaxation	relajación
relic	reliquia
religion	religión
remember	recordar
Renaissance	Renacimiento
rent (v)	alquilar
repair	arreglar
reservation	reserva
reserve	reservar
respect (n)	respeto
respect (v)	respetar
retired	jubilado[a]
rich	rico[a]
right (correct)	correcto[a]
right (direction)	derecha
ring (n)	sortija
ripe	maduro
river	río
robbed	robado
rock (n)	roca
roller skates	patines
Romanesque	Románico
romantic	romántico[a]
Romantic	Romántico
roof	techo
room	habitación
rope	cuerda
rotten	podrido
roundabout	glorieta
roundtrip	ida y vuelta
rowboat	bote
rucksack	mochila
rug	alfombra
ruins	ruinas
run (v)	correr
Russia	Rusia

S

sad	triste
safe	seguro[a]
safety pin	imperdible
sailboat	barco de vela
saint	santo[a]
sale	rebajas
same	mismo
sandals	sandalias
sandwich	bocadillo
sanitary napkins	compresas
Santa Claus	Papá Noel
Saturday	sábado
save (computer)	guardar
scandalous	escandaloso
Scandinavia	Escandinavia
scarf	bufanda

school	colegio
science	ciencia
scientist	científico[a]
scissors	tijeras
scotch tape	cinta adhesiva
screwdriver	destornillador
sculptor	escultor[a]
sculpture	escultura
sea	mar
seafood	marisco
seat	asiento
second	segundo
second class	segunda clase
secret	secreto
see	ver
self-service	auto-servicio
sell	vender
send	enviar
seniors	la tercera edad
separate	separado
September	septiembre
serious	serio
service	servicio
service, church	misa, servicio
sex	sexo
sexy	sexy
shade	sombra
shampoo	champú
shaving cream	espuma de afeitar
she	ella
sheet	sábana
shell	concha
ship (n)	barco
ship (v)	enviar
shirt	camisa
shoelaces	cordones
shoes	zapatos
shoes, tennis	zapatillas de tenis
shop (n)	tienda
shop, antique	anticuarios
shop, barber	barbería
shop, camera	tienda de fotos
shop, cell phone	tienda de teléfonos móviles
shop, coffee	cafetería
shop, jewelry	joyería
shop, pastry	pastelería
shop, photocopy	fotocopias
shop, souvenir	tienda de souvenirs
shop, sweets	tienda de dulces
shop, wine	tienda de vinos
shopping	compras
shopping mall	centro comercial
short	corto[a]
shorts	pantalones cortos
shoulder	hombros
show (n)	espectáculo
show (v)	enseñar
shower	ducha
shy	tímido[a]
sick	enfermo[a]
sign	señal
signature	firma
silence	silencio
silk	seda
silver	plata
similar	similar
simple	sencillo
sing	cantar
singer	cantante

single	soltero[a]
sink	lavabo
sink stopper	tapón
sinus problems	sinusitis
sir	señor
sister	hermana
size	talla
skating	patinaje
ski (v)	esquiar
skiing	esquí
skin	piel
skinny	delgado[a]
skirt	falda
sky	cielo
sleep (v)	dormir
sleeper (train)	coche cama
sleeping bag	saco de dormir
sleepy	soñoliento[a]
sleeves	mangas
slice	rodaja
slide (photo)	diapositiva
slip	calzoncillo
slippers	zapatillas
slippery	resbaladizo
slow	despacio[a]
small	pequeño[a]
smell (n)	olor
smile (n)	sonrisa
smoke	humo
smoking	fumadores
snack	pincho
sneeze (n)	estornudo
snore	roncar
snorkel	tubo de respiración
soap	jabón
soap, laundry	detergente
soccer	fútbol
socks	calcetines
some	algo
something	alguna cosa
son	hijo
song	canción
soon	pronto
sore throat	dolor de garganta
sorry	lo siento
sour	agrio
south	sur
souvenir shop	tienda de souvenirs
Spain	España
sparkplugs	bujías
speak	hablar
specialty	especialidad
speed	velocidad
spend	gastar
spider	araña
spoon	cuchara
sport	deporte
spring (n)	primavera
square (town)	plaza
stairs	escaleras
stamp	sello
stapler	grapadora
star (in sky)	estrella
state	estado
station	estación
stomach	estomago
stomachache	dolor de estómago
stoned	colocado[a]
stop (n)	parada
stop (v)	parar
stoplight	semáforo
stopper, sink	tapón

store	tienda
store, department	grandes almacenes
store, hardware	ferretería
store, office supplies	papelería
store, toy	juguetería
storm	tormenta
story (floor)	planta
straight	derecho
strange	extraño[a]
stream (n)	arroyo
street	calle
string	cordón
stroller	carrecoche
strong	fuerte
stuck	atascado
student	estudiante
stupid	estúpido[a]
sturdy	robusto
style	estilo
subway	metro
subway entrance	entrada al metro
subway exit	salida de metro
subway map	mapa
subway station	estación de metro
subway stop	parada
suddenly	de repente
suffer	sufrir
suitcase	maleta
summer	verano
sun	sol
sunbathe	tomar el sol
sunburn	quemadura
Sunday	domingo
sunglasses	gafas de sol
sunny	soleado
sunrise	amanecer
sunscreen	protección de sol
sunset	puesta de sol
sunshine	luz del sol
sunstroke	insolación
suntan (n)	bronceado
supplement	suplemento
surfboard	tabla de surf
surfer	surfista
surprise (n)	sorpresa
swallow (v)	tragar
sweat (v)	sudar
sweater	suéter
sweet	dulce
sweets shop	tienda de dulces
swelling (n)	hinchazón
swim	nadar
swim suit	traje de baño
swim trunks	bañador
swimming pool	piscina
Switzerland	Suiza
synagogue	sinagoga
synthetic	sintético

T

table	mesa
tail	rabo
tail lights	luces de atrás
take	tomar
take out (food)	para llevar
talcum powder	polvos de talco
talk	hablar
tall	alto[a]
tampons	tampones
tanning lotion	bronceador

tap water	agua del grifo
tape (adhesive)	cinta adhesiva
tape (cassette)	cinta; casete
taste (n)	sabor
taste (try)	probar
tax	impuesto
taxi meter	taxímetro
teacher	profesor
team	equipo
teenager	joven
teeth	dientes
teething (baby)	dentición
telephone	teléfono
telephone card	tarjeta telefónica
television	telivisión
temperature	temperatura
tender	tierno
tennis	tenis
tennis shoes	zapatillas de tenis
tent	tienda de campaña
tent pegs	estacas de tienda
terrible	terrible
terrorists	terroristas
testicles	testículos
thanks	gracias
theater	teatro
thermometer	termómetro
they	ellos
thick	grueso
thief	ladrón
thigh	muslo
thin	delgado[a]
thing	cosa
think	pensar
thirsty	sediento[a]
thread	hilo
throat	garganta
through	a través
throw	tirar
Thursday	jueves
ticket	billete
tight	apretado
tile, blue (Moorish)	azulejo
time, on	puntual
timetable	horario
tire (n)	rueda
tired	cansado[a]
tissue, facial	pañuelos (de papel), toallitas para la cara
to	a
today	hoy
toe	dedo del pie
together	juntos
toilet	servicios
toilet paper	papel higiénico
token	ficha
toll	peage
toll-free	llamada gratuita
tomorrow	mañana
tomorrow, day after	pasado mañana
tonight	esta noche
too (much)	demasiado
tooth	diente
toothache	dolor de muelas
toothbrush	cepillo de dientes
toothpaste	pasta de dientes
toothpick	palillo
total	total
tour	viaje
tour, guided	visita con guía
tourist	turista

tow truck grúa
towel toalla
tower torre
town pueblo
toy juguete
toy store juguetería
track (train) vía
traditional tradicional
traffic tráfico
train tren
train car vagón, coche
transfer (n) transbordo
transfer (v) cambiar
translate traducir
transmission fluid líquido de transmisión
travel (v) viajar
travel agency agencia de viajes
traveler viajante
traveler's check cheque de viajero
treasury tesoro
tree árbol
trip viaje
tripod trípode
trouble dificultad
T-shirt camiseta
Tuesday martes
tunnel túnel
Turkey Turquía
turn signal intermitente
tweezers pinzas
twins gemelos

U

ugly feo[a]
umbrella paraguas
uncle tío
unconscious inconsciente
under debajo
underpants calzoncillos
underscore (_) subraya
understand entender
unemployed sin empleo
unfortunate desafortunado
United States Estados Unidos
university universidad
up arriba
upstairs de arriba
urethra uretra
urgent urgente
urinary infection infección urinaria
us nosotros
use (v) usar
uterus útero

V

vacancy sign habitaciónes
vacancy, no completo
vacant libre
vacation vacaciones
vagina vagina
valid válido
validate validar
valley valle
Vaseline vaselina
vegetarian vegetariano[a]
velvet terciopelo
venereal disease enfermedad venérea
very muy
vest chaleco

video	vídeo
video camera	cámara de vídeo
view	vista
village	aldea
vineyard	viñedo
violence	violencia
virus	virus
visit (n)	visita
visit (v)	visitar
vitamins	vitaminas
voice	voz
vomit	vomitar

W

waist	cintura
wait (v)	esperar
waiter	camarero
waiting room	sala de espera
waitress	camarera
wake up	despertarse
walk (v)	andar
wall, fortified	pared fortificada
wallet	cartera
want	querer
war	guerra
warm (adj)	caliente
wash	lavar
washer	lavadora
watch (n)	reloj
watch (v)	vigilar
water	agua
water, drinkable	agua potable
water, tap	agua del grifo
waterfall	cascada
waterskiing	esquí acuático
we	nosotros
weather	tiempo
website	página de la red
wedding	boda
Wednesday	miércoles
week	semana
weight	peso
welcome	bienvenido
west	oeste
wet	mojado
what	qué
wheel	rueda
wheelchair-accessible	acceso de silla de ruedas
when	cuándo
where	dónde
white	blanco
who	quién
why	por qué
widow	viuda
widower	viudo
wife	esposa
wild	salvaje
wind	viento
window	ventana
windshield wipers	limpiaparabrisas
windsurfing	windsurfing
windy	ventoso
wine	vino
wine shop	tienda de vinos
wing	ala
winter	invierno
wish (v)	desear
with	con
without	sin
woman	mujer
women	mujeres

wood	madera
wool	lana
word	palabra
work (n)	trabajo
work (v)	trabajar
world	mundo
worst	peor
wrap (v)	envolver
wrist	muñeca
write	escribir

X

X-ray	rayos x

Y

year	año
yellow	amarillo
yes	sí
yesterday	ayer
you (formal)	usted
you (informal)	tú
young	joven
youth	juventude
youth hostel	albergue de juventud
youths	jóvenes

Z

zero	cero
zip code	código postal
zip-lock bag	bolsa de cremallera
zipper	cremallera
zoo	zoo

TIPS FOR HURDLING THE LANGUAGE BARRIER

Don't Be Afraid to Communicate

Even the best phrase book won't satisfy your needs in every situation. To really hurdle the language barrier, you need to leap beyond the printed page and dive into contact with the locals. Never allow your lack of foreign language skills to isolate you from the people and cultures you traveled halfway around the world to experience. Remember that in every country you visit, you're surrounded by expert, native-speaking tutors. Spend bus and train rides letting them teach you.

Start conversations by asking politely in the local language, "Do you speak English?" When you speak English with someone from another country, talk slowly, clearly, and with carefully chosen words. Use what the Voice of America calls "simple English." You're talking to people who are wishing it was written down, hoping to see each letter as it tumbles out of your mouth. Pronounce each letter, avoiding all contractions and slang. For bad examples, listen to other tourists.

Keep things caveman-simple. Make single nouns work as entire sentences ("Photo?"). Use internationally-understood words ("Self-service" works in Madrid). Butcher the language if you must. The important thing is to make the effort. To get air mail stamps, you can flap your wings and say "tweet, tweet." If you want milk, moo and pull two imaginary udders. Risk looking like a fool.

If you're short on words, make your picnic a potluck. Pull out a map and point out your journey. Draw what you mean. Bring photos from home and introduce your family. Play cards or toss a Frisbee. Fold an origami bird for kids or dazzle 'em with sleight-of-hand magic.

Go ahead and make educated guesses. Many situations are easy-to-fake multiple choice questions. Practice. Read timetables, concert posters, and newspaper headlines. Listen to each language on a multilingual tour. Be melodramatic. Exaggerate the local accent. Self-consciousness is the deadliest communication-killer.

Choose multilingual people to communicate with, such as students, business people, urbanites, young well-dressed people, or anyone in the tourist trade. Use a small note pad to jot down handy phrases and to help you communicate more clearly with the locals by scribbling down numbers, maps, and so on. Some travelers carry important messages written on a small card: "Allergic to nuts," "Strict vegetarian," "Your finest ice cream."

International Words

As our world shrinks, more and more words hop across their linguistic boundaries and become international. Savvy travelers develop a knack for choosing words most likely to be universally understood ("auto" instead of "car," "kaput" instead of "broken," "photo" not "picture"). Internationalize your pronunciation. "University," if you play around with its sound (oo-nee-vehr-see-tay), will be understood anywhere. The average American is a real flunky in this area. Be creative.

Here are a few internationally understood words. Remember, cut out the Yankee accent and give each word a pan-European sound.

Amigo
Attila (mean, crude)
Auto
Autobus ("booos")
Bank
Beer
Bill Gates
Bon voyage
Bye-bye
Camping
Casanova (romantic)
Central
Chocolate
Ciao
Coffee
Coke, Coca-Cola
Communist
Computer
Disco
Disneyland (wonderland)
Elephant (big clod)
English ("Engleesh")
Europa
Fascist
Hello
Hercules (strong)

Hotel	No	Police	Taxi
Information	No problem	Post	Tea
Internet	Nuclear	Rambo	Telephone
Kaput	OK	Restaurant	Toilet
Mama mia	Oo la la	Rock 'n' roll	Tourist
Mañana	Pardon	Self-service	US profanity
McDonald's	Passport	Sex / Sexy	University
Michelangelo (artistic)	Photo	Sport	Vino
	Photocopy	Stop	Yankee, Americano
Moment	Picnic	Super	

Spanish Verbs

These conjugated verbs will help you construct a caveman sentence in a pinch.

Spanish has two different verbs that correspond to the English "to be"—***ser*** and ***estar.*** Generally speaking, ***ser*** is used to describe a condition that is permanent or longer-lasting, and ***estar*** is used for something that is temporary. Which verb you use can determine the meaning of the sentence. For example, "***Ricardo es contento,***" using ***ser,*** means that Ricardo is a happy, content person (as a permanent personality trait). "***Ricardo está contento,***" using ***estar,*** means that Ricardo is currently happy (temporarily in a good mood).

TO GO	*IR*	eer
I go	*yo voy*	yoh boy
you go (formal)	*usted va*	oo-**stehd** bah
you go (informal)	*tú vas*	too bahs
he / she goes	*él / ella va*	ehl / **ay**-yah bah
we go	*nosotros vamos*	noh-**soh**-trohs **bah**-mohs
you go (plural formal)	*ustedes van*	oo-**stehd**-ays bahn
they (m / f) go	*ellos / ellas van*	**ay**-yohs / **ay**-yahs bahn

TO BE (permanent)	*SER*	sehr
I am	*yo soy*	yoh soy
you are (formal)	*usted es*	oo-**stehd** ays
you are (informal)	*tú eres*	too **ay**-rays
he / she is	*él / ella es*	ehl / **ay**-yah ays
we are	*nosotros somos*	noh-**soh**-trohs **soh**-mohs
you are (plural formal)	*ustedes son*	oo-**stehd**-ays sohn
they (m / f) are	*ellos / ellas son*	**ay**-yohs / **ay**-yahs sohn
TO BE (temporary)	*ESTAR*	ay-**star**
I am	*yo estoy*	yoh ay-**stoy**
you are (formal)	*usted está*	oo-**stehd** ay-**stah**
you are (informal)	*tú estás*	too ay-**stahs**
he / she is	*él / ella está*	ehl / **ay**-yah ay-**stah**
we are	*nosotros estamos*	noh-**soh**-trohs ay-**stah**-mohs
you are (plural formal)	*ustedes están*	oo-**stehd**-ays ay-**stahn**
they (m / f) are	*ellos / ellas están*	**ay**-yohs / **ay**-yahs ay-**stahn**
TO DO, TO MAKE	*HACER*	ah-**thehr**
I do	*yo hago*	yoh **ah**-goh
you do (formal)	*usted hace*	oo-**stehd ah**-thay
you do (informal)	*tú haces*	too **ah**-thays
he / she does	*él / ella hace*	ehl / **ay**-yah **ah**-thay
we do	*nosotros hacemos*	noh-**soh**-trohs ah-**thay**-mohs
you do (plural formal)	*ustedes hacen*	oo-**stehd**-ays **ah**-thayn
they (m / f) do	*ellos / ellas hacen*	**ay**-yohs / **ay**-yahs **ah**-thayn
TO HAVE	*TENER*	tay-**nehr**
I have	*yo tengo*	yoh **tayn**-goh
you have (formal)	*usted tiene*	oo-**stehd** tee-**ehn**-ay
you have (informal)	*tú tienes*	too tee-**ehn**-ays
he / she has	*él / ella tiene*	ehl / **ay**-yah tee-**ehn**-ay
we have	*nosotros tenemos*	noh-**soh**-trohs tay-**nay**-mohs
you have (plural formal)	*ustedes tienen*	oo-**stehd**-ays tee-**ehn**-ehn
they (m / f) have	*ellos / ellas tienen*	**ay**-yohs / **ay**-yahs tee-**ehn**-ehn

TO SEE	*VER*	behr
I see	*yo veo*	yoh **bay**-oh
you see (formal)	*usted ve*	oo-**stehd** bay
you see (informal)	*tú ves*	too bays
he / she sees	*él / ella ve*	ehl / **ay**-yah bay
we see	*nostros vemos*	noh-**soh**-trohs **bay**-mohs
you see (plural formal)	*ustedes ven*	oo-**stehd**-ays bayn
they (m / f) see	*ellos / ellas ven*	**ay**-yohs / **ay**-yahs bayn
TO SPEAK	*HABLAR*	ah-**blar**
I speak	*yo hablo*	yoh **ah**-bloh
you speak (formal)	*usted habla*	oo-**stehd ah**-blah
you speak (informal)	*tú hablas*	too **ah**-blahs
he / she speaks	*él /ella habla*	ehl / **ay**-yah **ah**-blah
we speak	*nosotros hablamos*	noh-**soh**-trohs ah-**blah**-mohs
you speak (plural formal)	*ustedes hablan*	oo-**stehd**-ays **ah**-blahn
they (m / f) speak	*ellos / ellas hablan*	**ay**-yohs / **ay**-yahs **ah**-blahn
TO LIKE	*GUSTAR*	goo-**star**
I like	*me gusta*	may **goo**-stah
you like (formal)	*le gusta*	lay **goo**-stah
you like (informal)	*te gusta*	tay **goo**-stah
he / she likes	*le gusta*	lay **goo**-stah
we like	*nos gusta*	nohs **goo**-stah
you like (plural formal)	*les gusta*	lays **goo**-stah
they like	*les gusta*	lays **goo**-stah
TO WANT ("would like")	*GUSTARÍA*	goo-stah-**ree**-ah
I would like	*me gustaría*	may goo-stah-**ree**-ah
you would like (formal)	*le gustaría*	lay goo-stah-**ree**-ah

you would like (informal)	*te gustaría*	tay goo-stah-**ree**-ah
he / she would like	*le gustaría*	lay goo-stah-**ree**-ah
we would like	*nos gustaría*	nohs goo-stah-**ree**-ah
you would like (plural formal)	*les gustaría*	lays goo-stah-**ree**-ah
they would like	*les gustaría*	lays goo-stah-**ree**-ah
TO WANT	*QUERER*	kay-**rehr**
I want	*yo quiero*	yoh kee-**ehr**-oh
you want (formal)	*usted quiere*	oo-**stehd** kee-**ehr**-eh
you want (informal)	*tú quieres*	too kee-**ehr**-ehs
he / she wants	*él / ella quiere*	ehl / **ay**-yah kee-**ehr**-eh
we want	*nosotros queremos*	noh-**soh**-trohs kay-**ray**-mohs
you want (plural formal)	*ustedes quieren*	oo-**stehd**-ays kee-**ehr**-ehn
they (m / f) want	*ellos / ellas quieren*	**ay**-yohs / **ay**-yahs kee-**ehr**-ehn
TO NEED	*NECESITAR*	nay-thay-see-**tar**
I need	*yo necesito*	yoh nay-thay-**see**-toh
you need (formal)	*usted necesita*	oo-**stehd** nay-thay-**see**-tah
you need (informal)	*tú necesitas*	too nay-thay-**see**-tahs
he / she needs	*él / ella necesita*	ehl / **ay**-yah nay-thay-**see**-tah
we need	*nostros necesitamos*	noh-**soh**-trohs nay-thay-see-**tah**-mohs
you need (plural formal)	*ustedes necesitan*	oo-**stehd**-ays nay-thay-**see**-tahn
they (m / f) need	*ellos / ellas necesitan*	**ay**-yohs / **ay**-yahs nay-thay-**see**-tahn
TO HAVE TO	*TENER (QUE)*	tay-**nehr** (kay)
I have to	*yo tengo (que)*	yoh **tayn**-goh (kay)
you have to (formal)	*usted tiene (que)*	oo-**stehd** tee-**ehn**-ay (kay)
you have to (informal)	*tú tienes (que)*	too tee-**ehn**-ays (kay)

he / she has to	*él / ella tiene (que)*	ehl / **ay**-yah tee-**ehn**-ay (kay)
we have to	*nosotros tenemos (que)*	noh-**soh**-trohs tay-**nay**-mohs (kay)
you have to (plural formal)	*ustedes tienen (que)*	oo-**stehd**-ays tee-**ehn**-ehn (kay)
they (m / f) have to	*ellos / ellas tienen (que)*	**ay**-yohs / **ay**-yahs tee-**ehn**-ehn (kay)

Spanish Tongue Twisters

Tongue twisters are a great way to practice a language and break the ice with locals. Here are a few Spanish tongue twisters that are sure to challenge you and amuse your hosts.

Pablito clavó un clavito.	Paul stuck in a stick.
¿Qué clavito clavó Pablito?	What stick did Paul stick in?
Un tigre, dos tigres, tres tigres comían trigo en un trigal.	One tiger, two tigers, three tigers ate wheat in a wheatfield.
Un tigre, dos tigres, tres tigres.	One tiger, two tigers, three tigers.
El cielo está enladrillado. ¿Quién lo desenladrillará?	The sky is bricked up. Who will unbrick it?
El desenladrillador que lo desenladrille un buen desenladrillador será.	He who unbricks it, what a fine unbricker he will be.

English Tongue Twisters

After your Spanish friends have laughed at you, let them try these tongue twisters in English.

If neither he sells seashells,
nor she sells seashells,
who shall sell seashells?
Shall seashells be sold?

Peter Piper picked a peck
of pickled peppers.

**Rugged rubber baby
buggy bumpers.**

**The sixth sick sheik's
sixth sheep's sick.**

**Red bug's blood and
black bug's blood.
Soldiers' shoulders.**

Thieves seize skis.

**I'm a pleasant mother
pheasant plucker. I pluck
mother pheasants. I'm
the most pleasant mother
pheasant plucker that ever
plucked a mother pheasant.**

Spanish Song

Try connecting with locals by singing a song together. Most of the Spanish-language songs familiar to Americans originated in Latin America (such as ***La Cucaracha***), but here is a romantic pop song that came from Spain in the 1970s and enjoyed modest success in the United States. If you haven't heard it, get a local to teach you the tune.

Eres Tú **–Juan Carlos Calderón**	You Are
Como una promesa,	Like a promise,
eres tú, eres tú,	you are, you are,
Como una mañana de verano.	Like a summer morning.
Como una sonrisa,	Like a smile,
eres tú, eres tú.	you are, you are.
Así, así, eres tú.	Like that, like that, you are.

Toda mi esperanza,	All of my hope,
eres tú, eres tú.	you are, you are.
Como lluvia fresca	Like fresh rain
en mis manos,	on my hands,
Como fuerte brisa,	Like a strong breeze,
eres tú, eres tú.	you are, you are.
Así, así, eres tú.	Like that, like that, you are.
(Chorus)	
Eres tú como el agua de	You are like the water of my
mi fuente (algo así eres tú).	fountain (something like this, you are).
Eres tú el fuego de mi hogar.	You are the fire of my hearth.
Eres tú como el fuego	You are the fire
de mi hoguera.	of my bonfire.
Eres tú el trigo de mi pan.	You are the wheat of my bread.
(End Chorus)	
Como mi poema,	Like my poem,
eres tú, eres tú.	you are, you are.
Como una guitarra	Like a guitar
en la noche,	in the night,
Todo mi horizonte	All my horizon
eres tú, eres tú.	you are, you are.
Así, así, eres tú.	Like that, like that, you are.
(Repeat Chorus)	

Numbers and Stumblers

- Europeans write a few of their numbers differently than we do. 1=1, 4=4, 7=7.
- Europeans write the date in this order: day/month/year.
- Commas are decimal points and decimals are commas. A dollar and a half is 1,50 and there are 5.280 feet in a mile.
- The European "first floor" isn't the ground floor, but the first floor up.
- When counting with your fingers, start with your thumb. If you hold up only your first finger, you'll probably get two of something.

APPENDIX

LET'S TALK TELEPHONES

Making Calls within a European Country: About half of all European countries use area codes (like we do); the other half uses a direct-dial system without area codes.

To make calls within a country that uses a direct-dial system (Belgium, Czech Republic, Denmark, France, Greece, Italy, Norway, Poland, Portugal, Spain, and Switzerland), you dial the same number whether you're calling across the country or across the street.

In countries that use area codes (such as Austria, Britain, Croatia, Finland, Germany, Ireland, the Netherlands, Slovakia, Slovenia, and Sweden), you dial the local number when calling within a city, and you add the area code if calling long-distance within the country.

Making International Calls: You always start with the international access code (011 if you're calling from America or Canada, or 00 from Europe), then dial the country code of the country you're calling (see codes on facing page).

What you dial next depends on the phone system of the country you're calling. If the country uses area codes, drop the initial zero of the area code, then dial the rest of the number.

Countries that use direct-dial systems (no area codes) vary in how they're accessed internationally by phone. You always start by dialing the international access code, followed by the country code. Then, if you're calling the Czech Republic, Denmark, Italy,

Norway, Portugal, or Spain, simply dial the phone number in its entirety. But if you're calling Belgium, France, Poland, or Switzerland, drop the initial zero of the phone number.

Country Codes

After you've dialed the international access code, dial the code of the country you're calling.

Austria—43
Belgium—32
Bosnia-Herzegovina—387
Britain—44
Canada—1
Croatia—385
Czech Rep.—420
Denmark—45
Estonia—372
Finland—358
France—33
Germany—49
Gibraltar—350
Greece—30
Hungary—36
Ireland—353
Italy—39
Montenegro—382
Morocco—212
Netherlands—31
Norway—47
Poland—48
Portugal—351
Slovakia—421
Slovenia—386
Spain—34
Sweden—46
Switzerland—41
Turkey—90
United States—1

Directory Assistance

Dial 1004 for local numbers and 025 for international numbers (expensive). (Note: A 608 or 609 area code indicates a mobile phone.)

Embassies

American Embassy
- Tel. 915-872-240 or 915-872-200
- Calle Serrano 75, **Madrid,** Spain
- www.embusa.es/cons/services.html

Canadian Embassy
- Tel. 914-233-250
- Núñez de Balboa 35, **Madrid,** Spain
- www.canada-es.org

Tear-Out Cheat Sheet

Tear out this sheet of Spanish survival phrases and keep it in your pocket to use in case you're caught without your phrasebook.

Hello.	*Hola.*	**oh**-lah
Do you speak English?	*¿Habla usted inglés?*	**ah**-blah oo-**stehd** een-**glays**
Yes. / No.	*Sí. / No.*	see / noh
I don't understand.	*No comprendo.*	noh kohm-**prehn**-doh
Please.	*Por favor.*	por fah-**bor**
Thank you.	*Gracias.*	**grah**-thee-ahs
You're welcome.	*De nada.*	day **nah**-dah
I'm sorry.	*Lo siento.*	loh see-**ehn**-toh
Excuse me (to get attention).	*Perdone.*	pehr-**doh**-nay
Excuse me (to pass).	*Discúlpeme.*	dee-**skool**-pay-may
It's (not) a problem.	*(No) hay problema.*	(noh) ī proh-**blay**-mah
Good.	*Bueno.*	**bway**-noh
Goodbye.	*Adiós.*	ah-dee-**ohs**
How much is it?	*¿Cuánto cuesta?*	**kwahn**-toh **kway**-stah
Write it?	*¿Me lo escribe?*	may loh ay-**skree**-bay
euro (€)	*euro*	**yoo**-roh
one / two	*uno / dos*	**oo**-noh / dohs
three / four	*tres / cuatro*	trays / **kwah**-troh
five / six	*cinco / seis*	**theen**-koh / says
seven / eight	*siete / ocho*	see-**eh**-tay / **oh**-choh
nine / ten	*nueve / diez*	**nway**-bay / dee-**ayth**
20	*veinte*	**bayn**-tay
30	*treinta*	**trayn**-tah
40	*cuarenta*	kwah-**rehn**-tah
50	*cincuenta*	theen-**kwehn**-tah
60	*sesenta*	say-**sehn**-tah
70	*setenta*	say-**tehn**-tah
80	*ochenta*	oh-**chehn**-tah
90	*noventa*	noh-**behn**-tah
100	*cien*	thee-**ehn**

I / We would like...	*Me / Nos gustaría...*	may / nohs goo-stah-**ree**-ah
...this.	*...esto.*	**ay**-stoh
...more.	*...más.*	mahs
...a ticket.	*...un billete.*	oon bee-**yeh**-tay
...a room.	*...una habitación.*	**oo**-nah ah-bee-tah-thee-**ohn**
...the bill.	*...la cuenta.*	lah **kwayn**-tah
Is it possible?	*¿Es posible?*	ays poh-**see**-blay
Where are the toilets?	*¿Dónde están los servicios?*	**dohn**-day ay-**stahn** lohs sehr-**bee**-thee-ohs
men	*hombres, caballeros*	**ohm**-brays, kah-bah-**yay**-rohs
women	*mujeres, damas*	moo-**hehr**-ays, **dah**-mahs
entrance / exit	*entrada / salida*	ayn-**trah**-dah / sah-**lee**-dah
no entry	*sin salida*	seen sah-**lee**-dah
open / closed	*abierto / cerrado*	ah-bee-**yehr**-toh / thehr-**rah**-doh
What time does this open / close?	*¿A qué hora abren / cierran?*	ah kay **oh**-rah **ah**-brehn / thee-**ay**-rahn
Just a moment.	*Un momento.*	oon moh-**mehn**-toh
Now.	*Ahora.*	ah-**oh**-rah
Soon.	*Pronto.*	**prohn**-toh
Later.	*Más tarde.*	mahs **tar**-day
Today.	*Hoy.*	oy
Tomorrow.	*Mañana.*	mahn-**yah**-nah
Monday	*lunes*	**loo**-nays
Tuesday	*martes*	**mar**-tays
Wednesday	*miércoles*	mee-**ehr**-koh-lays
Thursday	*jueves*	***h*way**-bays
Friday	*viernes*	bee-**ehr**-nays
Saturday	*sábado*	**sah**-bah-doh
Sunday	*domingo*	doh-**meen**-goh

Making Your Hotel Reservation

Most hotel managers know basic "hotel English." Emailing or faxing are the preferred methods for reserving a room. They're clearer and more foolproof than telephoning. Photocopy and enlarge this form, or find it online at www.ricksteves.com/reservation.

One-Page Fax

To: _____ _____
hotel *email or fax*

From: _____ _____
name *email or fax*

Today's date: ____ / ____ / ____
day *month* *year*

Dear Hotel _____

Please make this reservation for me:

Name: _____

Total # of people: _____ # of rooms: _____ # of nights: _____

Arriving: ____ / ____ / ____ Arrival time: (24-hr clock): _____
day *month* *year* (I will telephone if I will be late)

Departing: ____ / ____ / ____
day *month* *year*

Room(s): Single___ Double___ Twin___ Triple___ Quad___ Quint___

With: Toilet___ Shower___ Bathtub___ Sink only___

Special needs: View___ Quiet___ Cheapest___ Ground floor___

Please email or fax me confirmation of my reservation, along with the type of room reserved and the price. Please also inform me of your cancellation policy. After I hear from you, I will quickly send my credit-card information as a deposit to hold the room. Thank you.

Name _____

Address _____

City _____ State____ Zip Code_____ Country_____

Email address _____

NOTES

NOTES

NOTES

tours.ricksteves.com

Start your trip at

Free information and great gear to

▸ Plan Your Trip

Browse thousands of articles and a wealth of money-saving tips for planning your dream trip. You'll find up-to-date information on Europe's best destinations, packing smart, getting around, finding rooms, staying healthy, avoiding scams and more.

▸ Eurail Passes

Find out, step-by-step, if a railpass makes sense for your trip—and how to avoid buying more than you need. Get a bunch of free extras!

▸ Graffiti Wall & Travelers' Helpline

Learn, ask, share—our online community of savvy travelers is a great resource for first-time travelers to Europe, as well as seasoned pros.

Rick Steves' Europe Through the Back Door, Inc.